Bibliografische Information Der Deutschen Nationalbibliothek
Die Deutsche Nationalbibliothek verzeichnet diese Publikation
in der Deutschen Nationalbibliografie; detaillierte
bibliografische Daten sind im Internet über
http://dnb.ddb.de abrufbar.

Hans Mathias Kepplinger
Totschweigen und Skandalisieren.
Was Journalisten über ihre eigenen Fehler denken
edition medienpraxis, 15
Köln: Halem, 2017

Die dem Buch zugrunde liegende Studie wurde durchgeführt
mit freundlicher Unterstützung der Berthold Leibinger Stiftung.

http://www.halem-verlag.de

Print: ISBN 978-3-86962-284-2
E-Book (PDF):   ISBN 978-3-86962-284-2
E-Book (EPUB):   ISBN 978-3-86962-286-6

UMSCHLAGGESTALTUNG: Claudia Ott, Düsseldorf
LEKTORAT: Rüdiger Steiner
SATZ: Herbert von Halem Verlag
DRUCK: docupoint GmbH, Magdeburg
Copyright Lexicon © 1992 by The Enschedé Font Foundery.
Lexicon ® is a Registered Trademark of The Enschedé Font Foundery.

Hans Mathias Kepplinger

Totschweigen und Skandalisieren

Was Journalisten über ihre eigenen Fehler denken

HERBERT VON HALEM VERLAG

Für Wolfgang Donsbach

Inhaltsverzeichnis

I. PRESSEFREIHEIT UND PRESSEFRUST

Deutschland hat eines der weltweit besten Mediensysteme. In keinem anderen Land gibt es so viele national verbreitete Qualitätszeitungen wie hier, darunter die *Frankfurter Allgemeine Zeitung*, die *Süddeutsche Zeitung*, die *Welt* und das *Handelsblatt*, dazu viele leistungsfähige Regionalzeitungen. In keinem Land hat das duale Rundfunksystem mit zahlreichen Fernsehsendern und zahllosen Hörfunksendern einen höheren Qualitätsstandard. Dazu gehören auch Kulturprogramme mit Wort- und Musikangeboten für Hörer und Zuschauer mit speziellen Interessen. Den seit 1999 von mehreren Medien-Fachzeitschriften durchgeführten Wettbewerb zum »European Newspaper Award« gewannen fünfmal deutsche Wochenzeitungen, darunter zweimal *Die Zeit* und die *Welt am Sonntag*, zweimal deutsche Regionalzeitungen, die *Stuttgarter Zeitung* und die *Berliner Morgenpost* sowie einmal eine überregionale Zeitung aus Deutschland, die *Welt*. Die *Frankfurter Allgemeine Sonntagszeitung* wurde von 2009 bis 2016 fünfmal als »International Newspaper of The Year« ausgezeichnet. Nach der von Reporter ohne Grenzen seit 2002 ermittelten Rangliste der Pressefreiheit in 176 Ländern nimmt Deutschland seit Beginn der Erhebungen einen Platz in der Spitzengruppe ein. Bei einer international vergleichenden Umfrage unter 1000 Personen in 50 Ländern erreichte 2005 die *Frankfurter Allgemeine Zeitung* Platz drei unter den zehn besten Zeitungen der Welt. Es mag in anderen Ländern herausragende Medien geben, zu denen es in Deutschland kein vergleichbares Angebot gibt, darunter die BBC, der *Economist* und die *New York Times*, aber insgesamt besteht hier ein einzigartig vielfältiges und qualitativ hochwertiges Medienangebot.

Trotz ihrer im internationalen Vergleich bemerkenswerten Qualität befinden sich die deutschen Journalisten und Medien in ihrer bisher größten Legitimationskrise. Ausgelöst wurde sie durch Pegida-Anhänger, die in Dresden »Lügenpresse« skandierten. Unterfüttert werden die Vorwürfe durch umfangreiche empirische Untersuchungen, darunter die Studien von Uwe Krüger *Meinungsmacht. Der Einfluss von Eliten auf Leitmedien und Alpha-Journalisten* (2013) und Maria Karidi über *Medienlogik im Wandel 1984-2014* (2017). Hinzu kommen verschwörungstheoretisch grundierte Titel wie Udo Ulfkottes *Gekaufte Journalisten. Wie Politiker, Geheimdienste und Hochfinanz Deutschlands Massenmedien lenken* (2014) und Markus Gärtners *Lügenpresse. Wie uns die Massenmedien durch Fälschen, Verdrehen und Verschweigen manipulieren* (2015). Bedeutung erhielt die Anklage jedoch erst, weil ein erheblicher Teil der Bevölkerung überzeugt ist, dass die Medien die Wirklichkeit falsch darstellen – weil sie große Probleme kleinreden oder völlig verschweigen und kleine Probleme maßlos übertreiben und skandalisieren. Im Dezember 2014 ermittelte Infratest Dimap im Auftrag der medienkritischen Fernsehsendung ZAPP, dass 63 Prozent der Deutschen »wenig« oder »gar kein Vertrauen« in Nachrichten und Informationen zum Konflikt in der Ukraine hatten, 53 Prozent hatten »wenig« oder »gar kein Vertrauen« in Nachrichten und Informationen über den Krieg des »Islamischen Staates« in Syrien und dem Irak und 40 Prozent hatten »wenig«

oder »gar kein Vertrauen« in Nachrichten und Informationen zum damals aktuellen Lokführerstreit. Das geringe Vertrauen gilt demnach einem breiten Spektrum von nationalen und internationalen Konflikten.

Die Anprangerung der Medien als »Lügenpresse« und die Veröffentlichung der Umfrageergebnisse löste im Journalismus eine Schockwelle selbstgerechter Empörung und selbstkritischer Zerknirschung aus, weil die Konfrontation mit der Empörung der enttäuschten Leser, Hörer und Zuschauer die meisten Journalisten völlig unvorbereitet traf. Als der *Spiegel* im Februar 2016 das Thema aufgriff und die »Vertrauensfrage« stellte, meldeten sich mehr als 1.200 Leser mit überwiegend positiven Stellungnahmen. Nur aus sehr wenigen der negativen Feedbacks sprach »Hass auf die Presse«. Allerdings bestimmten häufig »Enttäuschung und Wut« den Ton.[1] Wirklich überraschend waren jedoch weder diese Reaktionen, noch ihre Ursachen. Bereits fünf Jahre zuvor, im November 2009, hatte der frühere Moderator der *Tagesthemen*, Ulrich Wickert, anhand zahlreicher Beispiele eine Generalkritik der Nachrichtensendungen von ARD und ZDF veröffentlicht.[2] Wickert kritisierte die durch Redaktionsleiter tolerierte »sprachliche Verlotterung« in Reportagen und Moderationen, die journalistisch falsche, durch Sensationsgier und Voyeurismus geleitete Gewichtung von Nachrichten und die gezielte Vernachlässigung bedeutender Ereignisse in den Nachrichten und aktuellen Magazinen. Als Beispiel nannte er die verkürzte und sprachlich unangemessene Berichterstattung über die Zusammensetzung der neuen Bundesregierung: Keine der Nachrichtensendungen von ARD und ZDF meldete die vollständige Zusammensetzung der neuen Bundesregierung. Als weiteres Beispiel erwähnte er die Gedenkfeiern anlässlich des 20. Jahrestages des Mauerfalls: Sie wurden vom französischen Fernsehen länger, seriöser und inhaltsreicher live übertragen als vom ZDF. Die ARD zeigte während der Gedenkfeiern einen Liebesfilm. »Es fehlt nicht nur«, so Wickert, »an einem Sinn für die Verbreitung wichtiger, aktueller politischer Inhalte. Erst recht habe ich den Eindruck, es fehlt auch an der Einordnung«.

Im Juli 2011 kritisierte der ehemalige Journalist und Intendant des SFB, Günther von Lojewski, die »Verführung der Macht« der Redaktionen, nicht nur die »Agenda des öffentlichen Diskurses vorzugeben«, sondern mit der sprachlichen Aufbereitung von Meldungen »auch die öffentliche Meinung zu präjudizieren«.[3] Die Konkurrenz der privaten Anbieter habe dazu beigetragen, »dass Emotionalisierung, Skandalisierung, Sensationsjournalismus und Personalisierung die Arbeit des Journalismus zu bestimmen begann. Dass ›Betroffenheits-Journalismus‹ um sich greift und, wer immer sich im Land beschwert fühlt, ›sein Recht‹ und Hilfe am liebsten über die Medien einfordert.« Seit dem Umzug der Bundesregierung nach Berlin gebe es eine unheilvolle Verquickung von Politik und Medien. Dabei habe »jeder Macht über den anderen; gemeinsam mit ihm auch über das Volk.« Am Ende, so von Lojewski, »darf sich keiner wundern, wenn das Volk der Politik verloren zu gehen droht, sich von der repräsentativen Demokratie ab- und Mediokratie und Bürgerbewegungen« zuwendet. Nach seiner Meinung müssen die Journalisten selbst »ihr Selbstverständnis, ihre Standards ... auf den Prüfstand stellen, ehe es – wie in Budapest – andere tun. Ihr Selbstverständnis deswegen, weil sich zwischen Dienstleistung nach ›alter Schule‹ und Anspruch auf ›Meinungsführerschaft‹ professionelle Welten aufgetan haben.«

Wieder zwei Jahre darauf, im Januar 2013, warf Michael Naumann, ehemals Herausgeber der *Zeit* und Chefredakteur von *Cicero*, die Frage auf: »Wie verrückt sind die Medien eigentlich geworden? Und wie kam es zu diesem erstaunlichen Relevanzverlust der journalistischen Debatte?«[4] Anlass war die Skandalisierung einer anzüglichen Bemerkung von Rainer Brüderle und von Peer Steinbrück wegen eines abschätzigen Urteils über billige Weißweine – und das in einer Zeit, in der »die Bundeswehr mit ein paar Flugzeugen in einen weiteren Krieg« zog, »die Energiewende zu scheitern« drohte und sich die »›beste Regierung‹ seit der Wiedervereinigung ... in ihre Koalitionsbestandteile« aufzulösen drohte. Hinter der Kritik an Steinbrück verberge sich »ein kunstkritisches Rollenspiel der Medien.« Inzwischen werde »Politik als Theater verstanden, deren Schauspieler weniger an Sachkompetenz, sondern am eleganten Bühnenauftritt gemessen« würden. Der Kern des Problems besteht nach Naumann darin, dass Journalisten die Wirkung ihrer Publikationen als Beleg für die Richtigkeit ihrer Vorgehensweise betrachten. Zur »Dialektik der modernen Öffentlichkeit« gehöre es nämlich, dass Meinungsumfragen die »Gewissheit der Steinbrück-Kritiker (verfestigen), mit ihrer Konzentration auf die sogenannte ›Fettnäpfchen-Frequenz‹ richtig zu liegen – sie betrachten wohlwollend das Resultat ihrer Kommentare in den wöchentlichen Beliebtheits-Umfragen.« Damit seien wir »auf der Oberfläche der Oberfläche des politischen Diskurses angelangt.«

Wickert, von Lojewski und Naumann kritisierten trotz verschiedener Anlässe gemeinsam drei Mängel: die unprofessionelle Nachrichtenauswahl – die Betonung von Nebensächlichkeiten und Vernachlässigung wichtiger Informationen; die Orientierung an Effekten – die sprachliche Kumpanei mit den Zuschauern und die Steuerung der Meinungsbildung durch verdeckte Wertungen; und den Willen zur Macht – die Selbstinszenierung der Medien zu Lasten ihrer für die politische Meinungs- und Willensbildung notwendigen Dienstleistungen. Zwei Jahre nach Naumann haben Matthias Geiss und Bernd Ulrich, leitende Redakteure der *Zeit,* in einem thematisch breit angelegten Essay einen weiteren Mangel herausgearbeitet, den man auch als eine Folge der von Wickert, von Lojewski und Naumann kritisierten Praktiken betrachten kann.[5] Das zentrale Thema von Geiss und Ulrich ist die nach ihrer Ansicht von der Politik etablierte »Konsensgesellschaft«, die auch von den Medien gefördert werde. Die

Medien würden zwar seit Jahren die »›Langeweile‹ der Politik bejammern«, sie hätten jedoch »leidenschaftlich die Rolle des Grenzwächters übernommen.« Politische Linientreue werde verhöhnt, Grenzverletzungen jedoch »gnadenlos skandalisiert«.

Die Medien würden »den bleiernen Konsens« kritisieren, seine Missachtung jedoch sanktionieren. Für die »Netzgemeinschaft« gelte das noch viel mehr. Die »Zone des Sagbaren« werde immer enger. Folglich bleibe »eine Menge unbehandelter dunkler Materie übrig.« Wer den Islam kritisiere, werde »leicht zum Fremdenfeind«, wer »Muslime ins deutsche wir« einschließe, zum »Multikulti-Illusionisten«. Wer mehr »internationale Verantwortung für Deutschland« fordere, müsse sich gegen den »Vorwurf der Kriegstreiberei wehren«, wer prinzipiell gegen militärische Interventionen eintrete, werde zum »verantwortungslosen Traumtänzer«. In keinem Fall, so wäre zu ergänzen, werden die Gründe dafür sachlich und ernsthaft diskutiert, sondern die Meinungen und mit ihnen ihre Vertreter diskreditiert. Das größte Problem der Bundesrepublik sei heute, »dass die Konsensgesellschaft umso mehr Dissens hervorzurufen scheint, je größer und breiter sie sich macht.« Notwendig sei stattdessen »mehr Toleranz, mehr Weite«. Sie wäre »die erste Voraussetzung bei der Überwindung einer autoritär und steril gewordenen Konsenskultur. Und die zweite: Man kann nicht länger das Falsche so ahnden wie das Böse, das Unsinnige nicht ausgrenzen wie das Gefährliche.«

Den journalistischen Kern der von Geiss und Ulrich aufgezeigten Problematik hat Jan Fleischhauer Anfang 2016 unter der Überschrift »Erziehungs-Journalismus« anhand eines prominenten Kollegen exemplarisch dargestellt.[6] Claus Kleber hatte am 30. Dezember 2015 im Jahresrückblick des *heute journals* zur Flüchtlingskrise gesagt: »Hilfsbereitschaft, Empathie, Willkommen stellten in den Schatten, was Fremdenfeinde, Nationalisten und Zweifler auf die Straße bringt.« Fleischhauer dekuvrierte mit der Bemerkung, wer hätte gedacht, dass »›Zweifler‹ die Stei-

gerungsform von ›Nationalist‹ und Fremdenfeind‹ sein könnte«
den manipulativen Charakter der Reihung. Er habe »›Zweifler‹
bislang für eine neutrale Bezeichnung (gehalten), die einen als
Journalisten eher schmückt«. Fleischhauers Kritik an der Berichterstattung des ZDF über die Migrantenkrise 2015 traf und
trifft auf einen Großteil aller Medien zu. An Zweiflern fehlt es im
Journalismus der Konsensgesellschaft ebenso wie an Kritikern,
die unter Kritik nicht negatives Auftrumpfen verstehen, sondern
abwägende Skepsis.[7] Wie konnte es dazu kommen? Einige über-
raschende Antworten gibt der Rückblick auf vier Fehlentwicklungen, die bereits in den siebziger Jahren begonnen haben. Sie
sind aufgrund zahlreicher empirischer Untersuchungen seit langem bekannt und werden hier anhand von teilweise weit zurück-
reichenden Daten dargestellt. Bei einer nüchternen Betrachtung
der Fakten ging es deshalb schon seit langem nicht darum, ob die
Krise ausbricht, sondern wann und wie die Betroffenen damit
umgehen.

II. FEHLENTWICKLUNGEN

ENTFREMDUNG DER JOURNALISTEN VON IHREM PUBLIKUM

»Die Entfremdung« überschrieb Elisabeth Noelle-Neumann 1979 ihren offenen Brief an die vom Deutschen Journalisten Verband herausgegebene Zeitschrift *Journalist*.[8] Anlass war eine dort zwei Jahre vorher erschienene Kritik an Noelle-Neumanns Darstellung der Kluft zwischen den Meinungen der Bevölkerung und der Journalisten zu kontroversen Sachfragen. Nach Noelle-Neumann war es für 79 Prozent der Bevölkerung, aber nur für 16 Prozent der Journalisten besonders wichtig, »Verbrechen wirksamer zu bekämpfen« und für 53 Prozent der Bevölkerung, aber nur für 36 Prozent der Journalisten war es »besonders wichtig«, »dass die Kinder im Schulunterricht nicht einseitig politisch beeinflusst werden«. Der Verfasser des kritischen Beitrags im *Journalist* hatte diese und ähnliche Diskrepanzen mit dem Wissen und der Aufgabe der Journalisten verteidigt: Journalisten wüssten mehr über das aktuelle Geschehen als die Bevölkerung und hätten deshalb eine andere Meinung dazu. Zudem gehöre es

zum »Auftrag der Journalisten, neue »Erkenntnisse und Denk-
weisen ... auch gegen den Widerstand der ... öffentlichen Meinung« zu vermitteln. Noelle-Neumann bestritt nicht, dass Journalisten diese Aufgabe hätten, wandte sich aber dagegen, sie zu
verabsolutieren und das richtige Urteil »von vornherein auf der
Seite der Journalisten zu vermuten.« Ihre wichtigsten Argumente lauteten: Das Selbstverständnis der Journalisten als »Erzie-
her der Bevölkerung« könne ihre Funktion behindern, »in den
Medien Nachrichten und Argumente so vollständig wie möglich
auszubreiten, um die Bevölkerung in den Stand zu setzen, sich
eine eigene Meinung zu bilden.« Zudem könnten die Medien angesichts der »Kluft zwischen den Ansichten der Journalisten und
den Ansichten der Bevölkerung ihren Einfluss verlieren.« Und
»wenn die Meinungsbildung erst einmal an den Medien vorbei
erfolgt, weil sie durch die Medien nicht erfolgen kann, dann fällt
eine wichtige Gruppe mit ihrer Funktion für die Gesellschaft
ganz oder teilweise aus.«

Eine vergleichende Bevölkerungs- und Journalisten-Befra-
gung präzisierte 1984 die Kluft zwischen Journalisten und Gesellschaft. In der Bevölkerung hielten 36 Prozent die »innere
Sicherheit« für wichtiger als die »individuelle Freiheit«, für
37 Prozent war die »individuelle Freiheit« wichtiger als die »innere Sicherheit«. Im Journalismus fanden 62 Prozent die »individuelle Freiheit« und 13 Prozent die »innere Sicherheit« wichtiger. Der Rest war jeweils unentschieden. Angesichts der Frage,
ob »Ausländer ... in ihre Heimat zurückkehren« oder »bei uns
bleiben« können sollten, sprachen sich 66 Prozent der Bevölkerung, aber nur 5 Prozent der Journalisten für ihre Rückkehr aus.
Für ein dauerhaftes Bleiberecht waren 82 Prozent der Journalisten aber nur 31 Prozent der Bevölkerung.[9] Die Meinungsunterschiede zwischen Journalisten und Bevölkerung ließen in den
siebziger und achtziger Jahren Spannungen erkennen, die sich
2010 in einer Flut empörter Leserbriefe an zahlreiche Zeitungen

wegen ihrer extrem negativen Berichterstattung über Thilo Sarrazins Buch *Deutschland schafft sich ab* entlud und 2015 wegen der Berichterstattung über die unkontrollierte Immigration zu einer bis dahin einmaligen Distanzierung der Bevölkerung von den Medien führte: Im Gegensatz zum dominierenden Medientenor befürchteten im Spätsommer fast zwei Drittel der Bevölkerung (64 %) die Risiken des Zustroms und fast die Hälfte (47 %) betrachteten die Berichterstattung als einseitig.[10]

Die anfangs der achtziger Jahre erkennbaren Meinungsunterschiede zwischen den Journalisten und der Bevölkerung bildeten 1989 den Hintergrund für eine Befragung von drei Journalisten-Generationen in Westdeutschland.[11] Dabei ging es auch um Unterschiede des »jetzigen politischen Denkens« der Journalisten und ihrer Sicht auf ihr soziales Umfeld. Von der »Großvätergeneration«, geboren 1909-35, glaubten 39 Prozent, dass sie mehr oder weniger die gleichen politischen Überzeugungen hatten wie die meisten ihrer Leser, Zuhörer und Zuschauer; von der »Vätergeneration«, geboren 1936-50, glaubten das 33 Prozent; in der »Enkelgeneration«, geboren 1951-66, waren es 30 Prozent. Der schwindende Anteil der Journalisten, die überzeugt waren, dass sie politisch ähnlich dachten wie ihr Publikum, deutet auf eine wachsende Entfremdung, allerdings war der Unterschied nicht groß. Einen deutlich anderen Eindruck vermittelten die Antworten auf die Frage nach der Ausrichtung des aktuellen politischen Denkens der Journalisten: 44 Prozent der »Großväter«, 62 Prozent der »Väter« und 64 Prozent der »Enkel« lokalisierten ihr politisches Denken links von ihren Lesern, Hörern und Zuschauern. Der Anteil der Journalisten, die sich rechts von ihrem Publikum sahen, verringerte sich von 17 Prozent auf 7 Prozent. Die durch den Generationenwechsel verursachte Entfremdung der Journalisten von der Mitte der Bevölkerung ging einher mit der Einbindung in homogener werdende Personenkreise. Der Anteil der Journalisten, die ähnlich dachten wie die meisten ihrer

Kollegen, stieg von 39 Prozent in der »Großvätergeneration« auf 44 Prozent in der »Enkelgeneration«; der Anteil der Journalisten, die ähnlich dachten wie die meisten ihres Freundeskreises, stieg von 63 Prozent auf 70 Prozent. Journalisten entwickelten sich zu »Angepassten Außenseitern«[12] – angepasst an die engere soziale Umgebung, Außenseiter in Bezug zur Gesamtgesellschaft.

Nach Noelle-Neumann schlug sich die Entfremdung der Journalisten von der Bevölkerung in den Wahlabsichten nieder. Die SPD wollten 1976 42 Prozent der Bevölkerung und 55 Prozent der Journalisten wählen – ein Plus von 13 Prozent. Die CDU/CSU bevorzugten 49 Prozent der Bevölkerung und 21 Prozent der Journalisten – ein Minus von 28 Prozent. In allen liberalen Staaten sind die meisten Journalisten links von der Mitte. Deshalb ist nicht die Existenz, sondern nur das Ausmaß der Schieflage bemerkenswert. In den folgenden Jahren hat sich die Distanz der meisten Journalisten zur CDU/CSU nicht wesentlich verändert. Deshalb kann man die folgende Analyse auf die SPD, die Grünen und die PDS beschränken: 1993 standen 25 Prozent der Journalisten der SPD nahe, 19 Prozent Bündnis 90/Die Grünen und 4 Prozent der PDS.[13] Das linke Lager war folglich 1993 mit zusammen 48 Prozent fast genauso stark wie 1976. Allerdings hatten sich die Gewichte innerhalb des linken Lagers zu Lasten der SPD nach links verschoben. Bei der Wiederholung der Befragung 2005 standen 36 Prozent Bündnis 90/Die Grünen nahe, 26 Prozent der SPD und 1 Prozent der PDS. Zum linken Lager rechneten sich jetzt sogar 63 Prozent, wobei sich die Gewichte zu Lasten der SPD weiter nach links verschoben hatten. Bündnis 90/Die Grünen bildeten nun im Journalismus die eindeutige Mehrheit. Die Bedeutung dieser Linksverschiebung verdeutlicht ein Vergleich der Konstellationen von 1976 und 2005: 1976 stand die absolute Mehrheit der Journalisten (55 %) der SPD nahe, die bei der Bundestagswahl 42,6 Prozent der Stimmen erhielt und zudem den Kanzler stellte; 2005 stand die relative Mehrheit der Journalisten Bündnis 90/Die Grünen (36 %) nahe, die bei der Bundestagswahl 8,1 Prozent der Stimmen erhielt und folglich nur eine kleine Minderheit repräsentierte. Nun bildeten Sympathisanten der kleinsten Bundestagsfraktion unter den Journalisten die mit Abstand größte Gruppe.[14] Zu einer ähnlichen Momentaufnahme führte 1999 eine milieutheoretische Analyse in Bayern. Danach gehörten 43 Prozent der Journalisten aber nur 10 Prozent der Bevölkerung zum »liberal-intellektuellen Milieu«.[15] Im Verhältnis der Hauptstadtkorrespondenten zur Bevölkerung Deutschlands ist diese Kluft vermutlich noch größer. Die parteipolitische Orientierung der Journalisten und ihre Konzentration in einem gesamtgesellschaftlich kleinen Milieu dürften eine Ursache der von ihnen selbst wahrgenommenen Entfremdung von ihrem Publikum sein. So hielten die Journalisten 2005 im Vergleich zu 1993 ihr Publikum zwar für reicher, einflussreicher und gebildeter, zugleich aber und auch für älter, politisch rechter, weniger fortschrittlich (konservativer) und politisch uninteressierter.[16] Das Publikumsbild der Journalisten näherte sich folglich dem Stereotyp des Wutbürgers, den sie seit 2010 vor allem bei Protesten von älteren, gebildeten Konservativen wahrnehmen.

Die Entfremdung der Journalisten von der Bevölkerung besitzt mehrere Ursachen. Der Generationswechsel im Journalismus erfolgt vor allem durch Kooptationen: Über die Aufnahme der neuen entscheiden erstens die etablierten Journalisten und dabei spielten auch deren politische Sichtweisen eine Rolle. Die damit verbundenen Präferenzen verstärken langfristig bereits bestehende Mehrheitsmeinungen. Journalisten beschäftigen sich zweitens aufgrund ihres Berufes täglich intensiv mit dem aktuellen Geschehen, seiner Gewichtung und Bewertung vor dem Hintergrund der Vorgeschichte und im Kontext anderer Geschehnisse. Sie müssen sich deshalb über alle wichtigen Ereignisse eine Meinung bilden und orientieren sich an ihren Kollegen und an früheren Darstellungen in Archiven. Folglich prägen zurückliegende Deutungen die aktuelle Berichterstattung. Die meisten Journalisten arbeiten drittens an wenigen Orten in Zeitungs-, Zeitschriften, Hörfunk- und Fernsehredaktionen, diskutieren beruflich und privat miteinander über das aktuelle Geschehen. Die Sichtweisen können sich zwar von Redaktion zu Redaktion und von Ressort zu Ressort unterscheiden, werden aber in diesen Einheiten von den meisten als realitätsgerecht betrachtet. Alle Journalisten verfolgen viertens den ganzen Tag die Gewichtung und Bewertung des aktuellen Geschehens durch ihre Kollegen bei anderen Medien. Das verbindet die Kollegen untereinander und beschleunigt die Meinungsbildung im Journalismus insgesamt bzw. in unterschiedlichen Lagern.[17] Wegen der intensiven und schnellen Ko-Orientierung entstehen fünftens im Journalismus oder einzelnen Teilgruppen gemeinsame Überzeugungen, die sich wechselseitig bestätigen und zu Wahrheitsansprüchen verdichten, an denen sich die Sichtweisen der Bevölkerung messen lassen müssen. Für viele Journalisten handelt es sich nicht um Meinungen zu, sondern um Tatsachenaussagen über Phänomene: für sie »ist« z.B. die Kernenergie unkontrollierbar. In diesem Sinne stimmten 2015 mehr als zwei Drittel der für diese Studie befragten Journalisten der These zu, Fukushima habe »endgültig bewiesen«, die Risiken der Kernenergie seien nicht tragbar. Wer das nicht erkennt, kann oder will aus Sicht der meisten Journalisten die Realität nicht wahrnehmen.

ZWEIFEL AN DER BERICHTERSTATTUNG

Ein halbes Jahr nach dem Absturz der Germanwings-Maschine »vertrauten« 87 Prozent Piloten – aber nur 36 Prozent Journalisten.[18] Wie soll man das verstehen? Generelle Fragen nach dem Vertrauen in die Angehörigen von Berufen erfassen vor allem Images: Piloten haben ein gutes Image, Journalisten ein schlechtes. Über das Vertrauen in die Berichterstattung der Medien geben Antworten auf solche Image-Fragen kaum Auskunft. Im Interesse einer aussagekräftigen Analyse muss man das Vertrauen in »die« Journalisten und in »die« Medien, also die Angehörigen eines Berufs und in eine Institution, vom Vertrauen in ihre Tätigkeit, also in ihre Berichterstattung, unterscheiden. Die naheliegende Frage nach dem Vertrauen in die Medien, die man oft nutzt, enthält jedoch eine methodische Falle. Weil die meisten Menschen die Medien nutzen, die sie schätzen, werden für die Befragten nicht erkennbar zwei Aspekte vermischt, was zu überhöht positiven Urteilen führt. Im Interesse einer aussagekräftigen Analyse muss man das Vertrauen und die Nutzung getrennt erfragen.[19]

Orientiert man sich an den globalen Einstufungen, hat das Vertrauen in die Medien im Laufe der Jahrzehnte nicht wesentlich gelitten. Das zeigen die Antworten auf generelle Fragen nach dem Vertrauen in »die Zeitungen« und »die Presse«. Sie genießen zwar bei weniger als 50 Prozent der Bevölkerung »ziemlich viel / sehr viel Vertrauen«, es ist aber seit 1990 relativ stabil geblieben.[20] Auch generelle Eigenschaften wie »informativ«, »kompetent« oder »kritisch« wurden 2010 Presse, Hörfunk und Fernsehen ähnlich häufig zugeschrieben wie 2005.[21] Ein anderes Bild vermitteln Stellungnahmen zu konkreten Eigenschaften der aktuellen Berichterstattung. Sie wurden von 1964 bis 1995 im Fünfjahresrhythmus ermittelt.[22] Eine Behauptung lautete: Fernsehen, Hörfunk bzw. Zeitungen geben »einen vollständigen Überblick über alle wichtigen Entwicklungen in Politik und Zeitgeschehen.« Auf das Fernsehen traf das 1964 nach Meinung von 70 Prozent der Befragten zu, auf den Hörfunk und die Zeitungen nach Meinung von jeweils 60 Prozent. Danach ging das Vertrauen in alle Medien langsam aber stetig zurück. Dreißig Jahre später, 1995, waren nur noch 54 Prozent der Bevölkerung der Meinung, dass das Fernsehen einen »vollständigen Überblick über alle wichtigen Entwicklungen« gibt. Über den

Hörfunk und die Zeitungen sagten das nur noch 36 bzw. 51 Prozent. Eine weitere Behauptung lautete: Fernsehen, Hörfunk bzw. Zeitungen berichten »wahrheitsgetreu und (geben) die Dinge immer so wieder, wie sie wirklich sind.« Auf das Fernsehen traf das 1964 nach Meinung von 47 Prozent zu, auf den Hörfunk und die Zeitungen nach Meinung von 45 bzw. 32 Prozent. In den folgenden Jahren verfiel das ohnehin nicht breite Vertrauen in eine wahrheitsgetreue Berichterstattung und stabilisierte sich auf niedrigen Niveau: 1995 glaubten nur noch 20 Prozent der Bevölkerung, das Fernsehen berichte das aktuelle Geschehen so, wie es ist. Vom Hörfunk und den Zeitungen sagten das 19 bzw. 20 Prozent. Bei den folgenden Erhebungen wurde die Einschätzung dieser Aspekte der Objektivität der Berichterstattung nicht mehr differenziert erfragt.[23] Vermutlich lägen die Werte heute noch darunter.

Der Vertrauensverlust der Medien im gerade genannten Sinn wurde von einem Rückgang der Auflagen und Reichweiten der meisten politisch relevanten Zeitungen und Zeitschriften begleitet. Die beiden Prozesse hatten vermutlich unterschiedliche Ursachen, müssen jedoch bei einer Analyse der Rolle der Medien in der Gesellschaft zusammmen gesehen werden. Ihre größte Reichweite hatten die deutschen Tageszeitungen 1967. Damals haben 82 Prozent der Erwachsenen regelmäßig eine Tageszeitung gelesen. Heute sind es noch 56 Prozent. Der Rückgang verlief lange kontinuierlich und hat sich seit 1995 beschleunigt. Am stärksten betroffen waren die Boulevardblätter. Ihre maximale Reichweite sank von 35 auf 15 Prozent. Kaum betroffen schienen die überregionalen Qualitätszeitungen: Ihre Reichweite ging von acht auf sechs Prozent zurück. Das entsprach aber dem Verlust eines Viertels ihrer Leser. In der Öffentlichkeit werden die Auflagen- und Reichweitenverluste der Zeitungen meist auf die Etablierung des Internet zurückgeführt. Das erscheint plausibel, ist aber falsch, weil der Rückgang schon voll im Gange war, als es das Internet noch nicht gab.

Zur Entwicklung des Vertrauens in die Berichterstattung der Medien über konkrete Ereignisse liegen keine vergleichbaren Ergebnisse vor. Einen Ersatz bieten die Ergebnisse einer 2008 durchgeführten Untersuchung zur Erinnerung an die sachlich fasche, bzw. fragwürdige Darstellung mehrerer Ereignisse.[24] Es handelte sich in chronologischer Reihung um die falsche Berichterstattung des *Stern* über die gefälschten Hitler-Tagebücher (1983),[25] die Vorverurteilungen anlässlich der Wormser Kinderschänder-Prozesse (1993-97),[26] die falschen Behauptungen über die Schadstoffbelastung der Brent Spar (1995)[27] und die falschen Verdächtigung der Bevölkerung in Berichten über den Tod des kleinen Joseph in Sebnitz (2000).[28] Zu den meisten Fällen kannten die meisten Befragten die am Ende erkennbaren korrekten Sachverhalte nicht. Nur nach dem Ende der sachlich falschen Berichterstattung über den angeblichen Fememord in Sebnitz wusste immerhin jeder zweite, was tatsächlich vorgefallen war. Mit Blick auf Sebnitz sollten sie auch einschätzen, wie häufig »solche Fehler in der Berichterstattung« vorkommen, und ob sie von einzelnen Journalisten verursacht wurden oder die Folge von generellen Problemen der Medien waren. Obwohl es sich in allen Fällen um schwere und folgenreiche Fehler handelte, waren mehr als zwei Drittel (66 %) der Meinung, dass solche Fehler in den Medien häufiger vorkommen. Weniger als halb so viele (30 %) meinten, das seien Ausnahmen gewesen. Die Mehrheit (56 %) hielt solche Fehler für ein generelles Problem der Medien. Im Fehlverhalten einzelner Journalisten sah nur eine Minderheit (39 %) die Ursachen. Das Misstrauen richtete sich eher gegen die Medien als gegen die Journalisten. Zudem stimmte die Mehrheit (54 %) dem entlastenden Argument zu, falsche Meldungen wie jene über den angeblichen Fememord seien »bedauerlich. Aber auch Journalisten könn(t)en irren«. Allerdings war eine große Minderheit (44 %) der Meinung, das dürfe »nicht passieren, mit einem normalen Fehler« habe das »nichts zu tun«.[29]

Warum haben so viele Deutsche kein großes Vertrauen in die aktuelle Berichterstattung der Medien? Gründe dafür identifizierte eine repräsentative Umfrage vom Winter 2007/8 vor allem in der Dominanz der Meinungen von Journalisten.[30] Eine Hälfte der Befragten sollte anhand von acht Vorgaben sagen, wie wichtig ihnen selbst die genannten Eigenschaften von Nachrichten sind; die andere Hälfte sollte sagen, ob die Nachrichten diese Eigenschaften aufweisen. Die Vergleiche offenbaren mehrere Defizite. Aus Sicht der Befragten enthielten die Nachrichten in Presse, Hörfunk und Fernsehen u. a. zu selten »gegensätzliche Meinungen« zu einem Thema. Sie vermissten an den Nachrichten eine Qualität, die sie in hohem Maße auch Journalisten absprachen: Toleranz für andere Meinungen.[31] Die Antworten auf eine weitere Testfrage bestätigen diesen Befund. Beschrieben wurde das Interview mit einem Physiker zur Kernenergie, der die »Kernenergie für sehr umweltfreundlich hält«. Die Aussage des Physiker widerspricht »der Meinung des Journalisten«. Gefragt wurde, ob der Verzicht auf eine Veröffentlichung des Interviews vertretbar wäre und wie sich vermutlich die meisten Journalisten verhalten würden.[32] Zwei Drittel der Befragten hielten es nicht für vertretbar, das Interview nicht zu veröffentlich. Fast genauso viele waren aber der Meinung, das komme häufig vor.

Ein erheblicher Teil der Bevölkerung ist davon überzeugt, dass sich Journalisten bei der Berichterstattung über kontroverse Themen von falschen Vorstellungen und fragwürdigen Absichten leiten lassen. Auf dem Höhepunkt der Skandalisierung von Christian Wulff, im Januar 2012, hatten z. B. laut ARD-Deutschlandtrend 57 Prozent der Bevölkerung den »Eindruck, die Medien wollten Wulff fertigmachen.« Einige Zeit vor seinem Rücktritt waren 48 Prozent der Meinung, die Berichterstattung über Wulff sei in den letzten Wochen unfair gewesen. Ähnlich negativ beurteilten viele die Berichterstattung über zwei andere aktuelle Themen. Im Dezember 2014 hatten

63 Prozent wenig oder gar kein Vertrauen in »Nachrichten und Informationen zum Ukraine-Konflikt zwischen Russland und dem Westen.«[33] Auf eine offene Nachfrage, warum sie wenig oder gar kein Vertrauen in die Berichterstattung über den Ukraine-Konflikt hatten, beklagten sich 31 Prozent darüber, sie sei einseitig, und 18 Prozent meinten, die Darstellung entspreche nicht der Realität. Im Oktober 2015 hatten 40 Prozent der Bevölkerung den Eindruck, sie sollten überredet werden, sich über den unkontrollierten Zustrom der Migranten keine Sorge zu machen,[34] 47 Prozent hielten die Berichterstattung für einseitig, 53 Prozent waren der Meinung, die Medien würden kein zutreffendes Bild von dem Anteil der Männer und Frauen, Jungen und Alten usw. vermitteln. Im Frühjahr 2016 hatten 60 Prozent den Eindruck, die »Nachrichtenmedien« würden »berechtigte Meinungen, die sie für unerwünscht halten«, ausblenden, 48 Prozent glaubten, sie würden »häufig einseitig zugunsten ihrer eigenen Meinung« berichten und 49 Prozent hatten den Eindruck, sie würden einem »vorschreiben, was man denken soll.«[35] In solchen Urteilen schlägt sich neben den heute leicht verfügbaren Informationen aus anderen Quellen – eigene Beobachtungen, Gespräche mit Meinungsführern, Bücher, Internetangeboten usw. – auch die individuelle Weltsicht der Befragten nieder. Sie urteilen folglich nicht nur auf der Basis objektiver Fakten, sondern auch aufgrund subjektiver Werthaltungen. Das vermindert nicht die Bedeutung ihrer Kritik an der aktuellen Berichterstattung, sondern verweist auf eine ihrer sozialen Ursachen: Die Kluft zwischen den dominierenden Weltsichten in großen Teilen des Journalismus und in großen Teilen der Gesellschaft. Dieser Sachverhalt ist an sich schon bemerkenswert. Seine Brisanz beruht jedoch darauf, dass inzwischen vor allem politisch Interessierte überzeugt sind, die Medien würden gesellschaftlich relevante Kontroversen nicht realitätsgerecht darstellen.[36] Es handelt sich folglich nicht um

ein Randproblem der Qualitätsmedien, sondern betrifft eine ihrer wichtigsten Zielgruppen.

MACHTANSPRUCH VON JOURNALISTEN

Der in Konstanz erscheinende *Südkurier* behauptete 1995 anlässlich der 50-Jahr-Feier des Blattes in einer Anzeige stolz: »Früher brachten Politiker Journalisten in Bedrängnis. Heute ist es umgekehrt.« War und ist der dahinter stehende Anspruch berechtigt und wie kann man das feststellen? Die Macht von Personen, Organisationen und Institutionen beruht auf Vorstellungen. Wenn die meisten Menschen glauben, dass jemand Macht hat, dann hat er Macht und zwar auch dann, wenn der Glaube auf einem Irrtum beruht, beispielsweise einer Überschätzung der Handlungsmöglichkeiten des Machthabers. So riskieren Akteure, die die Macht einer Person oder Organisation angesichts der Menge oder der Einflussmöglichkeiten ihrer Förderer unterschätzen, Kopf und Kragen. Das Gleiche gilt im umgekehrten Fall: Wenn die meisten Menschen glauben, dass ein Machthaber keine Macht mehr hat, dann hat er keine mehr. Darauf beruht der oft schnelle Machtverfall am Ende von Gewaltherrschern. Solche Mechanismen prägen auch die Beziehungen von Journalisten zu Politikern, Unternehmern und Wissenschaftlern und das Verhältnis der Medien zu Politik, Wirtschaft, Wissenschaft usw. Ihre Grundlagen sind persönlichen Erfahrungen im Umgang miteinander, die wechselseitige Beobachtung von Entscheidungen und als diffuse Quelle das Image der Medien, der Politik und anderer Institutionen.

Die Macht der Medien kann man einschätzen, wenn man sie mit der Macht anderer Institutionen vergleicht, etwa der Politik. Grundlage der folgenden Analyse ist eine Befragung der Hauptstadtkorrespondenten und Bundestagsabgeordneten. Die Hälfte der Politiker und der Journalisten sollten anhand einer Skala von 0 bis 10 angeben, wie viel Macht die Medien über die Politik haben, die andere Hälfte sollte angeben, wie viel Macht die Politik über die Medien hat. Die Mehrheit der Politiker und Journalisten stimmte 2008 darin überein, dass die Medien deutlich mehr Macht über die Politik haben als die Politik über die Medien.[37] Das sahen führende Politiker und Journalisten 1972 noch anders. Damals stimmten sie darin überein, dass die Politik mehr Einfluss auf die aktuelle Politik hat als die Medien. Obwohl man die Ergebnisse der Befragungen nicht uneingeschränkt vergleichen kann, deutet die massive Veränderung auf eine Umkehrung der Machtverhältnisse – einen erheblichen Machtgewinn der Medien auf Kosten der Politik. Das belegen mehrere Vorgänge. Innerhalb von vier Jahren haben die Medien zwei Bundespräsidenten – Horst Köhler (2010) und Christian Wulff (2012) – sowie zwei Bischöfe – Walter Mixa (2010) und Franz-Peter Tebartz-van Elst (2014) – aus dem Amt gekippt. Man mag einwenden, gegen Köhler habe es keine mit den anderen Fällen vergleichbare Kampagne gegeben. Das trifft zu. Köhler war das Opfer einer lange andauernden, auch durch gezielte Missverständnisse befeuerte Diskreditierung, der er sich machtlos ausgeliefert sah. Im Kern handelte es sich in allen vier Fällen um moderne Varianten des Investiturstreits: Wer entscheidet über Ämter und Würden – die formell dafür in Kirche und Politik zuständigen Gremien oder die informell agierenden Medien?

Die Macht der Medien beruht auf der Konsonanz der Meinungen der Journalisten und dem Gleichklang ihrer Berichterstattung. Nur wenn sie gegeben sind, besitzen die Medien große Macht. Mit der berichteten Realität hat das wenig bis nichts zu tun. Das zeigt ein Vergleich der Skandalisierung der Bundespräsidenten Wulff und Rau.[38] Ein halbes Jahr nach der Vereidigung Raus 1999 berichteten mehrere Medien, er habe als Ministerpräsident Dienstreisen auf Kosten der WestLB durchgeführt. Das führte zur »Flugaffäre«. Anfang Februar 2000 meldete der *Spiegel*, die WestLB habe die Kosten für seine Geburtstagsfeier mit 1.500 Gästen in Höhe von 150.000 DM übernommen. Bei Rau ging es demnach um ähnliche Sachverhalte wie bei Wulffs Hausbauaffäre, allerdings um weit höhere Begünstigungen, die zudem im Unterschied zu Wulff nicht aus privaten Kassen, sondern aus staatsnahen Quellen stammten. Das Verhalten Raus war deshalb wesentlich fragwürdiger als das Verhalten Wulffs. Wie sah das Meinungsspektrum der Berichterstattung über beide aus? In der Berichterstattung über die »Flugaffäre« und ihre Ausweitungen waren 14 Prozent der Aussagen negativ. Ihnen standen 8 Prozent positiver Aussagen gegenüber. Der überwiegende Rest war neutral. Der Negativ-Saldo für Rau betrug folglich 6 Prozent. Er war nahezu ausgeglichen. In der Berichterstattung über die »Hausaffäre« und ihre Ausweitungen waren 41 Prozent der Aussagen negativ und 2 Prozent positiv. Der Rest war neutral. Der Negativ-Saldo für Wulff betrug folglich 39 Prozent und entsprechend waren die Folgen: Rau hat die Affäre im Amt überstanden, Wulff nicht.

Die Bevölkerung sieht die skizzierten Machtverhältnisse realistisch und kritisch: Mehr als die Hälfte der Bevölkerung (55 %) stimmte im Winter 2007/2008 der Meinung zu, dass heutzutage »Journalisten mächtiger [sind] als Politiker.« Deutlich weniger (42 %) hielten sie für mehr oder weniger falsch. Auf die Nachfrage an die zuerst genannten Personen, ob sie das gut oder nicht gut finden, dass die Journalisten nach ihrer Ansicht mächtiger sind als die Politiker, äußerten 77 Prozent, sie fänden das nicht gut. Gut fanden das nur 18 Prozent.[39] Aus Sicht der Bevölkerung ist die notwendige Entwicklung eindeutig vorgezeichnet. Dirk Koch, langjähriger Leiter des Bonner Hauptstadtbüros des *Spiegel*, sieht das genau umgekehrt. Gut 20 Jahre nach der selbstbewussten Anzeige des *Südkurier* anlässlich seiner 50-Jahr-Feier veröffentlichte er seine autobiographische Anekdotensammlung unter dem programmatischen Titel: »Der ambulante Schlachthof oder Wie man Politiker wieder das Fürchten lehrt«.[40] Koch mag ein Sonderling sein, deshalb muss man fragen: Wohin soll die Reise aus Sicht der Politiker und Journalisten gehen? Die bereits erwähnten Bundestagsabgeordneten und Hauptstadtkorrespondenten waren 2008 dafür, dass die Politik und die Medien weniger Macht besitzen sollten als sie jetzt schon haben. Das ist nicht überraschend, weil Macht in Deutschland aufgrund der jüngeren Vergangenheit als eher verwerflich gilt. Während aber die Politiker damit zufrieden gewesen wären, wenn Politik und Medien auf niedrigerer Ebene gleichviel Macht hätten, wollten die Journalisten das Machtgefälle zwischen Medien und Politik auf niedrigerer Ebene noch vergrößern. Nach ihrer Vorstellung sollte die Über-Macht der Medien gegenüber der Politik mehr als dreimal so groß sein als sie es 2008 schon war.

Eine Ursache des Machtgewinns der Medien ist die im Vergleich zu den anderen Bürgern und Unternehmen rechtliche Privilegierung der deutschen Journalisten und Medien, die durch Gesetze und Gerichtsurteile ausgebaut wurde. Dazu gehören u. a. die Ausgestaltung der öffentlichen Aufgabe der Medien, die Erweiterung des Zeugnisverweigerungsrechts zum Schutz von Informanten, die Bindung des strafbaren Landesverrats an zahlreiche Voraussetzungen sowie das Verbot der Durchsuchung von Presseunternehmen und der Beschlagnahmung ihrer Unterlagen. Eine Folge der rechtlichen Privilegierungen ist z. B. die praktisch uneingeschränkte Möglichkeit der Medien zur Vorratsdatenspeicherung etwa im Zusammenhang mit den Panama-Papers – im Unterschied zu der vergleichsweise eingeschränkten Möglichkeit staatlicher Einrichtungen der Vorratsdatenspeicherung zur Terrorismusbekämpfung aufgrund der Telekommunikations- und BKA-Gesetze, die durch Interventionen des Bundesverfassungsgerichtes weiter verringert wurden.

Eine weitere Ursache des Machtgewinns der Medien war lange Zeit ihre wachsende Reichweite u. a. als Folge des wachsenden politischen Interesses und der zunehmenden Freizeit. Zwar gehen die Reichweiten der einzelnen Medien u. a. wegen der stärkeren Konkurrenz schon seit den siebziger Jahren zurück, die Medien insgesamt haben aber nicht verloren. Das gilt vor allem für das Fernsehen, das für einen erheblichen Teil der Bevölkerung die einzige Quelle von politisch relevanten Nachrichten bildet. Eine dritte Ursache sind die im Laufe der Jahrzehnte verringerten Möglichkeiten der Politiker zu eigenständigen und direkten Publikumsansprachen etwa über Parteizeitungen oder bei Massenkundgebungen. Eine vierte Ursache ist die Schnelligkeit der Medien, die im Unterschied zu Parteien oder Regierungen in kurzer Zeit Stimmungen für oder gegen Vorhaben machen können.

Eine Ursache des Machtanspruchs der Journalisten sind die Funktionen, die den Medien in den Theorien der liberalen Demokratie zugewiesen werden. Danach sollen die Medien zur Meinungsbildung der Bevölkerung beitragen und die Regierenden kontrollieren. Der Einfluss der Medien auf die Politik gehört folglich zum Auftrag der Medien, was sich im offensiven Selbstbild der Journalisten niederschlägt. Eine zweite Ursache des Machtanspruchs der Journalisten ist die erwähnte Rechtsprechung des Bundesverfassungsgerichtes, das in zahlreichen Urteilen den Abwehranspruch der Medien gegen die Politik konkretisiert und erweitert hat. Das hat sich im Selbstverständnis der nachwachsenden Journalistengenerationen niedergeschlagen. Eine dritte Ursache sind historische Erfahrungen von Journalisten. So belegt nicht nur die deutsche Geschichte, dass ein bestimmender Einfluss der Politik auf die Medien die Grundlagen liberaler Demokratien untergräbt und die bürgerlichen Freiheiten gefährdet. Das trägt zur eher defensiven Sicht der Politiker bei. Eine vierte Ursache ist der selektive Umgang der Medien mit der jüngeren deutschen Geschichte. Seit den sechziger Jahren wurde die fragwürdige Rolle fast aller Institutionen im Dritten Reich ausgiebig thematisiert – der Kirchen, der Politik, der Industrie, der Justiz, des Militärs usw. Die große Bedeutung der Medien für die zunehmende Akzeptanz der Nationalsozialisten nach der Machtergreifung blieb davon ausgespart. Das betrifft auch ihre Rolle als moralische Rüstkammer während des Zweiten Weltkrieges. Deshalb sind alle Institutionen durch ihr Verhalten im Dritten Reich moralisch massiv diskreditiert – nur nicht die Medien. Sie erscheinen als einzige Institution, die keine schwere Schuld auf sich geladen hat – etwa durch fragwürdige Heldenberichte von der Front, als längst erkennbar war, dass der Krieg verloren war.

Diese erwähnten Asymmetrien schlagen sich in den Machtansprüchen von Politikern und Journalisten nieder. Der Machtanspruch der Medien manifestiert sich u. a. in ihrem Umgang mit Kritikern der Medien sowie der von ihnen vertretenen Sichtweisen. Ein Beispiel sind die Reaktionen auf Thilo Sarrazins Buch *Der neue Tugendterror*, in dem er den Machtanspruch der Medien kritisierte und ihren Machtmissbrauch durch die Kritik an seinem vorangegangenen Buch *Deutschland schafft sich ab* belegte. Sarrazin konfrontierte eine umfangreiche Sammlung von Behauptungen über seine Aussagen mit den entsprechenden Textstellen und zeige, dass sie falsch oder verzerrt wiedergegeben wurden bzw. nicht beweisbare Unterstellungen enthielten.[41] Beispiele sind seine angeblichen, aber tatsächlich nicht geäußerten Behauptungen, es gebe »genetisch bedingte Bildungsdefizite von Muslimen« und es gebe eine »genetisch bedingte Minderbegabung der Zuwanderer« sowie die falsche Feststellung, er habe aus dem Hinweis auf die teilweise Erblichkeit von Intelligenz »gravierende Mentalitätsunterschiede ... zwischen verschiedenen Völkern« abgeleitet. Mit seiner detaillierten Kritik am Umgang der Medien mit *Deutschland schafft sich ab* setzte sich Sarrazin in seinem darauf folgenden Buch *Der neue Tugendterror* einem riskanten Selbstexperiment aus, das über die Bereitschaft und Fähigkeit der Medien zur Selbstkritik Aufschluss gab: Würden die Medien seine Beispiele negieren oder aufgreifen, sachlich diskutieren oder den Autor diskreditieren? Die Antwort ist eindeutig. Die Verfasser nahezu aller Rezensionen gingen auf seine konkreten Beispiele nicht ein, sondern diskreditierten mit Pauschalurteilen den Autor und seine Kritik. Ein neues Beispiel ist die systematische Diskreditierung aller Personen und Organisationen, deren Sorgen die in den Medien dominierende Weltsicht infrage stellen, als »Rechtspopulisten«. Dadurch wird die Frage, ob und inwieweit die Sorgen der angesprochenen Personen und Organisationen berechtigt sind, sowie die Frage, ob und wie man berechtigte Gründe dieser Sorgen beseitigen oder mindern kann, tabuisiert. Es geht nicht um die Sache. Es geht um Macht durch Themen- und Diskussionshoheit.

VERLETZUNG UND VERSCHIEBUNG DER GRENZEN IM JOURNALISMUS

In allen Berufen gibt es Grenzen der zulässigen Handlungsmöglichkeiten, die sich im Laufe der Zeit ändern können. Eine Grundlage der Grenzverschiebungen im Journalismus waren die bereits angesprochenen Gesetze und Gerichtsurteile, eine weitere waren Grenzüberschreitungen einzelner Medien und Journalisten, darunter die Veröffentlichung geheimer Regierungsunterlagen durch den *Spiegel* (1962) und die verdeckten Recherchen von Günter Wallraff in der Redaktion von *Bild* (1977). Die letzte Grenzüberschreitung dieser Art war Jan Böhmermanns Schmähgedicht über Recep Tayyip Erdoğan, das zunächst als humorlose Beleidigung charakterisiert und wegen seiner Qualitätsmängel aus der ZDF-Mediathek entfernt wurde, danach aber von mehreren Kommentatoren zur herausragenden Satire und zum Testfall auf die Meinungsfreiheit erklärt wurde, der die journalistischen Handlungsmöglichkeiten im Erfolgsfall erheblich ausweiten kann.

Die erwähnten Aktivitäten und Reaktionen darauf haben das Selbstverständnis der Journalisten verändert. Das geschah langsam und vor allem durch den Generationswechsel in den Redaktionen. Hinzu kamen Meinungsänderungen der bereits aktiven Journalisten, wofür es jedoch keine empirischen Belege gibt. Seinen publizistisch bedeutsamsten Niederschlag fanden die Veränderungen im Selbstverständnis der festangestellten Redakteure, die für die aktuelle, politische Berichterstattung zuständig sind.[42] Der Wandel manifestierte sich zum einen in den akzeptabel erscheinenden Recherchemethoden. So billigten 1989 in der »Großvätergeneration« 24 Prozent Geldzahlungen zur Beschaffung von »vertraulichen Unterlagen«, in der Enkelgeneration waren es 59 Prozent; in der »Großvätergeneration« billigten 49 Prozent verdeckte Recherchen in Unternehmen, »um an interne Informationen zu kommen«, in der »Enkelgeneration« waren es 78 Prozent. Der Wandel manifestierte sich zum anderen in den akzeptabel erscheinenden Publikationspraktiken. So billigten in der »Großvätergeneration« 41 Prozent die Veröffentlichung von »streng geheimen Regierungsplänen für außenpolitische Verhandlungen«, in der »Enkelgeneration« waren es 66 Prozent. Was früher die meisten Journalisten als Grenzüberschreitungen betrachtet hatten, erschien nun zunehmend akzeptabel.[43]

Begleitet wurden die Veränderungen des journalistischen Selbstverständnisses von einem Wandel des Rollenverständnisses eines Teils der Journalisten – dem Wechsel aus der Rolle der unbeteiligten Beobachter in die Rolle der aktiven Macher, die gegenüber den Kollegen und Protagonisten des berichteten Geschehens die Deutungshoheit beanspruchten. Einen relativ frühen Beleg dafür lieferte 2006 eine repräsentative Befragung von 231 Hauptstadtkorrespondenten von Presse, Hörfunk und Fernsehen.[44] Die Frage lautete: »*Wenn ein neues, moralisch aufgeladenes Thema aufkommt, kann man oft nicht vorhersehen, wie die wichtigen Medien den Sachverhalt kommentieren werden. Wie verhält sich die Mehrheit Ihrer Kollegen in einer solchen Situation?*« Fast die Hälfte (47 %) aller Journalisten meinte: »*Die meisten gehen das Thema zunächst vorsichtig an, um nicht Gefahr zu laufen, sich in die falsche Richtung festzulegen.*« Ein knappes Drittel (30 %) bekannte: »*Die meisten versuchen, durch pointierte Interpretationen den Kurs der einsetzenden Berichterstattung zu lenken.*« Aus den Antworten kann man folgern, dass die relative Mehrheit der Hauptstadtkorrespondenten der Forderung nach einer distanzierten und objektiven Berichterstattung folgt. Das wäre jedoch, wie eine Nachfrage zeigt, ein Irrtum. Sie lautete: »*Zu welcher Gruppe zählen Sie sich am ehesten?*« Die Antworten darauf zeigen, dass sich genauso viele zur Gruppe der entschieden Einflusssuchenden (39 %) wie zur Gruppe der tastend Zögerlichen (40 %) zählten. Ein Teil der Antworten auf die erste Frage stellte folglich kein Bekenntnis zu einer objektiven Berichterstattung dar, sondern war eine implizite Kritik an Kollegen, denen es an Bereitschaft zur medialen Meinungsführerschaft fehlte.

Der Wandel des Selbstverständnisses der Journalisten schlug sich deutlich in der Berichterstattung nieder. Bis Mitte der siebziger Jahre gab es in der Berichterstattung der Zeitungen und Zeitschriften über zahlreiche Techniken und Technikfolgen keinen Zusammenhang zwischen der Tendenz von Meinungsbeiträgen und der Tendenz von Nachrichten und Berichten über Experteneinschätzungen. Danach glichen sich die Tendenzen der Meinungsbeiträge und die zitierten Experteneinschätzungen an: Fast alle berichteten schwerpunktmäßig über die Ansichten von Experten, die ähnliche Meinungen vertraten wie die Journalisten in ihren Meinungsbeiträgen. Die aktuellen Nachrichten und Berichte dieser Blätter bestätigten nun mit anderen Worten die Sichtweisen der Journalisten durch die Experten, die sie zu Wort kommen ließen.[45] Inzwischen ist das in der Berichterstattung über kontroverse Themen eine gängige Praxis.

Beispiele dafür sind die Berichterstattung über die Gentechnik Ende der achtziger Jahre,[46] die Castor-Transporte Ende der neunziger Jahre[47] und die Kernenergie nach der Reaktorkatastrophe bei Fukushima.[48] Was früher als Verstoß gegen ein Qualitätskriterium der Presse[49] betrachtet wurde – die Trennung von Nachricht und Meinung – erscheint nun vielen Journalisten akzeptabel. Bei einer Befragung von Journalisten aller Medien zu den Vor- und Nachteilen der damals heiß umstrittenen 35-Stunden Woche erklärte 1984 fast die Hälfte (45 %), es sei »durchaus zu vertreten« oder »vollkommen einwandfrei«, wenn Journalisten Informationen, die ihrer eigenen Konfliktsicht entsprechen, bewusst in den Vordergrund rücken – also hochspielen. Ein Sechstel (17 %) waren der Meinung, es sei durchaus zu vertreten« oder sogar »vollkommen einwandfrei«, wenn Journalisten Informationen über die Vor- und Nachteile der 35-Stunden-Woche, die gegen ihre eigene Konfliktsicht sprechen, bewusst in den Hintergrund rücken – also herunterspielen.[50]

Das bewusste Hoch- und Herunterspielen von Informationen in der Berichterstattung über Konflikte beruht häufig auf politischen Wirkungsabsichten von Journalisten – der Absicht, die Meinungen der Bevölkerung im Sinne einer aus Sicht der Journalisten richtigen Konfliktlösung zu beeinflussen. Auf ähnlichen Wirkungsabsichten beruht die Über- und Untertreibung von Problemen.[51] Dabei geht es sowohl um die Gewichtung als auch um die sprachliche Aufmachung von Informationen. Die Hälfte (52 %) der Zeitungsredakteure hielt es 1998/99 »in Ausnahmefällen« für vertretbar, wenn Journalisten »Probleme … überspitzter dar(stellen) als sie nüchtern betrachtet sind.« Der aus Sicht der Befragten wichtigste Rechtfertigungsgrund war »die Beseitigung eines Missstandes.« Zusammen mit der Minderheit der Journalisten, die Übertreibungen generell für vertretbar hielten (26 %), fanden in diesem Fall deutlich mehr als zwei Drittel (72 %) aller Zeitungsredakteure die Übertreibung von Problemen vertretbar. Drei Jahre später hielten ähnlich viele Zeitungsredakteure die Übertreibung von Problemen zur »Warnung vor einer drohenden Gefahr« für gerechtfertigt.[52] Mehr als die Hälfte war der Meinung, in Ausnahmefällen seien auch Untertreibungen vertretbar, also die Darstellung von Problemen als »weniger dramatisch…, als sie in Wirklichkeit sind.« Das erschien den Journalisten vor allem gerechtfertigt, um Betroffene »nicht unnötig bloßzustellen oder anzuprangern« und um »die Bevölkerung nicht unnötig zu beunruhigen.« Praktische Beispiele für solche Über- und Untertreibungen sind die Anprangerung der Schäden in Wäldern als »Waldsterben« und die Minimalberichterstattung über die Zerstörung von Versuchsfeldern für Genpflanzen. Aktuelle Beispiele sind die extrem häufigen Berichte über Probleme mit jungen Muslimen nach der Silvesternacht 2015/16 in Köln und die extrem seltenen Beiträge darüber davor.

Brauchbare Indikatoren für die Zahl der Grenzüberschreitungen der Presse sind die Beschwerden beim Deutschen Presserat und vor allem seine Rügen wegen Verstößen gegen den »Pressecodex«.[53] Die 2011 mit Abstand häufigsten Beschwerden (69 bzw. 66 Fälle) richteten sich gegen Verletzungen von Persönlichkeitsrechten (Ziffer 8) und Verletzungen der Sorgfaltspflicht (Ziffer 2). Gegenstand der Verletzung von Persönlichkeitsrechten sind absichtliche oder unabsichtliche, von den Betroffenen negativ erlebte Medienwirkungen. Gegenstände der Verletzung der Sorgfaltspflicht sind u. a. irreführende Fotos und nicht korrekt wiedergegebene Interviews. Von den Beschwerden müssen die Rügen unterschieden werden. Die Zahl der Rügen hat sich in den knapp 30 Jahren von 1986 bis 2015 fast verfünffacht. Sie ist von 5 auf 23 gestiegen. Darin nicht eingeschlossen sind die erst in den letzten Jahren relevanten und inzwischen stark angestiegenen Rügen gegen Online-Publikationen. Auch wenn die wachsende Zahl der Rügen eine Folge der wachsenden Bereitschaft zu Beschwerden sein dürfte, deutet die extreme Zunahme auf eine bemerkenswert gestiegene Bereitschaft zu Grenzverletzungen durch Journalisten bei Zeitungen und Zeitschriften. Sie hatten sich bereits bis Mitte der neunziger Jahre auf 18 Rügen verdreifacht. Die Etablierung des Internet mag diesen Prozess beschleunigt haben, ausgelöst hat sie die Entwicklung aber nicht.

Die Zunahme von Grenzverletzungen ist den meisten Journalisten durchaus bewusst. Das belegt eine schriftliche Befragung von 307 Zeitungs- und Zeitschriftenredakteuren im Winter 2008.[54] Dabei sollten die Befragten auch angeben, ob und wie sich die Einhaltung von ethischen Prinzipien bzw. journalistischen Berufsregeln in den zurückliegenden fünf Jahren geändert hat – ob sie aktuell besser, schlechter oder genauso eingehalten werden. Nach Meinung der meisten Journalisten wurden fast alle angesprochenen Verhaltensregeln 2008 schlechter eingehalten als zuvor. Schlechter eingehalten wurden 2008 u. a. die Forderung zur »Vermeidung von Sensationsberichterstattung« nach Meinung von 61 Prozent, die Forderung zur Beachtung der »Sorgfaltspflicht« nach Meinung von 57 Prozent, die Forderung nach einer »fairen (und) gründlichen Recherche« nach Meinung von 56 Prozent, der geforderte »Persönlichkeitsschutz« sowie die »Achtung der Menschenwürde« nach Meinung von jeweils 44 Prozent und die Achtung der »Wahrheitspflicht« nach Meinung von 35 Prozent. Diesen selbstkritischen Journalisten standen jeweils nur 5 bis 11 Prozent gegenüber, nach deren Meinung die erwähnten Berufsregeln inzwischen besser eingehalten wurden. Eine Verbesserung nahm die relative Mehrheit der Journalisten nur bei der Beachtung von zwei Berufsregeln wahr – bei der Befolgung des »Diskriminierungsschutzes« (29 % Verbesserung, 28 % Verschlechterung) und der »Richtigstellung von Fehlinformationen« (21 % Verbesserung, 19 % Verschlechterung).

Die erwähnten Grenzverletzungen und Grenzüberschreitungen sind nicht typisch für die Berichterstattung insgesamt.

Trotzdem verdienen sie Beachtung, weil es sich um einen Macht-missbrauch der Medien handelt, der die Rolle der Journalisten und den Charakter der Nachrichten und Berichte fundamental ändert. Üblicherweise betrachtet man Ereignisse als Anlass oder Ursache der Berichterstattung und Publikationen als ihre Folgen oder Wirkungen: Je publikationswürdiger eine Meldung aufgrund des Charakters eines Ereignisses ist, desto wahrscheinlicher wird sie veröffentlicht, desto größer wird sie aufgemacht und desto besser wird sie platziert. Indikatoren der Publikationswürdigkeit von Ereignissen sind Merkmale wie z. B. die Größe eines Schadens oder Nutzens, die Prominenz der beteiligten Personen usw. – sogenannte Nachrichtenfaktoren. Nach dieser Vorstellung agieren Journalisten als neutrale Vermittler, deren subjektive Meinungen zum Geschehen keine nennenswerte Rolle spielt. Sie sind passive Beobachter des berichteten Geschehens. Durch das bewusste Hoch- und Herunterspielen von Informationen und das absichtliche Über- und Untertreiben von Problemen werden sie aber zu Akteuren, die absichtlich in das Geschehen eingreifen, um seinen Ablauf dadurch zu beeinflussen. Mit der veränderten Rolle der Journalisten ändert sich die Funktion ihrer Nachrichten und Berichte. Sie sind nicht länger nur Folgen des berichteten Geschehens sondern Mittel zu Zwecken. Das wirft die Frage auf, ob die Zwecke die Mittel bzw. die ihnen zugrunde liegenden Grenzüberschreitungen rechtfertigen, und ob die Journalisten eine moralische Verantwortung für unbeabsichtigte Nebenfolgen ihrer Berichterstattung besitzen. Beispiele sind die Folgekosten des überhasteten Ausstiegs aus der Kernenergie unter dem Einfluss der generellen Skandalisierung der Kernenergie in Zusammenhang mit der Katastrophe bei Fukushima, die Sogwirkungen der extrem häufigen Berichte über die deutsche Willkommenskultur sowie ihr Beitrag zur Polarisierung der Meinungen der deutschen Bevölkerung über den Umgang mit Migranten.

FOLGEN

Die Entfremdung des politischen Denkens der meisten Journalisten vom politischen Denken der Bevölkerungsmehrheit und der Vertrauensverlust der Medien kombiniert mit dem Machtanspruch der Journalisten und der Ausdehnung der Grenzen ihres beruflichen Handelns hat dazu geführt, dass die Berichterstattung der Medien über kontroverse Themen in Widerspruch zur Realitätssicht der Mehrheit der Bevölkerung geraten kann. In der Vergangenheit ist es den Journalisten wegen der Wirkungsmacht der Medien häufig gelungen, solche Widersprüche in ihrem Sinn aufzulösen: Unter dem Druck der Darstellung und Bewertung kontroverser Ereignisse und Themen hat sich die Mehrheit der Bevölkerung meist dem Medientenor angeschlossen. Das geschah auch bei bedeutenden Themen oft innerhalb weniger Wochen und Monate – so etwa durch die Darstellung der Motive der DDR-Flüchtlinge vor und der DDR-Übersiedler nach der Maueröffnung 1989.[55] Von Juli bis Dezember 1989 berichteten Presse und Fernsehen vor allem über den Wunsch der Flüchtlinge aus der DDR nach Freiheit und die weit überwiegende Mehrheit der Westdeutschen sah das genauso. Diese Darstellungs- und Sichtweise entsprach, wie eine Umfrage in der DDR im Juni 1990 belegte, auch ein Jahr später noch der Realität. Ab Januar 1990 berichteten aber die gleichen Medien vor allem über materielle Motive der Übersiedler in den Westen und die Mehrheit der Westdeutschen folgte ihnen darin innerhalb von drei Monaten. Damals gelang es den Medien, wie Dirk Kurbjuweit im *Spiegel* (05.03.2016) euphemistisch aber sachlich zutreffend feststellte, »ganz gut, Meinungen zu bündeln.« Heute gelingt ihnen das bei wichtigen Kontroversen nur noch schwer oder gar nicht.

Obwohl seit Sommer 2015 die Medien die Migranten pauschal als Flüchtlinge bezeichneten und damit suggerierten, sie hätten sich nicht aus wirtschaftlichen Motiven, sondern aus Angst um ihr Leben auf den Weg gemacht, und obwohl die Fernsehsender mit zahllosen Bildern von Mitleid erregenden Frauen und Kindern diesen Eindruck unterfütterten, folgte ihnen die Mehrheit der Bevölkerung nicht.[56] Im Oktober 2015 war mehr als die Hälfte der Bevölkerung der Meinung, die Medien würden kein zutreffendes Bild von den Flüchtlingen zeichnen – von dem Anteil der Familien, der jungen Männer und von ihrer Bildung. Die weit überwiegende Mehrheit, nämlich 73 Prozent, war »für eine rückhaltlose Berichterstattung, auch wenn dies zu negativen Auswirkungen und Reaktionen führen könnte.« Von denjenigen, die den Eindruck hatten, dass die Medien ein falsches Bild von den Migranten zeichneten, hielten die meisten den Vorwurf der »Lügenpresse« für gerechtfertigt. Das deutet darauf hin, dass vor allem das Fernsehen mit seiner Berichterstattung durch die wochenlange Konzentration auf Bilder von Frauen und Kindern dazu beigetragen hat, den Vorwurf der »Lügenpresse« gesellschaftlich akzeptabel zu machen. Weil das Vertrauen in die Medien schon seit geraumer Zeit zurückgegangen ist, vergleichen die Leser, Hörer und Zuschauer ihre eigenen Beobachtungen und Informationen aus anderen Quellen sowie ihre eigenen Schlussfolgerungen daraus mit Medienberichten. Dadurch bemerken sie Divergenzen zwischen ihren Sichtweisen und den Medienberichten, das Über- und Untertreiben von Problemen, das Hoch- und Herunterspielen von Ereignissen, die Instrumentalisierung von Experten und Bildern. Sie erkennen die Absicht und sind nicht nur verstimmt, sondern empört.

In der Vergangenheit wurden die Pressefreiheit und die Meinungsfreiheit als zwei Seiten einer Sache betrachtet. Die Pressefreiheit erschien als Voraussetzung der Meinungsfreiheit und umgekehrt. Das ist zwar historisch richtig, trifft jedoch auf ihre spezifischen Grundlagen nicht zu. Eine entscheidende Voraussetzung der Pressefreiheit sind rechtliche Regelungen, darunter das Zensurverbot in Artikel 5 des Grundgesetzes. Eine entscheidende Voraussetzung der Meinungsfreiheit sind sozialpsychologische Prozesse – die Überzeugung, dass man bei Gesprächen über emotionale Kontroversen seine eigene Meinung äußern kann ohne die Gefahr, sich zu isolieren. Ihre Bedeutung für die freie Meinungsbildung hat Elisabeth Noelle-Neumann in ihren Studien zur Schweigespirale belegt.[57] Der problematischste Aspekt der aktuellen Pressekrise besteht darin, dass aus Sicht eines erheblichen Teils der Bevölkerung die bisher fraglose Verbindung von Pressefreiheit und Meinungsfreiheit brüchig geworden ist. So hatten im Oktober 2015 43 Prozent der Bevölkerung den Eindruck, dass man »in Deutschland seine Meinung zu der Flüchtlingssituation nicht frei äußern darf und sehr vorsichtig sein muss, was man sagt.«[58] Eine Ursache dieser Sichtweise war die Angst, von den Gesprächspartnern in die rechte Ecke gestellt zu werden. Dahinter steht die Überzeugung, die Medien würden durch ihre sachlich falsche und moralisch aufgeladene Darstellung der Migrantenströme ihre eigene Sichtweise diskreditieren und die Sichtweisen ihrer Gesprächspartner überhöhen. Aus Sicht vieler Befragter war in dem konkreten Fall die Berichterstattung der freien Presse und damit letztlich die Pressefreiheit von einer Voraussetzung zu einer Bedrohung der Meinungsfreiheit geworden. Sollten relevante Teile der Gesellschaft diese sich seit Jahren ausbreitende Sichtweise dauerhaft übernehmen, geht es für die Medien um mehr als einen Ansehensverlust. Dann stehen die zahlreichen rechtlichen Privilegien der Medien sowie die gesetzlichen und finanziellen Grundlagen des öffentlich-rechtlichen Rundfunks auf dem Prüfstand.

Alle quantitativen Aussagen über den Verfall des Vertrauens in die Medien, in den Journalismus und in die Berichterstattung über aktuelle Themen beruhen auf Einschätzungen der Leser, Hörer und Zuschauer. Ihre Grundlage bilden folglich die mehr oder weniger berechtigt erscheinenden Meinungen der Nutzer. Grundlage der vorliegenden Studie ist die umgekehrte Perspektive: Es geht um die Sichtweise der Macher und die Frage: Enthält das Selbstverständnis der Journalisten Belege dafür, dass der Vertrauensverlust der Leser, Hörer und Zuschauer gerechtfertigt ist?[59] Falls man diese Frage bejahen muss, geht es um die Anschlussfrage: Um welche Aspekte des Selbstverständnisses der Journalisten handelt es sich? Falls diese Frage geklärt werden kann, geht es um die berufspraktisch vielleicht wichtigste Frage: Handelt es sich bei den problematischen Aspekten des journalistischen Selbstverständnis um eine »deformation professionelle«, der alle oder fast alle Journalisten erliegen, oder handelt es sich um die Folgen von Fehlentwicklungen, die sich nur im Selbstverständnis eines relativ kleinen Teils der Journalisten niederschlagen? Anders gesagt: Geht es um schwarze Schafe oder um eine schwarze Herde?

UNTERSUCHUNG DER FEHLENTWICKLUNGEN

Ziel der Untersuchung sind Antworten auf drei Fragen anhand von acht z. T. spektakulären und weithin bekannten Fällen. *Erstens*: Wie verbreitet ist die Akzeptanz von fragwürdigen Publikationspraktiken – dem Skandalisieren auf der Grundlage von irreführend interpretierten und gekürzten Informationen, von Informationen über Ereignisse, die in einen irreführenden Kontext gestellt werden, und über Ereignisse, deren besondere Umstände ausgespart werden – sowie der Negierung von korrigierenden Informationen über Themen, über die zuvor intensiv aber mit anderer Tendenz berichtet wurde? *Zweitens*: Welche Argumente rechtfertigen aus Sicht der Journalisten solche Praktiken – und welche sprechen aus ihrer Sicht dagegen? Dazu werden zu jedem konkreten Fall drei Argumente dafür und drei Argumente dagegen zur Diskussion gestellt. *Drittens*: Wie kann man die Akzeptanz fragwürdiger Publikationspraktiken erklären? Dabei geht es um individuelle und gruppendynamische Ursachen. Zu den individuellen Ursachen gehören die Einstellungen der Befragten zu kontroversen Themen und Personen, zu den gruppenspezifischen die Meinungen der Kollegen und zur Berichterstattung über konkrete Fälle. Die Darstellung der einzelnen Fälle beruht auf umfangreichen Recherchen und quantitativen Vorstudien. Dabei wurden z. B. die Zeitungen und Verfasser ermittelt, die Anfang 2015 in Artikeln über Pegida-Kundgebungen den irreführenden Eindruck vermittelt haben, Gewalt von Gegendemonstranten sei von Pegida-Anhängern ausgegangen (Skandalisieren). Und anhand von Archiven wurde z. B. geprüft, welche Rezensenten von *Ganz oben – Ganz unten* Wulffs Darstellung der Geschichte einer folgenreichen Falschmeldung nicht erwähnt haben (Totschweigen). Weil es hier nicht um die Kritik an einzelnen Journalisten oder Medien geht, sondern um systematische Analysen, werden die in den Vorstudien ermittelten Verstöße gegen journalistische Berufsnormen – von einer Ausnahme abgesehen, bei der das nicht vermeidbar war – nicht detailliert belegt. Einzelne Journalisten, die gegen journalistische Berufsnormen verstoßen haben, werden folglich nicht genannt.

Der Analyse liegt aufgrund der komplexen Fragestellung ein ungewöhnliches Forschungsdesign zugrunde: Anhand einer repräsentativen Befragung von Journalisten wird die Akzeptanz von nicht-repräsentativen journalistischen Praktiken untersucht, nämlich der Beurteilung von z. T. höchst fragwürdigen Praktiken. Von Anfang Juni bis Anfang Juli 2015 wurden dazu insgesamt 404 Redakteure in ausgewählten Ressorts bei Tageszeitungen befragt. Das entspricht 19,3 Prozent der namentlich im *Zimpel,* der besten aktuellen Quelle, verzeichneten Journalisten.[60] In die folgende Analyse gehen 332 Befragte ein, die alle Fragen bis zum Ende beantwortet haben. Das entspricht 15,8 Prozent der Grundgesamtheit. Die Befragung ist, wie ein Vergleich mehrerer Merkmale der Befragten mit den Merkmalen aller verzeichneten Journalisten bei Tageszeitungen belegt, repräsentativ.[61]

Weil man nur so ein realistisches Bild von Entwicklungen und Fehlentwicklungen im Journalismus nur gewinnen kann, werden diese Fragen nicht anhand von erfundenen Beispielen, sondern anhand von publizistisch wichtigen, meist weithin bekannten und folgenreichen Fällen geklärt. In den Fallbeispielen geht es anhand der Skandalisierung von Finanzminister Wolfgang Schäuble, Bischof Franz-Peter Tebartz-van Elst und der Schriftstellerin Sibylle Lewitscharoff, der Kernenergie und Pegida um die irreführende Kombination und Verkürzung von Aussagen, um die irreführende Konzentration auf polemische Begriffe sowie um die irreführende Ausklammerung und Darstellung wichtiger Informationen. Außerdem geht es um das Totschweigen wichtiger Informationen anhand des UNSCEAR-Reports über die gesundheitlichen Folgen der Reaktorkatastrophe bei Fukushima, der ersten Pegida-Großkundgebungen 2014 in Dresden sowie der substanziellem Kritik des früheren Verteidigungsministers Karl-Theodor zu Guttenberg, des früheren Bundespräsidenten Christian Wulff und der früheren Kieler Oberbürgermeisterin Susanne Gaschke an skandalisierenden Medienbeiträgen.

Gegenstand der Analyse sind nicht die komplexen Gesamtthematiken, also z. B. die theologischen und organisatorischen Kontroversen im Bistum Limburg im Fall Tebartz-van Elst oder die gesundheitlichen Folgen der Belastung mit niedrigen Dosen radioaktiver Strahlung im Fall des UNSCEAR-Reports. Es geht vielmehr um einzelne, klar erkennbare Grenzüberschreitungen durch fragwürdige journalistische Praktiken, die mit den Regeln des Pressecodex kaum vereinbar sind. Weil die weitaus meisten Berichte dem Pressecodex entsprechen, kann man die angesprochenen Fälle nicht verallgemeinern. Sie wurden vielmehr aus zahlreichen ähnlichen Fällen mit der Absicht ausgewählt, anhand von bekannten Fällen die Akzeptanz journalistischer Berufsregeln einem Härtetest zu unterziehen. Geprüft werden soll, inwieweit Journalisten in solchen Fällen fragwürdige Praktiken billigen und mit welchen Argumenten sie das tun. Im Zentrum der Analyse stehen deshalb nicht die Journalisten, die sich an die Regeln halten, sondern jene, die Regelverletzungen hinnehmen und billigen.

Die Ermittlung der Urteile der Journalisten anhand von konkreten und z. T. weithin bekannten Fallbeispielen besitzt im Vergleich zu allgemein gehaltenen Fragen nach ihrer Berufsauffassung Vor- und Nachteile. Zu den Nachteilen gehört der mögliche Einfluss der Einstellungen der Journalisten zu den Themenbereichen aus denen die Fallbeispiele stammen. Dieser Einfluss spielt in der Realität eine wichtige Rolle und wird deshalb anhand von mehreren Testfragen in die Analyse einbezogen. Dadurch kann der Einfluss der Einstellungen zwar nicht ausgeschlossen, aber in einigen Fällen als Faktor identifiziert werden. Ein möglicher Nachteil konkreter und entsprechend komplexer Fallbeispiele ist das Risiko von Antwortverweigerungen. Diese Vermutung hat sich nicht bestätigt. So haben nur sehr wenige Journalisten das Interview bei der Vorlage der relativ komplexen Fallbeispiele und den folgenden Fragen abgebrochen. Offensichtlich fanden fast alle, die die Fragen bis dahin beantwortet hatten, die zur Diskussion gestellten Fälle und die damit verbundenen Fragen interessant. Ein weiterer Nachteil der Vorlage von Fallbeispielen besteht darin, dass man mit dieser Methode kaum international vergleichende Untersuchungen durchführen kann. Dieser Nachteil wurde bewusst in Kauf genommen.

Ein Vorteil der konkreten Fallbeispiele besteht im Vergleich zu allgemein gehaltenen Fragen nach der Berufsauffassung darin, dass die konkreten Fallbeispiele, die die Befragten zumindest passiv miterlebt haben, eine möglicherweise vorhandene Neigung zu sozial wünschbaren Antworten weitgehend ausschalten. Die Journalisten werden, und das ist ein weiterer Vorteil, mit konkreten Entscheidungssituationen konfrontiert, die ihrer tatsächlichen Berufssituation sehr nahe kommen. Ihre Antworten vermitteln deshalb ein realistischeres Bild von ihrem beruflichen Denken und Handeln als die Antworten auf fiktive Fälle. Wegen dieser Vorteile wurden trotz der erwähnten Nachteile die konkreten Fallbeispiele zur Diskussion gestellt.

Zu allen Fällen wurden nach einer Darstellung des Sachverhaltes drei gleich lautende Fragen gestellt. Die erste Frage betraf die generelle Meinung der Journalisten, ob das geschilderte Verhalten – fragwürdige Skandalisierungen von Missständen bzw. fragwürdige Kommunikationsblockaden wichtiger Informationen – nach ihrer Ansicht akzeptabel oder inakzeptabel ist. Die zweite Frage galt der Meinung, ob sie drei Aussagen als wichtige Argumente für die zuvor geschilderte Publikationspraxis betrachten. Die dritte Frage war, ob sie drei Aussagen für wichtige Argumente gegen die zuvor geschilderte Publikationspraxis halten. Die sechs Argumente für und gegen Publikationspraktiken waren inhaltlich und sprachlich den jeweiligen Fällen angepasst. So lautete ein Argument für die Berichterstattung über eine Äußerung von Wolfgang Schäuble: »Entscheidend ist nicht, was er gesagt hat, sondern was er gemeint hat.« Hier ging es um das Zusammenziehen von Informationen aus zwei Äußerungen, die Schäuble in unterschiedlichen Zusammenhängen gemacht hat. Das entsprechende Argument für die Berichterstattung über ein Interview von Tebartz-van Elst lautete dagegen: »Wichtig ist, was der Bischof gesagt hat, nicht was er gemeint hat.« Hier ging es um das Verschweigen einer Erläuterung des Bischofs. Trotz der sprachlich unterschiedlichen Vorgaben können sie sechs Aspekten zugeordnet werden – dem Anspruch der Journalisten auf Deutungshoheit; ihrer Absicht Wirkungen zu erzielen oder zu vermeiden; ihrer Wahrnehmung von Meinungen im Kollegenkreis, ihrer Orientierung am Wettbewerbsdruck, ihrem Bekenntnis zu Berufsnormen sowie ihrem Bekenntnis zu ihrer Bringschuld gegenüber ihren Lesern und den Protagonisten ihrer Berichterstattung. Mit dem Begriff »Bringschuld« werden Verpflichtungen bezeichnet, die

Journalisten gegenüber ihren Lesern und gegenüber den Personen sehen, über die sie berichten. Ein Beispiel hierfür ist die Ermöglichung einer eigenen Urteilsbildung der Leser. Ein weiteres ist der Anspruch öffentlicher Akteure auf eine zutreffende Darstellung ihrer Äußerungen. Zusätzlich zu den drei erwähnten Kernfragen wurden am Ende des Interviews fünf bewusst provozierend formulierte Thesen über Schäuble, die Kernenergie, die katholischen Priester usw. vorgelegt, zu denen die Journalisten ihre Zustimmung oder Ablehnung äußern konnten. Ihre Antworten liefern Hinweise auf ihre Einstellungen zu den verschiedenen Themenkomplexen. Weil die Befragten nicht in der Lage gewesen wären, alle Fragen zu allen acht Fallbeispielen zu beantworten – dazu hätten sie 56 Stellungnahmen abgeben müssen – wurden zwei Versionen des Fragebogens (A und B) mit jeweils der Hälfte der Fallbeispiele erstellt.

Die Ansichten der Journalisten darüber, inwieweit Grenzüberschreitungen in konkreten Fällen akzeptabel oder inakzeptabel sind, hängen vermutlich von den angesprochenen Personen und Themen ab sowie von der Art der Grenzüberschreitungen. Außerdem hängen sie vermutlich mit Argumenten zusammen, die in den konkreten Fällen für oder gegen die jeweiligen Grenzüberschreitungen sprechen. Die Ansichten der Journalisten über die Akzeptanz von journalistischen Grenzüberschreitungen muss man deshalb als Teile eines mindestens zweistufigen Prozesses der Urteilsbildung betrachten. Dieser Prozess kann auf unterschiedliche Weise verlaufen. Die Journalisten können erstens ihre Urteile über die Akzeptanz der Grenzüberschreitungen aus ihrer Meinung zu den Argumenten für und gegen Grenzüberschreitungen ableiten. Nach dieser Theorie sind die Meinungen zu den Argumenten Ursachen der Akzeptanz von Grenzüberschreitungen. Ihr liegt die Annahme zugrunde, dass die Journalisten die Geltung der fraglichen Grenzen zurückweisen. Sie lehnen mit aus ihrer Sicht überzeugenden Gründen ihre

Geltung ab. Das entspricht dem Modell der rationalen Urteilsbildung. Weil die Journalisten erst nach ihrem Urteil über die Akzeptanz der fragwürdigen Praktiken und dann nach ihren Meinungen zu den Argumenten dafür und dagegen gefragt wurden, könnten ihre Urteile nur dann diesem Modell folgen, wenn sie schon vorher die Argumente gekannt und überlegt hätten. Das erscheint unwahrscheinlich. Das Modell wird deshalb nur der Vollständigkeit halber angeführt.

Die Journalisten können zweitens ihr Urteil über die Akzeptanz der Grenzüberschreitungen durch ihre Meinung zu den Argumenten rechtfertigen, die dafür oder dagegen sprechen. Nach dieser Theorie stellen die Journalisten die Geltung der Grenzen nicht generell infrage, halten sie aber im konkreten Fall nicht für relevant. Hierbei handelt es sich um ein Modell der Rationalisierung, d. h. der scheinrationalen Rechtfertigung von bereits bestehenden Urteilen.[62] Ihre Ursachen sind aber unbekannt.

Das dritte Modell beruht auf einer Erweiterung des zweiten Modells. Die Urteile über die Akzeptanz der Grenzüberschreitungen können auch eine Folge der Einstellungen zu den thematisierten Personen und Organisationen sein, die hinter den Argumenten für und gegen die Grenzüberschreitungen stehen. Nach diesem Modell der Einstellungseffekte handelt es sich bei den Argumenten ebenfalls um Rationalisierungen, die allerdings eine identifizierbare Ursache besitzen. Zu diesen Ursachen gehören die Einstellungen der Journalisten, die man als Ursachen ihrer Meinungen zu konkreten Ereignissen betrachten kann. Welches der drei Modelle die Urteilsbildung der Journalisten besser beschreibt, wird anhand der Antworten der Journalisten auf jeweils drei Fragen zu den konkreten Fällen ermittelt.

Die empirischen Analysen beruhen auf fünf Annahmen. *Erstens*: Die meisten Journalisten akzeptieren die geltenden journalistischen Berufsregeln. Dazu gehören vor allem die Vorgaben des Pressecodex. *Zweitens*: Die meisten Journalisten finden Verletzungen der Berufsregeln mehr oder weniger inakzeptabel. Dazu gehören die fragwürdigen Skandalisierungen und Kommunikationsblockaden, die in den acht Testfällen beschrieben werden. *Drittens*: Erklärungsbedürftig ist nicht die Kritik an den erwähnten Grenzüberschreitungen, sondern die mehr oder weniger entschiedene Tolerierung der Verletzung von Berufsregeln. Deshalb geht es nicht darum, warum Journalisten Grenzverletzungen inakzeptabel finden, sondern weshalb sie dafür mehr oder weniger Verständnis haben. *Viertens*: Bei den Meinungen der Journalisten zu den Argumenten für und gegen fragwürdige Praktiken handelt es sich schon aus methodischen Gründen – der Abfolge der drei Fragen pro Fall – vermutlich um Rechtfertigungen ihrer Urteile über solche Grenzverletzungen. Nur in Ausnahmefällen wird man sie als deren Ursachen ansehen können. *Fünftens*: Positive Urteile über die Verletzung journalistischer Berufsregeln sind nicht nur die Folge flüchtiger Meinungen, sondern auch politischer und ethischer Einstellungen sowie fest verankerter Realitätsvorstellungen. Diese theoretische Annahme wird, weil die Einstellungen nur nebenbei mit jeweils einer Vorgabe erfasst wurden, nur versuchsweise überprüft.

Im Interesse einer möglichst einfachen Darstellung der Ergebnisse wird in den Tabellen der Anteil der Journalisten ausgewiesen, die die fragwürdigen Publikationsentscheidungen mehr oder weniger akzeptabel fanden, bzw. die Argumente dafür billigten und missbilligten. Die Zusammenhänge zwischen dem Grad der Akzeptanz fragwürdiger Praktiken einerseits sowie dem Grad der Billigung der Argumente dafür und dagegen kann man mit Korrelationen ermitteln. Das besitzt jedoch zwei Nachteile. Da man davon ausgehen muss, dass die meisten Argumente mit der Akzeptanz korrelieren, muss man mit einer Vielzahl von kaum überschaubaren Beziehungen rechnen, die sich häufig überlappen, weil sie sich ähneln. Da es nicht darauf ankommt, viele, sondern aussagekräftige Beziehungen zu ermitteln, werden sie mit

Hilfe von Regressionen berechnet. Das Ergebnis sind signifikante Beziehungen zwischen der Akzeptanz der fragwürdigen Praktiken und einzelnen Argumenten unter Berücksichtigung aller anderen Argumente. Im Interesse einer möglichst gut lesbaren Darstellung werden die statistischen Kennziffern im Text nicht genannt, in den Fußnoten aber ausgewiesen.[63]

Erklärungsbedürftig ist aufgrund der theoretischen Annahmen nicht das normale, an den journalistischen Berufsregeln orientierte Verhalten der Journalisten bzw. ihre Verurteilung der Verletzung dieser Berufsregeln. Das trifft analog auch auf die Ansichten von Journalisten zu fragwürdigen Praktiken zu. Die meisten Journalisten werden fragwürdige Praktiken ablehnen, die Argumente dagegen billigen und die Argumente dafür missbilligen. Diese Sichtweisen sind normal und nicht erklärungsbedürftig. Erklärungsbedürftig sind dagegen die Abweichungen, die Verstöße dagegen, sowie ihre Hinnahme durch Berufskollegen. Aus den genannten Gründen bildet den Ausgangspunkt aller Erklärungen die Akzeptanz von fragwürdigen Skandalisierungen und Kommunikationsblockaden. Sie ist das zentrale, erklärungsbedürftige Problem. Die Gegenposition, die weit überwiegenden Mehrheit der Journalisten, repräsentiert den nicht erklärungsbedürftigen Regelfall, von dem sich die Ausnahmen abheben. Zur Erklärung werden vor allem die Meinungen der Journalisten zu den Argumenten für und den Argumenten gegen fragwürdige Skandalisierungen herangezogen. Die Grundlagen hierfür bilden vor allem Regressionen. Solche Berechnungen liefern keine Kausalbeweise – die Richtung der Beziehungen bleibt offen. Trotzdem werden aus drei Gründen die Ergebnisse sprachlich so dargestellt, dass sie eine Kausalbeziehung nahelegen. Der erste Grund sind die theoretischen Annahmen: Den Kern der Problematik bildet die Akzeptanz der Verletzung journalistischer Berufsnormen – nicht die Argumente. Deshalb geht es primär um die Erklärung der Akzeptanz von Grenzverletzungen und nicht um die möglicherweise nachgeschobenen Gründe. Der zweite Grund sind mehrere Befunde, die für die erwähnte Interpretation der Beziehungen sprechen. Der dritte Grund ist die Verständlichkeit der Darstellung. Sie erfordert eine klare Struktur.

Das Totschweigen wichtiger Fakten und Meinungen dürfte wesentlich seltener vorkommen als das Skandalisieren von Personen, Organisationen und Sichtweisen. Trotzdem handelt es sich aus drei Gründen um das bedeutendere Problem. *Erstens* verstößt es gegen eine fundamentale journalistische Berufsnorm – die Publikationspflicht. *Zweitens* verfehlen die Medien dadurch ihre wichtigste gesellschaftliche Funktion – die Information der Bevölkerung. *Drittens* erkennt die Mehrheit der Bevölkerung in der Regel weder das mediale Problem (das Totschweigen von Informationen) noch das gesellschaftliche Problem (das totgeschwiegene Geschehen). Deshalb wird im Buchtitel das Totschweigen zuerst genannt. Trotzdem wird aus folgendem Grund zunächst das Skandalisieren und danach das Totschweigen behandelt: Die Bedeutung des Totschweigens von wichtigen Informationen kann man nur dann erkennen, wenn die damit zusammenhängenden Sachverhalte bekannt sind. Das trifft auf zwei der drei analysierten Fälle wegen der vorangegangenen Skandalisierungen ohnehin zu (Kernenergie nach Fukushima sowie Wulff und andere) und wird im dritten Fall (Pegida) durch die Gliederung des Textes erkennbar.

Im ersten Teil der empirischen Analysen geht es um fragwürdige Skandalisierungen, im zweiten Teil um fragwürdige Kommunikationsblockaden. Beide Teile beginnen mit einer kurzen Einführung in die Problematik. Danach folgen nacheinander die Fallstudien. Am Beginn jeder Fallstudie wird die spezifische Problematik vorgestellt, für die der Fall steht – z. B. das Zusammenziehen von zwei Äußerungen zu einer Aussage oder das Verschweigen von Hintergrundinformationen zu einem Interview.

Danach folgen eine relativ ausführliche Beschreibung des jeweiligen Falls, die daraus abgeleitet Falldarstellung für die Journalisten mit einer Frage zur Akzeptanz der geschilderten Berichterstattung sowie die tabellarische Darstellung und sprachliche Interpretation der Ergebnisse. Im Anschluss folgt eine Frage nach den Gründen, die aus Sicht der Befragten für die beschriebene Berichterstattung sprechen können. Vorgegeben wurden jeweils drei, den verschiedenen Fällen angepasste Gründe. Nach der tabellarischen Darstellung und sprachlichen Interpretation dieser Ergebnisse folgt eine Frage nach den Gründen, die aus Sicht der Befragten gegen die beschriebene Berichterstattung sprechen können. Vorgegeben wurden auch hier drei, den verschiedenen Fällen angepasste Gründe. Abschließend werden Zusammenhänge zwischen den Meinungen zur Akzeptanz der jeweiligen Berichterstattung und den Gründen dafür und dagegen dargestellt und interpretiert. Dabei geht es aus den genannten Gründen immer um die Ausnahmen, die Abweichungen von den Regeln und ihre möglichen Gründe.

III. SKANDALISIEREN

GRUNDLAGEN

Ein Skandal im hier gemeinten Sinn ist die empörte Reaktion eines erheblichen Teils der Bevölkerung auf einen tatsächlichen oder vermeintlichen Missstand. Alle Skandale weisen sechs gemeinsame Merkmale auf. *Erstens*: Bei dem Missstand handelt es sich um die Verletzung von Normen und Werten. Sie sind von Land zu Land verschieden. Deshalb konnte Gerhard Schröder 1998 trotz einer kurz zurückliegenden Affäre Bundeskanzler werden, während Bob Dole 1996 als US-Präsidentschaftskandidat in einem Skandal unterging, weil er 24 Jahre vorher eine außereheliche Affäre hatte. *Zweitens*: Der Missstand wurde durch Menschen verursacht. Ist er die Folge eines natürlichen Ereignisses oder eines Zufalls, wird er nicht zum Skandal. Deshalb konnte in Deutschland der Reaktorunfall in Fukushima zum Skandal werden, nicht aber der Tsunami, obwohl er weit mehr Menschenleben gekostet hat. *Drittens*: Die Verursacher der Schäden haben tatsächlich oder vermeintlich aus eigennützigen Motiven gehandelt. Deshalb wurden das finanzielle Gebaren von Wulff und Tebartz van-Elst zu großen Skandalen, nicht aber das weitaus bedeutendere Versagen von Aufsichtsrat und Geschäftsführung der Flughafen Berlin Brandenburg GmbH. *Viertens*: Die Verursacher hätten auch anders handeln können. Deshalb wurde der von einem betrunkenen Mitarbeiter verursache ortho-Nitroanisol-Unfall bei der Hoechst AG 1993 zu einem großen Skandal, obwohl es weder Tote noch Verletzte gab, nicht aber der Absturz einer Lufthansa-Maschine im gleichen Jahr in Warschau als Folge von Scherenwinden, bei dem zwei Menschen ums Leben kamen. *Fünftens*: Die Medien stellen das Geschehen sehr intensiv und weitgehend übereinstimmend dar. Nur dann erreichen die Berichte viele Menschen, erscheinen ihnen bedeutsam und rufen Empörung hervor. Deshalb führte die Anprangerung des Plagiats von Karl-Theodor zu Guttenberg zu einem großen Skandal, die diffuse Kritik an den pädophilen Selbstbekenntnissen von Daniel Cohn-Bendit dagegen nicht. *Sechstens*: Weil sich die Angeprangerten schuldig gemacht haben, müssen sie zur Rechenschaft gezogen werden. Ihre Schuld erfordert Sühne, schmerzhafte Konsequenzen – die Schließung von Betrieben, Vernichtung von Waren, Entlassungen, Rücktritte usw.

Es gibt einen kategorialen Unterschied zwischen Missständen und Skandalen. Man kann weder von der Größe der Missstände auf die Größe der Skandale schließen, noch von der Größe der Skandale auf die Größe der Missstände. Die größten Umweltskandale gibt es in Staaten, in denen die Umwelt am wenigsten geschädigt ist – in den westlichen Industrienationen. Die größten Umweltschäden gibt es in Staaten, in denen es kaum oder keine Umweltskandale gibt – in Entwicklungs- oder Schwellenländern. Das trifft in ähnlicher Weise auf politische Skandale zu. Sie häufen sich nicht in den Staaten mit den größten politischen Missständen, sondern in den Ländern mit den effektivsten und transparentesten politischen Institutionen.

Das Ziel der Skandalisierung von tatsächlichen oder vermeintlichen Missständen sind Aktionen auf der Grundlage von Emotionen. Die Informationen sind Mittel zum Zweck und sie werden, falls sie ihren Zweck nicht erfüllen, durch zweckdienlichere ersetzt. Beispiele hierfür liefern die Skandalisierungen von Kurt Biedenkopf, Christian Wulff, Peer Steinbrück und Franz-Peter Tebartz-van Elst. Skandaljournalismus ist nicht gleichbedeutend mit investigativem Journalismus. Gegenstand des investigativen Journalismus ist die Aufdeckung von Missständen, was angesichts der wachsenden Komplexität moderner Gesellschaften immer wichtiger wird. Das Ziel des investigativen Journalismus ist sachliche Information als Grundlage für eine rationale Urteilsbildung und sachlich angemessene Reaktionen. Der investigative Journalismus zielt auf die Mobilisierung von Institutionen, der Skandaljournalismus auf ihre Umgehung durch die Vorverurteilung von Personen und Organisationen, auf Unterwerfung unter die Forderungen der Medien durch Einschüchterung der institutionellen Akteure mit Hilfe der öffentlichen Empörung.

Eine Quelle von Skandalen, deren negative Nebenfolgen in keinem vertretbaren Verhältnis zu den skandalisierten Missständen stehen, sind fragwürdige journalistische Praktiken. Das betrifft Recherchepraktiken einschließlich der Bezahlung von Quellen und Zeugen; die Verarbeitung fragwürdiger Informationen, darunter die irreführende Kombination, die Ergänzung und Kürzung von Aussagen und Quellen; die Aneinanderreihung von scheinbar ähnlichen Vorkommnissen, die einzeln betrachtet nicht beachtenswert wären; die verfälschend verkürzte Darstellung komplexer Abläufe und die Konzentration auf extreme Einzelfälle unter Vernachlässigung ihrer relativen Häufigkeit. Beispiele sind Suggestionen von Katastrophen durch die Darstellung großer Schäden ohne Erwähnung ihrer geringen Wahrscheinlichkeit (BSE, Vogelgrippe) sowie Katastrophen-Collagen durch die Verallgemeinerung von Extremfällen (Tschernobyl, Fukushima). Und es betrifft die rhetorische Aufbereitung von Informationen durch sprachliche Übertreibungen. Dazu gehören Schmähbegriffe zur Herabsetzung der Skandalisierten (»Protz-Bischof«, »Hetzer«) und Horror-Etiketten zur Erregung von Angst und Ekel (»Killerbakterien«, »Gammelfleisch«). Eine Ursache dieser Darstellungsweisen ist die Überzeugung von gut 70 Prozent der Zeitungsredakteure, Übertreibungen seien zur Beseitigung von Missständen vertretbar.[64] Diese Überzeugung beruht auf einer Kette impliziter Annahmen: Der Missstand muss tatsächlich so schwerwiegend sein, wie er den Journalisten im Moment erscheint. Das ist oft nicht der Fall. Seine publizistische Übertreibung muss tatsächlich die beabsichtigten Folgen auslösen. Das ist oft nicht vorhersehbar. Die Folgen müssen tatsächlich allgemein als positiv gelten. Das trifft oft nicht zu, weil unterschiedliche Personen unterschiedliche Interessen verfolgen. Zudem darf die Übertreibung keine unbeabsichtigten negativen Nebenfolgen nach sich ziehen. Das ist aber häufig der Fall.

Zahlreiche Skandale besitzen empirisch belegte Nebenfolgen, die in keinem akzeptablen Verhältnis zur Größe der skandalisierten Missstände stehen. Zu den Folgen solcher Skandale gehören u. a. die *Irreführung des Publikums* durch übertriebene Darstellung der Gefährdungen durch Arznei- und Lebensmittel; die *Verhaltenskonsequenzen* solcher Irreführungen – emotionsgetriebene Reaktionen wie die Boykottierung von Lebens- und Arzneimitteln (Rindfleisch, Rucola, Pradaxa) und die Nichteinnahme von verschriebenen Medikamenten (Psychopharmaka; Herzmittel) sowie die *gesundheitlichen und finanziellen Kosten* der Verhaltenskonsequenzen. So erlitten in Deutschland aufgrund der Nichteinnahme von Psychopharmaka nach skandalisierenden Medienberichten etwa 28.000 psychisch Kranke in postklinischer Behandlung schwere Rückfälle[65]; aufgrund falscher und übertriebener Warnungen brach beim Ehec-Skandal der Markt für mehrere Gemüsesorten ein und bedrohte die Existenz zahlreicher Landwirte, die die EU mit 227 Millionen Euro stützen musste.[66] Zu den Nebenfolgen fragwürdiger Skandalisierungen gehören auch entsprechend *fragwürdige politische* Entscheidungen wie der planlose Ausstieg aus der Kernenergie aufgrund ihrer Skandalisierung durch deutsche Medien nach der Katastrophe bei Fukushima – eine Entscheidung deren finanzielle Folgen alle Vorstellungen sprengen dürfte; entsprechend *fragwürdige juristische* Praktiken wie die Eröffnung des Ermittlungsverfahrens gegen den ehemaligen Bundespräsidenten Christian Wulff und die Durchführung des Strafverfahrens gegen den Wettermoderator Jörg Kachelmann, die die Angeklagten als Verlier zurückließen, obwohl sie freigesprochen wurden und das besorgniserregende *Schwinden des Institutionenvertrauens,* darunter die wachsende Politikverdrossenheit in Deutschland und den USA im Gefolge der zunehmenden Skandalisierung von Politikern. Zwar kann man nicht schlüssig beweisen, dass die Politikverdrossenheit eine Folge dieser Skandale ist. Man kann aber ausschließen, dass die Skandalisierung der Politik – wie einige Soziologen meinen – das Vertrauen in das politische System stärkt.

Diskussionen über Skandale landen schnell beim Internet. Bei der Skandalisierung von Bundespräsident Horst Köhler spielte ein Blogger eine wichtige Rolle, der die traditionellen Medien vor sich her trieb. Bei der Skandalisierung von Karl-Theodor zu Guttenberg reicherten Internet-Aktivisten Informationen aus der Wissenschaft durch eigene Recherchen an und verschafften ihnen dadurch Überzeugungskraft. Allerdings sind Internetattacken bisher in keinem Fall zur direkten Ursache von Skandalen geworden. In allen Fällen entwickelten sich daraus erst dann Skandale, wenn sie von traditionellen Medien aufgegriffen wurden. Die entscheidenden Gründe hierfür sind die Reichweite der Medien und die Regelmäßigkeit ihrer Nutzung. Einen Eindruck von ihrem Wirkungspotenzial vermitteln folgende Zahlen: *Bild* hat zur Skandalisierung von Wulff bis zu seinem Rücktritt 201

Beiträge veröffentlicht. ARD, ZDF und RTL haben in ihren Nachrichten 503 Beiträge gebracht, von denen 77 Prozent eine eindeutig negative Tendenz besaßen. *Bild* und die Nachrichten von ARD und ZDF erreichen jeweils ca. 8-9 Millionen Menschen – und das täglich. Nimmt man stark vereinfachend an, dass die *Bild*-Leser jeden zweiten Beitrag über Wulff verfolgt haben, dann haben etwa 8-9 Millionen Menschen etwa 100 negative Beiträge über ihn gelesen. Von den 8-9 Millionen *Bild*-Lesern hat vermutlich ein Großteil etwa 100 Fernsehbeiträge gesehen, die die *Bild*-Berichte scheinbar glaubhaft untermauerten. Viele haben außerdem etwa 100 ähnlich lautende Berichte in Regionalzeitungen gelesen und mehrere 100 ähnlich lautende in Hörfunknachrichten gehört – und das fast neun Wochen lang fast jeden Tag. Im Vergleich dazu ist ein »shitstorm« im Internet ein laues Lüftchen. Die Bedeutung des Internets bei Skandalen liegt nicht in der Reichweite der dort verbreiteten Angriffe, sondern in der Veränderung journalistischer Verhaltensweisen. Weil viele Journalisten mit der Bereitschaft ihrer Kollegen zur Publikation von Internetattacken rechnen, greifen sie Verdächtigungen auf, die sie früher kaum veröffentlicht hätten. Der Verweis auf das Internet ist zu einer journalistischen Selbstamnestie geworden, die fragwürdige Praktiken rechtfertigt.

Nicht alle Skandale sind fragwürdig, einige sind sogar notwendig und heilsam. Für ein rationales Urteil darüber, ob die Skandalisierung von Missständen funktional oder dysfunktional ist, muss man zwei Faktoren in Rechnung stellen – das Ausmaß der skandalisierten Missstände und die Größe der negativen Nebenfolgen ihrer Skandalisierung. Dabei gilt: Je größer die Missstände sind, desto verdienstvoller ist ihre Skandalisierung. Je größer die negativen Nebenfolgen sind, desto fragwürdiger ist sie. Daraus folgt: Je größer Missstände im Laufe der Zeit werden und je geringer die Nebenfolgen sind, desto verdienstvoller ist ihre Skandalisierung; je kleiner Missstände im Laufe der Zeit werden und je größer die Nebenfolgen sind, desto fragwürdiger ist ihre Skandalisierung. Ist der Punkt überschritten, an dem die Nebenfolgen größer sind als die Missstände, wird die Skandalisierung dysfunktional. Dieser Punkt ist in Deutschland bei den meisten Skandalen längst überschritten. In entwickelten und entsprechend komplexen Demokratien und Wirtschaftssystemen ist die auf starke Emotionen und direkte Aktionen zielende Skandalisierung von Missständen nicht die Krönung des investigativen Journalismus. Sie ist allenfalls eine frag- und begründungswürdige Ausnahme.

SKANDALISIERUNG DURCH ERGÄNZUNG UND KOMBINATION VON AUSSAGEN

Ein substanzielles Zitat ist das Trumpfass jedes Journalisten, beweist es doch, dass der Gesprächspartner tatsächlich genau das gesagt hat, was er berichtet. Relativ substanzlose Zitate vermitteln immerhin noch den Eindruck von Kompetenz und Authentizität, denn sie signalisieren, dass die Berichterstatter nahe am Geschehen waren. Allerdings ist das Vertrauen der Leser in Zitate nicht unproblematisch, weil sie kaum beurteilen können, ob der Kontext eines Zitats, der seine Interpretation steuert, sachlich angemessen ist. Sie können auch kaum erkennen, ob mehrere Äußerungen so miteinander kombiniert wurden, dass sie wiedergeben, was der Zitierte gemeint hat. Eine spezielle Grauzone sind Behauptungen über Motive, Absichten und Emotionen der Zitierten, die im Unterschied zu den Zitaten selbst kaum nachprüfbar sind und die Leser mehr beeinflussen können als die Zitate. So veröffentlichte der *Spiegel* vor und nach dem Regierungswechsel Anfang der achtziger Jahre von Spitzenpolitikern der drei Fraktionen, darunter Helmut Schmidt, Hans-Dietrich Genscher und Helmut Kohl, insgesamt 3.273 Zitate.[67] Im Umfeld von 36 Prozent der Zitate schrieben die Journalisten neun Politikern weitgehend unabhängig von ihrer Parteizugehörigkeit negative Motive (77 %) zu. Ob die Politiker die ihnen zugeschriebenen Motive tatsächlich hatten, könnte selbst ein Insider allenfalls in Ausnahmefällen feststellen. Trotzdem haben die im Umfeld der Zitate glaubhaft erscheinenden Hinweise auf Motive die Politiker in einem negativen Licht erscheinen lassen.

Ein aktuelles Beispiel für die Bedeutung des Kontextes für das Verständnis eines Zitats ist ein Interview des Bayerischen Ministerpräsidenten Horst Seehofer mit der *Passauer Neuen Presse* (09.02.2016). Den Anlass des Interviews bildete die bevorstehende Rede Seehofers beim Aschermittwoch in Passau. Sein erstes Thema war die unkontrollierte Zuwanderung, die Rückführung von Migranten und, gestützt auf ein Gutachten des Verfassungsrechtlers Udo Di Fabio, die Möglichkeit einer Klage des Freistaates Bayern beim Bundesverfassungsgericht wegen Rechtsverletzungen der Bundesregierung beim Verzicht auf Grenzkontrollen. In diesem Zusammenhang sagte Seehofer: »Wir haben im Moment keinen Zustand von Recht und Ordnung. Es ist eine Herrschaft des Unrechts. Wenn wir politisch die Wiederherstellung von Recht und Ordnung nicht erreichen, dann müssen wir das eben juristisch angehen.« Der entscheidende Satz, »Es ist eine Herrschaft des Unrechts«, kann zweierlei bedeuten. Eine Bedeutung lautet: »Es herrscht Unrecht, weil Recht und Gesetz nicht angewandt werden.« Das wollte Seehofer, wenn man das ganze Interview berücksichtigt, vermutlich ausdrücken. Eine weitere Bedeutung lautet: »Das Unrecht herrscht, weil die Machthaber unrechtmäßig herrschen.« Das wollte Seehofer vermutlich nicht ausdrücken. Allerdings liest man in der Einleitung zum Interview, Formulierungen wie »Herrschaft des Unrechts« verwende »die csu bislang ... für Diktaturen wie einst die DDR.« Das stammt von den Interviewern und ≠suggeriert eine Interpretation der Äußerung im Sinne von »Das Unrecht herrscht«. Die Überschrift des Interviews lautete dem entsprechend: »Seehofer unterstellt Merkel ›Herrschaft des Unrechts‹.« Damit lokalisierten sie die Quelle der Unrechtsherrschaft einer Diktatur in der Person Merkels. Das hat Seehofer aber nicht gesagt. Was Seehofer wirklich sagen wollte, kann man nicht zweifelsfrei feststellen. Man kann allerdings feststellen, dass das mehrdeutige Zitat durch den Verweis auf die Herrschaft des Unrechts in der DDR und die Lokalisierung der Herrschaft des Unrechts in der Person Merkels einen Skandal auslöste, den es ohne die fragwürdige Kontextbildung vermutlich nicht gegeben hätte.

DER »HITLER-PUTIN-VERGLEICH« VON WOLFGANG SCHÄUBLE

Hintergrund: Am 31. März 2014 diskutierte Finanzminister Wolfgang Schäuble mit Abiturienten einer Berliner Fachoberschule über die Sicherheit Europas und die Zukunft des Euro. Dabei hat Schäuble angeblich Putin mit Hitler verglichen. Das trifft nicht zu. Unter den Zuhörern waren mehrere Fotografen, ein Journalist der Agentur *Reuters* und die Redakteurin eines Nachrichtenportals. Auf eine Schülerfrage nach der Bedeutung der Entwicklung in der Ukraine für Europa sagte Schäuble laut einer *Reuters*-Meldung um 12:05 Uhr: »›Wir müssen schauen, dass die Ukraine nicht völlig zahlungsunfähig wird.‹ Wenn die Regierung in Kiew die Polizei nicht mehr bezahlen könne, ›dann nehmen natürlich irgendwelche bewaffneten Banden die Macht in die Hand‹, warnte er. ›Dann sagen die Russen, das geht gar nicht, jetzt haben wir irgendwelche Faschisten an der Regierung, die bedrohen unsere russische Bevölkerung‹. Eine solche Situation könne Russland dann zum Anlass nehmen zu sagen: ›Jetzt müssen wir sie schützen, das nehmen wir zum Grund um einzumarschieren. Schäuble fügte mit Blick auf dieses Szenario hinzu: ›Das kennen wir alles aus der Geschichte. Solche Methoden hat schon Hitler im Sudentenland übernommen – und vieles andere mehr‹.« Putin erwähnte Schäuble in diesem Zusammenhang nicht.

Im weiteren Verlauf des Gesprächs ging Schäuble auf die Angliederung der Krim an Russland nach einer vom Westen nicht anerkannten Volksabstimmung ein. Laut *Reuters* erklärte Schäuble dieses Vorgehen mit den Worten, »irgendwann hätten sich die Demonstrationen gegen die Regierung in Kiew zugespitzt: ›Und dann hat (Russlands Präsident Wladimir) Putin gesagt, eigentlich wollte ich sowieso schon immer die Krim. Und jetzt ist die Gelegenheit günstig‹.« Im Zusammenhang mit der Angliederung der Krim hat Schäuble nach *Reuters* Hitler nicht erwähnt. Auch hat er die Angliederung der Krim nicht mit der Angliederung des Sudetenlandes verglichen.

Knapp drei Stunden nach *Reuters* meldete die *Deutsche Presse-Agentur* (dpa): »Bundesfinanzminister Wolfgang Schäuble (CDU) hat Parallelen zwischen Russlands Vorgehen auf der Krim und der Annexion des Sudentenlandes 1939 durch Nazi-Deutschland gezogen.« Die Agentur belegte das mit folgendem Zitat: »›Das kennen wir alles aus der Geschichte. Mit solchen Methoden hat Hitler das Sudetenland übernommen – und vieles andere mehr‹.« Laut dpa hat Schäuble die Angliederung der Krim mit der Annexion des Sudentenlandes durch Hitler verglichen, dabei aber Putin nicht erwähnt. Zudem hat Schäuble laut dpa im Anschluss an seine Äußerungen über die Ukraine gesagt: »Deshalb müssen wir den Russen sagen, wir vergleichen euch mit niemandem. Aber ihr müsst wissen, das geht nicht.« Beide Agenturmeldungen enthielten demnach nicht die Behauptung, Schäuble habe Putin mit Hitler verglichen. Die Abiturienten bestätigten das im Gespräch mit Regina Mönch, einer Mitarbeiterin der *Frankfurter Allgemeinen Zeitung*. Nach Erinnerung der Abiturienten hat Schäuble Putin nicht mit Hitler verglichen und zudem ausdrücklich darauf hingewiesen, er »vergleiche das nicht.« Es habe sich nicht um eine »Gleichsetzung«, sondern um eine historische »Analogie« gehandelt. Nach Darstellung von Regina Mönch hielten sie »die Zuspitzung (der Aussagen Schäubles zu einem Hitler-Putin-Vergleich in der folgenden Berichterstattung) für eine Lüge und für eine Beleidigung. Sie haben es anders gehört und anders verstanden, was aber offenbar keine Rolle spielt.«[68] Zusammenfassend kann man feststellen: Nach Darstellung der beiden Agenturen und der befragten Abiturienten hat Schäuble Putin nicht mit Hitler verglichen. In Zusammenhang mit der Ukraine hat er Hitler genannt, aber nicht Putin; in Zusammenhang mit der Ukraine Putin aber nicht Hitler. Die Behauptung, Schäuble habe Putin mit Hitler verglichen, beruht demnach auf der Kombination der Aussagen Schäubles über zwei unterschiedliche Sachverhalte.

Wenige Stunden nach dem Gespräch Schäubles mit den Abiturienten behaupteten mehrere Online-Ausgaben renommierter Blätter in ihren Überschriften, was die Agenturen nicht gemeldet hatten und die Abiturienten einige Tage darauf ausdrücklich bestritten: »Schäuble vergleicht Putins Krim-Pläne mit Hitlers Politik« (*Spiegel Online*), »Schäuble vergleicht Putin mit Hitler« (*Zeit Online*), »Schäuble vergleicht Putins Politik mit der Hitlers« (*Süddeutsche.de*), »Schäuble über Krim-Annexion durch Putin: ›Methoden wie Hitler‹« (*taz.de*), »Krim-Krise: ›Solche Methoden hat schon Hitler übernommen (sic)‹« (*Wirtschaftswoche Online*). Gegen Abend war aus einer vermutlich falschen Zuspitzung der Aussagen Schäubles eine Tatsache geworden, die man nicht infrage stellen, sondern nur noch verurteilen konnte. Laut *Spiegel Online* »distanzierte« sich Angela Merkel von Schäubles »Hitler-Putin-Vergleich«. Frank-Walter Steinmeier antwortete nach der gleichen Quelle auf die Frage eines ZDF-Reporters, ob der Vergleich Putins mit Hitler hilfreich sei: »Nein.« An den folgenden Tagen übernahmen mehrere Zeitungen, Hörfunk- und Fernsehsender diese Darstellung. Drei Tage darauf, am 3. April, verwahrte sich das russische Außenministerium gegen einen Vergleich der erwähnten historischen Ereignisse. Hierbei handele es sich um »eine Provokation«. Am 13. März berichtete *Spiegel Online* unter der Überschrift »Schäubles Hitler-Vergleich sorgt für diplomatische Verwerfungen«, das Verhältnis zwischen deutschen und russischen Spitzenbeamten sei »erheblich belastet«.

Das fragwürdige Zusammenziehen von zwei Äußerungen Schäubles tangierte das Gebot der »wahrhaftigen Unterrichtung der Öffentlichkeit« im Pressecodex (Ziffer 1) und das Verbot, den »Sinn« von Informationen »durch Bearbeitung« zu entstellen oder zu verfälschen (Ziffer 2). Bei der Kontroverse um Schäubles Äußerungen geht es genaugenommen um zwei Fragen: Hat Schäuble die historischen Ereignisse im Sinne einer Gleichsetzung miteinander verglichen oder hat er nur im Sinne einer Analogie auf Ähnlichkeiten verwiesen, aus denen man lernen kann? Und hat Schäuble tatsächlich Putin mit Hitler verglichen oder handelte es sich bei solchen Behauptungen um skandalisierende Fehlinterpretationen durch die Kombination von mehreren Aussagen unter Vernachlässigung des ergänzenden Hinweises, er vergleiche nicht. Im Folgenden geht es nur um die zweite, journalistisch besonders bedeutsame Frage, ob Journalisten skandalträchtige Zuspitzungen akzeptabel oder inakzeptabel finden und mit welchen Argumenten sie sie billigen oder missbilligen. Der Kern der Problematik wurde zu einer kurzen Fallbeschreibung zusammengefasst und zur Diskussion gestellt.

Fallbeschreibung: *»Wolfgang Schäuble hat in Berlin mit Abiturienten über Europafragen diskutiert. In seiner Antwort auf eine Frage nach der Relevanz der Lage in der Ukraine für die* EU *hat er eine Parallele zwischen dem Anschluss des Sudentenlandes durch Hitler und einem möglichen Anschluss der Ost-Ukraine an Russland gezogen, dabei aber Putin nicht erwähnt. Dagegen hat er Putin später als treibende Kraft der Annexion der Krim genannt. Am nächsten Tag erschienen Zeitungen mit der skandalträchtigen Schlagzeile, Schäuble habe Putin mit Hitler verglichen. Halten Sie diese Darstellung für akzeptabel oder für nicht akzeptabel?«* Fast zwei Drittel der befragten Journalisten hielt die skandalträchtige Kombination von zwei Aussagen Schäubles für »eher fragwürdig« oder »völlig inakzeptabel«. Gegenteiliger Meinung war ein Drittel. Sie hielten diese Praxis für »durchaus vertretbar« oder »völlig akzeptabel. Fast alle Befragten hatten hierzu eine klare Meinung. Nur eine verschwindende Minderheit konnte oder wollte keine klare Stellungnahme abgeben und wählte die Vorgabe: »weiß nicht, kann man nicht sagen«. Damit standen sich 2015 in der Beurteilung der Praxis, die ein Jahr vorher die Berichterstattung über Schäubles Diskussion beherrscht hatte, zwei ungleich große Meinungslager gegenüber: Die Mehrheit missbilligte die dominierende Berichterstattung, die Minderheit billigte sie. Unklar ist, ob die Mehrheit schon damals die Praxis ablehnte, aber keinen Einfluss auf den Tenor der Berichterstattung hatte, oder ob sie ihre Meinung in der Zwischenzeit geändert hat. Tabelle 1 weist – wie die Folgetabellen – den Anteil der Befragten entsprechend ihren Meinungen aus.[69]

TABELLE 1

Meinungen zur Skandalisierung von Schäuble durch Kombination von zwei Äußerungen

Frage: »Halten Sie diese Darstellung für akzeptabel oder für nicht akzeptabel?«

»Das war...«	»...völlig inakzep- tabel«	»...eher frag- würdig«	»weiß nicht«	»...durch- aus ver- tretbar«	»...völlig akzep- tabel...«	gesamt
Skandalträchtige Kombination von zwei Äußerungen	16	48	4	30	2	100

Basis: (A+B) n = 332; alle Angaben in Prozent

Die meisten Journalisten, die die skandalträchtige Kombination von zwei Aussagen Schäubles billigten oder missbilligten, lehnten sie nicht völlig ab, sondern betrachteten sie als »eher fragwürdig« bzw. »durchaus vertretbar«. Damit stellt sich die Frage, welche Argumente aus ihrer Sicht für und gegen die damalige Praxis sprachen. Die Argumente wurden mit zwei Folgefragen ermittelt. Die erste Frage lautet: »*Unabhängig von Ihrem generellen Urteil: Wie gut tref-fen die folgenden Argumente für die Zuspitzung der skandalträchtigen Äu-ßerungen Schäubles Ihre eigene Meinung?*« Die Befragten konnten ihre Meinungen abgestuft angeben. Die dafür vorgesehenen Möglich-keiten werden im Kopf der folgenden Tabellen mit kleinen Qua-draten angedeutet. Nach Ansicht der Journalisten sprachen zwei Argumente für die skandalträchtige Zuspitzung der Aussagen Schäubles: »*Entscheidend*« war nach Meinung von fast der Hälfte der Journalisten »*nicht was (Schäuble) gesagt hat, sondern was er gemeint hat*«. Sie beanspruchten die Deutungshoheit über die Äußerungen von Schäuble: Zwar mag die Interpretation seiner Aussagen im konkreten Fall überzogen oder sogar falsch gewesen sein, letztlich ist der Anspruch auf Deutungshoheit nach ihrer Ansicht aber legi-tim. Nach Meinung etwa eines Viertels der Journalisten sprach ein weiteres Argumente für die Grenzüberschreitung: »*Die Kollegen in den meisten Redaktionen hätten für einen Verzicht auf diese Pointe kaum Verständnis gehabt*«. Hierbei geht es nicht um die sachliche Ange-messenheit einer Interpretation, sondern darum, wie man damit beruflich umgehen soll – ob man die Achtung der Kollegen ge-winnen bzw. ihre Missbilligung vermeiden soll. Dagegen war das Vorpreschen der Online-Medien nach Ansicht der meisten Jour-nalisten kein Grund für Grenzüberschreitungen anderer Medien. Sie lehnten die These, »die Zeitungen hätten so berichten müssen, weil Online-Medien das vorgegeben hatten«, mehr oder weniger entschieden ab (s. Tabelle 2, Seite 68).

Die zweite Frage lautete: »*Und wie gut treffen die folgenden Argumente gegen die Zuspitzung der skandalträchtigen Äußerungen Schäubles Ihre eigene Meinung?*« Dagegen sprachen nach Ansicht der meisten Journalisten zwei Argumente. Das wichtigste Argument lautete: »*Schäuble (hat-te) ein Recht darauf, dass er unverfälscht zu Wort*« kam. Das sprach nach Meinung von mehr als zwei Drittel gegen die Grenzüberschreitung. Der Anspruch von Protagnisten der Berichterstattung auf korrekte Zitate ist eine Bringschuld der Journalisten, die die meisten Journa-

TABELLE 2

Argumente für die Skandalisierung von Schäuble

Nachfrage: *»Unabhängig von Ihrem generellen Urteil: Wie gut treffen die folgenden Argumente für die Zuspitzung der skandalträchtigen Äußerungen Schäubles Ihre eigene Meinung?«*

Trifft zu:	»Gar nicht«	☐	☐	☐	☐	☐	»Sehr gut«
»Entscheidend ist nicht, was er gesagt, sondern was er gemeint hat.«		15	20	25	31	9	100
»Die Zeitungen mussten so berichten, weil Online-Medien das vorgegeben hatten.«		65	18	13	4	1	101
»Die Kollegen in den meisten Redaktionen hätten für einen Verzicht auf diese Pointe kaum Verständnis gehabt.«		24	24	28	20	4	100

Basis: (A+B) n = 332; alle Angaben in Prozent

listen akzeptierten. Allerdings kann sie in einem Konflikt zu ihrer Deutungshoheit stehen. Das zweite Argument gegen die fragwürdige Zuspitzung der Aussagen Schäubles lautete: »*Wichtiger als die mögliche Interpretation ist die faktengenaue Darstellung.*« Hier geht es um das Verhältnis der Darstellung zum Dargestellten, die Objektivität der Berichterstattung. Die Verpflichtung dazu hielten ebenfalls mehr als zwei Drittel für ein wichtiges Argument gegen die skandalisierende Zuspitzung der Aussagen Schäubles. Deutlich anders beurteilten die Befragten die Rücksichtnahme auf negative Nebenfolgen der Zuspitzung: Nur etwa ein Drittel war der Meinung, dass »*Spannungen mit Russland*« ein wichtiger Grund gegen die Zuspitzung der Aussagen Schäubles zu einem Vergleich Putins mit Hitler sei. Hierbei geht es um eine Wirkungsabsicht – die Absicht, eine negative Folge der Berichterstattung zu vermeiden. Sie besaß nach Meinung der meisten Journalisten nur eine geringe Handlungsrelevanz (s. Tabelle 3, Seite 69).

Die Billigung bzw. Missbilligung der drei Argumente für und gegen die skandalträchtige Zuspitzung der Aussagen Schäubles

TABELLE 3

Argumente gegen die Skandalisierung von Schäuble

Nachfrage: »Und wie gut treffen die folgenden Argumente gegen die Zuspitzung der skandalträchtigen Äußerungen Schäubles Ihre eigene Meinung?«

Trifft zu:	»Gar nicht«	☐	☐	☐	☐	☐	»Sehr gut«
»Diese Darstellung musste zu Spannungen mit Russland führen.«		30	17	20	22	11	100
»Schäuble hat ein Recht darauf, dass er unverfälscht zu Wort kommt.«		1	4	15	30	49	99
»Wichtiger als mögliche Interpretationen ist die faktengenaue Darstellung.«		2	4	21	25	48	100

Basis: (A+B) n = 332; alle Angaben in Prozent

kann man als Ursachen dafür betrachten, dass die Journalisten die Grenzüberschreitung akzeptabel oder inakzeptabel fanden. Man kann sie aber auch als Argumente verstehen, mit denen die Journalisten ihre auf anderen Ursachen beruhende Meinung zu der Grenzüberschreitung rechtfertigten. Ob überhaupt solche Zusammenhänge bestehen, wurde mit einer linearen Regression geprüft, in die die Akzeptanz der fragwürdigen Skandalisierung als abhängige und die Meinungen zu den sechs Argumenten als unabhängige Variablen eingehen.[70] Die Meinungen wurden so verschlüsselt, dass hohe Werte eine Billigung der Argumente dafür bzw. eine Missbilligung der Argumente dagegen anzeigen. Die Meinungen zu den Argumenten für und gegen das fragwürdige Zusammenziehen der Äußerungen Schäubles standen tatsächlich in einem signifikanten Zusammenhang mit der Akzeptanz dieser Grenzüberschreitung. Das erklärt aber nur fünf Prozent des Urteils über die Akzeptanz der fragwürdigen Skandalisierung – und umgekehrt. Der Zusammenhang beruht zudem auf der Meinung zu einem einzigen Argument: Je entschiedener die Befragten die These billigten, entscheidend sei nicht, was Schäuble gesagt habe, sondern was er gemeint hat, desto eher fanden sie die skandalisierende Zuspitzung seiner Aussagen akzeptabel. Das legt die Vermutung nahe, dass die Akzeptanz der fragwürdigen Skandalisierung Schäubles unter anderem die Folge des Anspruchs auf Deutungshoheit über das berichtete Geschehen war. Allerdings kann man nicht ausschließen, dass die Journalisten die Deutungshoheit beanspruchten, um damit ihr mehr oder weniger positives Urteil über die skandalträchtige Zuspitzung von Schäubles Äußerungen zu rechtfertigen, die möglicherweise andere Gründe hatte. Einer dieser Gründe könnte eine negative Einstellung zu Schäuble sein. Sie wurde am Ende der Befragung anhand der zugespitzten These ermittelt: »Schäuble ist ein politischer Scharfmacher«. Die Meinung dazu stand jedoch in keinem signifikanten Zusammenhang mit der Akzeptanz der fragwürdigen Zuspitzung seiner Äußerungen ($r = -0{,}07$). Das schließt nicht aus, dass ihre Akzeptanz andere, hier nicht ermittelte Ursachen besaß.

SKANDALISIERUNG DURCH VERKÜRZUNG VON AUSSAGEN

Viele Aussagen müssen gekürzt werden, weil der verfügbare Platz nicht reicht, weil sie Wiederholungen enthalten, weil sie sprachlich geglättet werden müssen, weil der intendierte Sinn deutlicher werden muss, weil sie in einem angemessenen Verhältnis zu anderen Aussagen stehen sollen usw. Es geht folglich nicht darum, dass Aussagen gekürzt werden, sondern wie das geschieht. Die Kürzung von Aussagen und Erhaltung oder Präzisierung ihres Sinns ist keine einfache Aufgabe und deshalb beruhen sinnentstellende Kürzungen eher auf unzureichenden Fähigkeiten oder drängenden Publikationsterminen als auf fragwürdigen Absichten von Journalisten. Das macht die Sache aus Sicht der Leser aber nicht besser. Sie können in den meisten Fällen nicht erkennen, ob, wie und warum eine Aussage gekürzt wurde. Und sie wissen auch nicht, ob ein Zitat das wiedergibt, was der Zitierte gesagt und gemeint hat. Deshalb ist das Vertrauen der Leser in Zitate nicht unproblematisch. Das illustriert ein NDR-Bericht (16.07.2015) über ein Gespräch von Angela Merkel mit einer Schülerin beim »Bürgerdialog« in Rostock.[71] Der Filmbericht beginnt nach der Anmoderation im TV-Studio mit der hoffnungsvollen Aussage des Mädchens in Rostock, sie würde gerne studieren, es sei unangenehm zu sehen, wie andere das Leben genießen könnten, sie aber nicht. In der nächsten Szene erklärt Merkel, sie verstehe das. Es könnten aber nicht alle aus den Lagern kommen, und manche würden wieder gehen müssen. Während eines Zwischenschnitts sagt der nicht sichtbare Moderator aus dem TV-Studio: »Damit scheint die Frage beantwortet, doch dann passiert dies.« Man sieht Merkel, die irritiert ins Stocken gerät, abbricht, voll Mitleid zu dem Mädchen geht und sagt: »Du hast das doch gut gemacht.« Der Moderator beim Bürgerdialog in Rostock unterbricht Merkel. Sie reagiert ungehalten und sagt: »Trotzdem möchte ich sie einmal streicheln.« Man sieht das weinende Mädchen. Damit endet der Bericht. Der Beitrag vermittelt folglich den Eindruck, das Mädchen habe spontan wegen Merkels Bemerkung geweint, manche müssten wieder gehen. Deshalb erschien Merkels Reaktion auf ihren Gefühlsausbruch unbeholfen, um nicht zu sagen unpassend.

So war es aber, wie die Langfassung des Gesprächs zeigt, nicht. Zunächst berichtet das Mädchen ausführlich und mit strahlenden Augen über ihre positiven Erfahrungen in der Schule, die drohende Abschiebung in den Libanon und den späten Asylantrag ihrer Eltern, der noch nicht entschieden sei. Danach entwickelt sich ein langes Zwiegespräch mit Merkel, das mit Merkels Hinweis endet, manche würden auch wieder gehen müssen. Wie das Mädchens reagiert, ist nicht sichtbar. Es folgt ein Gespräch

Merkels mit dem Moderator, der ihr ein Bild des Mädchens übergeben will und nach weiteren politischen Schritten fragt. Merkel weist noch einmal darauf hin, dass in Zukunft Asylverfahren schneller abgeschlossen sein sollen. Plötzlich stockt sie, wendet sich von dem Moderator ab, geht zu dem jetzt weinenden Mädchen, streichelt und tröstet es. Das Mädchen wischt seine Tränen ab. Kurze Zeit später sieht man sie gefasst im Arm ihrer Sitznachbarin. Das Mädchen brach demnach nicht spontan nach Merkels Hinweis in Tränen aus, dass einige wieder gehen müssen. Und Merkel hat auf den Tränenausbruch, der zahlreiche Gründe gehabt haben kann – der späte Asylantrag ihrer Eltern, die Anspannung durch das lange Gespräch mit Merkel usw. – nicht so unbeholfen reagiert wie es u. a. ihre aus dem Zusammenhang gerissene Äußerung suggeriert, sie wolle das Mädchen aber »trotzdem ... einmal streicheln«. Tatsächlich war ihre Reaktion spontan und herzlich.

DER INDIENFLUG VON FRANZ-PETER TEBARTZ-VAN ELST

Hintergrund: Auf eine Anfrage des *Spiegel* zur Finanzierung eines Flugs von Bischof Dr. Franz-Peter Tebartz-van Elst nach Indien teilte das Bistum Limburg dem *Spiegel* am 5. April 2012 folgendes mit: Für Bischof Dr. Tebartz-van Elst und Generalvikar Dr. Kaspar »war für die Indienreise Business-Class zu einem Sondertarif gebucht worden. Aufgrund des Einsatzes von auf (sic) gesammelten Bonus-Meilen und einer Zuzahlung aus eigener Tasche konnte im konkreten Fall ein Upgrade erfolgen. Dritten sind dadurch keinerlei Kosten entstanden. Beide Herren halten sich an die geltenden Reisebstimmungen sowohl des Bistums wie der deutschen Bischofskonferenz.«[72] Die Reisebestimmungen sehen Flüge in der Business-Class vor. Ein Upgrade von der Business-Class hat einen Flug in der First-Class zur Folge. Der *Spiegel* wusste demnach Anfang April 2012, welche Klasse gebucht worden war, wie die Reise bezahlt wurde und in welcher Klasse der Bischof und der Generalvikar saßen. Vier Monate später, am 11. August 2012 kam es vor dem Limburger Dom zu einem hektischen, heimlich gefilmten und gekürzt veröffentlichten Wortwechsel zwischen einem Redakteur des *Spiegel* und dem Bischof. Auf die möglicherweise als Frage gemeinte Behauptung des Redakteurs: »...mit dem (Generalvikar Kaspar) sind Sie ja erster Klasse geflogen nach Indien und zurück«, antwortete Tebartz-van Elst: »Nein, wir sind zu diesen Projekten hingeflogen und zwar so wie es die Reisekonditionen der Deutschen Bischofskonferenz und auch unseres Bistums sind.« Der Redakteur des *Spiegel* reagierte darauf mit der erneut möglicherweise als Frage gemeinten Behauptung: »Aber erster Klasse sind Sie geflogen«, worauf Tebartz-van Elst erwiderte: »Business Class sind wir geflogen.«

Nach dem erwähnten Interview stellten Anwälte des Bischofs in einem Schreiben vom 15. August 2012 an den Redakteur des *Spiegel* zum Verlauf des Interviews fest: »Darauf sagten Sie ...: ›Sie sind erste Klasse geflogen‹. Diese Behauptung ist unwahr. Die Unwahrheit ist Ihnen bereits aus dem Schreiben an Ihren Kollegen... vom 05.04.2012 bekannt. Unser Mandant sagte Ihnen, dass man Business geflogen sei nach der Reisekostenordnung des Bistums und der Deutschen Bischofskonferenz.« Die Anwälte verlangten die Unterzeichnung einer strafbewehrten Erklärung zum Verzicht auf die öffentliche Verbreitung der Behauptung: »Herr Bischof Dr. Tebartz-van-Elst ist erste Klasse mit dem Flugzeug nach Indien geflogen«, die der Redakteur des *Spiegel* verweigerte. Knapp zwei Wochen nach dem hektischen Wortwechsel vor dem Limburger Dom, am 22. August 2012, erschien auf *Spiegel Online* der Beitrag: »Das Upgrade-Wunder von Limburg«. Darin hieß es im fett gedruckten Eingangsteil: »Bischof Tebartz-van Elst ist erster Klasse nach Indien geflogen. Mit den Vorwürfen konfrontiert, leugnete er den Luxus mit Hilfe seiner Anwälte. Nur Stück für Stück räumte er die Fakten ein. Zurück bleibt der Eindruck: Mit der Wahrheit nimmt es der Geistliche offenbar nicht so genau.« Der Vorgang und seine weitere Entwicklung sind im Detail und mit Faksimiles von Ausschnitten der eingangs erwähnten Anfrage und Antwort auf *Spiegel Online* dokumentiert.[73]

Das Verschweigen von wesentlichen Informationen im Bericht über das Interview mit Tebartz-van Elst tangiert das Gebot der »wahrhaftigen Unterrichtung der Öffentlichkeit« des Pressecodex (Ziffer 1), das Verbot, den »Sinn« von Informationen »durch Bearbeitung« zu entstellen oder zu verfälschen (Ziffer 2), das Verbot der Anwendung »unlauterer Methoden« bei der »Beschaffung von personenbezogenen Daten, Nachrichten, Informationsmaterial« (Ziffer 4) sowie das Verbot, »mit einer unangemessenen Darstellung ... Menschen in ihrer Ehre zu verletzen« (Ziffer 9). Der Kern der Problematik, die verkürzte Darstellung und manipulative Interpretation der Äußerung von Tebartz-van Elst wurde in folgender Fallbeschreibung referiert und zur Diskussion gestellt.

Fallbeschreibung: »*Für Bischof Tebartz-van Elst war für einen Flug nach Indien ›Business Class zu einem Sondertarif‹ gebucht worden. Durch private Zuzahlung und Bonusmeilen ist er in der First-Class gereist. Das war dem* Spiegel *bekannt. Bei einer überraschenden Konfrontation mit einem* Spiegel-Mitarbeiter *hat Tebartz-van Elst auf die Behauptung: ›Aber erster Klasse sind Sie geflogen‹ entgegnet: ›Business Class sind wir geflogen‹ und noch einmal auf die Buchung hingewiesen. Möglicherweise hat der Bischof die Bezahlung, der Reporter dagegen die Durchführung der Reise gemeint. Kurz darauf hieß es bei* Spiegel Online: *›Bischof Tebartz-van Elst ist erster Klasse nach Indien geflogen. Mit den Vorwürfen konfrontiert, leugnete er den Luxus (...) Zurück bleibt der Eindruck: Mit der Wahrheit nimmt es der Geistliche offenbar nicht so genau.‹ Halten Sie diese Darstellung für akzeptabel oder für nicht akzeptabel?*« Knapp die Hälfte der Journalisten (47 %) hielt die Darstellung des Spiegel-Redakteurs für »eher fragwürdig« oder völlig inakzeptabel«. Allerdings waren fast genauso viele (41 %) der Ansicht, das sei »durchaus vertretbar« oder »völlig akzeptabel«. Nur eine kleine Minderheit äußerte keine klare Meinung, so dass sich hier zwei annährend gleich große Lager gegenüber standen (Tabelle 4).

TABELLE 4

Meinungen zur Skandalisierung von Tebartz-van Elst

Frage: »*Halten Sie die skandalisierende Darstellung für akzeptabel oder für nicht akzeptabel?*«

»Das war...«	»...völlig inakzep-tabel«	»...eher frag-würdig«	»weiß nicht«	»...durch-aus ver-tretbar«	»...völlig akzep-tabel...«	gesamt
Irreführendes Verschweigen von Informationen	10	37	12	31	10	100

Basis: (A) n = 166; alle Angaben in Prozent

Die Argumente, die für die skandalträchtige Berichterstattung über die Reise des Bischofs nach Indien sprachen, wurden mit der Frage ermittelt: »*Wieder unabhängig von Ihrem generellen Urteil: Wie gut treffen die folgenden Argumente für die skandalträchtige Darstellung Ihre eigene Meinung?*« Nach Meinung der Hälfte der Journalisten (52 %) war wichtig, »was der Bischof gesagt, nicht was er gemeint hat«. Das rechtfertigte aus ihrer Sicht die skandalträchtige Berichterstattung über den Bischof. Das Verschweigen des Kontextes – die Vorkenntnisse des Journalisten, der Hinweis des Bischofs auf die Reisebestimmungen – spielte für diese Journalisten keine Rolle. Entscheidend war für sie, was er zitierbar gesagt hat. Die Zwänge des Wettbewerbs und die Erwartungen von Kollegen rechtfertigten dagegen nach Ansicht von zwei Dritteln (66 %) bzw. mehr als der Hälfte (58 %) der Journalisten nicht die fragwürdige Praxis der Berichterstattung (Tabelle 5, Seite 76).

Die Zustimmung der Journalisten zu dem Argument, wichtig sei, »was der Bischof gesagt, nicht was er gemeint hat« steht im Kontrast zu der Zustimmung der Journalisten zu dem Argu-

TABELLE 5

Argumente für die Skandalisierung von Tebartz-van Elst

Nachfrage: »Wieder unabhängig von Ihrem generellen Urteil: Wie gut treffen die folgenden Argumente für die skandalträchtige Darstellung Ihre eigene Meinung?«

Trifft zu:	»Gar nicht«					»Sehr gut«
»Wichtig ist, was der Bischof gesagt, nicht, was er gemeint hat.«	8	17	24	31	21	101
»Im Wettbewerb sind anprangernde Interpretationen gelegentlich notwendig.«	33	33	21	12	2	101
»Die Kollegen in der Redaktion hätten kaum Verständnis für einen Verzicht auf diese Pointe gehabt.«	42	16	24	15	4	101

Basis: (A) n = 166; alle Angaben in Prozent

ment im Fall Schäuble, entscheidend sei nicht, was er »gesagt hat, sondern was er gemeint hat«: Im Fall Tebartz-van Elst zählte für die Mehrheit das Gesagte, im Fall Schäuble für die relative Mehrheit das Gemeinte. Ein genauer Vergleich der beiden Fälle verdeutlich die Bedeutung des Unterschiedes für Skandalisierungen: Im Fall des Bischof lag die berichtete Aussage zitierfähig vor und ihre aus dem Kontext erkennbare Bedeutung spielte für die meisten Journalisten keine Rolle. Das rechtfertigte nach ihrer Meinung die isolierte Veröffentlichung des skandalträchtigen Zitats, obwohl es einen falschen Eindruck vermittelte. Im Fall Schäubles lag die berichtete Aussage dagegen nicht vor, sondern war das Ergebnis der Interpretation durch Journalisten. Das rechtfertigte nur nach Meinung einer Minderheit die fragwürdige Kombination seiner Äußerungen. Für die meisten Journalisten sind demnach die isoliert vorliegenden Fakten wichtiger als ihre Darstellung im Kontext. Möglicherweise ist das ein Grund dafür, dass sich die Protagonisten massiver Medienkritik weniger darüber beklagen, dass Fakten falsch dargestellt wurden, sondern vor allem darüber, dass die Umstände ihres Handelns – der Kontext des Vorgangs – unzureichend berichtet oder völlig verschwiegen wurde.[74] Daraus kann man folgern, dass es für potenzielle Protagonisten eines Skandals vor allem darauf ankommt, zitierfähige Aussagen zu vermeiden, die eine Skandalisierung ermöglichen. Das verhindern auch ergänzende und klärende Hinweise nicht, weil sie damit rechnen müssen, dass sie verschwiegen werden.

Die Meinungen zu den Argumenten gegen die fragwürdige Skandalisierung von Tebartz-van Elst wurde mit folgender Frage ermittelt: »*Und wie gut treffen die folgenden Argumente gegen die skandalträchtige Darstellung Ihre eigene Meinung?*« Danach wurden erneut drei Argumente zur Diskussion gestellt. Nach Ansicht der meisten Journalisten sprachen alle drei Argumente gegen die skandalträchtige Darstellung der Indien-Reise von Tebartz-van Elst. Nahezu vier Fünftel (76 %) waren der Meinung, »*Spiegel Online* hätte beide Interpretationen (der Reisemodalitäten) offen legen müssen«, mehr als zwei Drittel (68 %) meinten, es sei absehbar gewesen, »dass die Darstellung das Ansehen des Bischofs schwer beschädigen würde« und für die Hälfte (51 %) ging die »Folgerung, der Bischof nehme es mit der Wahrheit nicht so genau ... angesichts der Sachlage zu weit« (Tabelle 6, Seite 78).

Die Meinungen der Journalisten zu den sechs Argumenten für und gegen die fragwürdige Skandalisierung von Tebartz-van Elst erklären etwa 40 Prozent der Unterschiede in der Akzeptanz der Berichterstattung auf *Spiegel Online*.[75] Ausschlaggebend dafür waren die Meinungen zu zwei Argumenten gegen die skandalträchtige Darstellung: Je akzeptabler die Journalisten die fragwürdige Skandalisierung von Tebartz-van Elst fanden, desto entschiedener lehnten sie die Forderung nach Offenlegung der beiden Interpretationen seiner Äußerung ab und desto entschiedener wiesen sie die Behauptung zurück, die Folgerung, der Bischof nehme es mit der Wahrheit nicht so genau, gehe zu weit.

TABELLE 6

Argumente gegen die Skandalisierung von Tebartz-van Elst

Nachfrage: »Und wie gut treffen die folgenden Argumente gegen die skandalträchtige Darstellung Ihre eigene Meinung?«

Trifft zu:	»Gar nicht«	☐	☐	☐	☐	☐	»Sehr gut«
»*Spiegel Online* hätte beide Interpretationen offen legen müssen.«		1	10	14	25	51	101
»Die Folgerung, der Bischof nehme es mit der Wahrheit nicht so genau, geht angesichts der Sachlage zu weit.«		5	19	25	31	20	100
»Es war absehbar, dass die Darstellung das Ansehen des Bischofs schwer beschädigen würde.«		10	8	14	31	37	100

Basis: (A) n = 166; alle Angaben in Prozent

Die Überzeugung, dass das Verschweigen wichtiger Informationen den Ruf des Bischofs schädigen würde, beeinflusste die Akzeptanz der skandalträchtigen Darstellung des Indien-Fluges von Tebartz-van Elst dagegen nicht. Das traf auch auf die drei Argumente für die Grenzüberschreitungen zu. Auch sie besaßen keinen signifikanten Einfluss auf die Beurteilung der Berichterstattung auf *Spiegel Online*.

Eine Ursache der signifikanten Zusammenhänge zwischen der Akzeptanz der fragwürdigen Skandalisierung des Bischofs und der Zurückweisung von zwei der drei Gegenargumente könnte darin bestanden haben, dass ein Teil der Journalisten die Skandalisierung von Tebartz-van Elst aus anderen Gründen richtig fand und sich die Möglichkeit dazu nicht mit Gegenargumenten nehmen lassen wollte. Für diese Interpretation spricht die Einstellung zahlreicher Journalisten zur katholischen Kirche. Ermittelt wurde sie anhand der Meinungen zu dem Kollektivverdacht: »Der katholische Klerus ist scheinheilig.« Die These fanden 43 Prozent der Journalisten mehr oder weniger richtig, 20 Prozent hielten sie für mehr oder weniger falsch. Der Rest war unentschieden. Der verbreitete Kollektivverdacht deutet darauf hin, dass es im Journalismus einen bemerkenswerten antikatholischen Affekt gibt. Zwischen der Zustimmung zu dem Kollektivverdacht und dem Urteil über die skandalisierende Darstellung des Interviews bestand ein schwacher, aber signifikanter Zusammenhang: Je richtiger die Journalisten den Kollektivverdacht fanden, desto akzeptabler fanden sie die fragwürdige Skandalisierung von Tebartz-van Elst ($r=0,16^{*}$).[76] Das deutet auf eine dreistufige Meinungsstruktur: Je mehr die Journalisten an der Aufrichtigkeit des katholischen Klerus zweifelten, desto akzeptabler fanden sie die skandalisierende Darstellung des Interviews; je akzeptabler sie die skandalisierende Darstellung fanden, desto entschiedener wiesen sie die beiden Argumente dagegen zurück.

Zwei statistische »Mediationsanalysen«, bei denen die Zusammenhänge zwischen der Einstellung zum katholischen Klerus, die Akzeptanz der Skandalisierung des Bischofs und die Meinungen zu den Argumenten gleichzeitig betrachtet werden, präzisieren die Vermutungen. Die Einstellung zum katholischen Klerus besaß keinen direkten Einfluss auf die Meinungen zu den beiden Argumenten gegen die Skandalisierung des Bischofs. In beiden Fällen bestanden jedoch schwache indirekte Zusammenhänge: Je entschiedener die Journalisten dem Kollektivverdacht gegen den Klerus zustimmten, desto akzeptabler fanden sie die Skandalisierung von Tebartz-van Elst; je akzeptabler sie seine Skandalisierung fanden, desto weniger sprach für sie das Argument gegen seine Skandalisierung, die Folgerung, der Bischof nehme es »mit der Wahrheit nicht so genau« gehe »angesichts der Sachlage zu weit« und desto entschiedener wiesen sie die Forderung zurück, »*Spiegel Online* hätte beide Interpretationen offen legen müssen«.[77] Diese indirekten Zusammenhänge deuten darauf hin, dass es sich bei der Ablehnung der Gegenargumente um Rationalisierungen handelte: Einige Journalisten rechtfertigten ihre Akzeptanz der skandalisierenden Darstellung des Interviews, hinter der ihre negative Einstellung zum katholischen Klerus stand, indem sie die Gegenargumente zurückwiesen und sich damit über journalistische Berufsnormen – das Gebot der »wahrhaftigen Unterrichtung der Öffentlichkeit«, das Verbot, den »Sinn« von Informationen »durch Bearbeitung« zu entstellen oder zu verfälschen und das Verbot der Anwendung »unlauterer Methoden« bei der »Beschaffung von personenbezogenen Daten, Nachrichten, Informationsmaterial« – hinwegsetzten.

SKANDALISIERUNG DURCH KONTEXTUALISIERUNG DES GESCHEHENS

Alle Ereignisse besitzen eine Vorgeschichte und werden von anderen Ereignissen begleitet. Ohne diese Kontexte kann man die Bedeutung der meisten Ereignisse nicht verstehen. Die sachliche Einordnung von Ereignissen ist eine wichtige Leistung der Medien. Ohne sie wäre die aktuelle Berichterstattung wie in den ersten Zeitungen im 17. Jahrhundert nur eine Chronologie isolierter Geschehnisse. Die Einordnung aktueller Ereignisse in Kontexte ist eine anspruchsvolle, aber auch verführerische Aufgabe. Anspruchsvoll ist sie, weil sich Journalisten trotz lückenhafter Informationen unter großem Zeitdruck ein Urteil über das Geschehen bilden müssen, verführerisch ist sie, weil Journalisten Ereignisse und die involvierten Akteure in einem mehr oder weniger günstigen Licht erscheinen lassen können. Das geschieht gelegentlich durch die Bezeichnung eines Ereignisses mit bestimmten Begriffen – z. B. als Kündigung oder Rauswurf; durch seine Einbettung in ein positives oder negatives Umfeld – z. B. betriebliche Erfolge oder Misserfolge; durch seine Darstellung aus einer spezifischen Perspektive – z. B. der Sicht von Demonstranten oder Polizisten. Auf diese Wiese entstehen Schemata, die die Wahrnehmung der Bevölkerung und den weiteren Verlauf des Geschehens beeinflussen können.

Ein Beispiel für die Etablierung von Schemata durch subtile Mittel ist die Berichterstattung amerikanischer Medien über zwei vergleichbare Ereignisse: den Abschuss eines koreanischen Verkehrsflugzeugs (01.09.1983) durch einen sowjetischen Kampfjet und eines iranischen Verkehrsflugzeugs (03.07.1988) durch einen amerikanischen Marschflugkörper.[78] Im ersten Fall vermittelten u. a. *Time* und *Newsweek* mit realistischen Illustrationen den Eindruck, der sowjetische Pilot sei dem Verkehrsflugzeug so nahe gewesen, dass er es genau erkennen und identifizieren konnte. In ihren Textbeiträgen befassten sich die Magazine umfangreich und mitfühlend mit den Opfern. Die Folge war ein Täter-Schema. Der Pilot erschien als gewissenloser Aggressor. Im zweiten Fall vermittelten die Magazine durch Fotos und Grafiken den Eindruck, dass die Verantwortlichen nicht erkennen konnten, um welchen Flugzeugtyp es sich handelte. In den Texten gingen sie auf die Opfer nicht ein. Die Folge war ein Opfer-Schema: Die Verursacher erschienen als tragische Opfer einer komplexen Technologie.

DIE GEWALT BEI PEGIDA-KUNDGEBUNGEN

Hintergrund: Angefeuert von prominenten Politikern gab es seit 2015 in mehreren deutschen Städten große Demonstrationen gegen kleine Pegida-Kundgebungen und verwandte Gruppierungen (Legida, Fragida, Bogida, Hosega, Kediga, Widerstand Ost/West usw.).[79] So engagierten sich in Leipzig Ende Januar 20.000 Demonstranten gegen 15.000 Legida-Anhänger; in Frankfurt standen Anfang Februar ca. 600 Demonstranten ca. 100 Pegida-Anhängern gegenüber; in Stuttgart betrug das Verhältnis Mitte Mai etwa 2.000 zu 200, in Köln Ende Oktober ca. 10.000 zu 1.000.

Einige Demonstranten warfen Böller, Rauchkerzen, Flaschen, Steine auf Pegida-Anhänger und blockierten Kundgebungsplätze und Wege und griffen Polizisten an, die Pegida-Anhänger schützen wollten. Die Polizisten verteidigten sich und Pegida-Anhänger mit Schlagstöcken und Pfefferspray. Gewaltsame Ausschreitungen von Pegida-Anhängern gegen Demonstranten gab es nach den vorliegenden Informationen nicht.

Mehrere Medien haben über die Pegida-Kundgebungen berichtet und dabei durch skandalisierende Überschriften der Art – »Festnahmen bei Pegida-Demonstration«, »Hosega: Auseinandersetzungen zwischen Linken und Rechten«, »Protest gegen Fragida eskaliert«, »Randale bei Protest gegen Pegida-Ableger« – Assoziationen zwischen Pegida und Gewalt hergestellt. Zudem haben sie den Eindruck vermittelt, dass die Ausschreitungen die Folgen von Gewalt auf beiden Seiten waren. Das geschah durch verschleiernde Darstellungen des Geschehens. So hieß es z. B. »Am Rande der Demonstration kam es zu Rangeleien«, »es kam zu Gerangel mit der Polizei«, »es kam zu Gewalt zwischen Polizei und Gegendemonstranten«, »schon bei der Anreise der Hosega-Teilnehmer kam es zu ersten Zwischenfällen«, »am Rande von Kundgebungen der Pegida-Bewegung wurden mehrere Menschen leicht tangiert«. Solche Formulierungen vermittelten den Eindruck, dass die Aggressoren nicht bekannt waren, die Ausschreitungen irgendwie entstanden sind und folglich auch von Pegida-Anhängern verursacht worden sein konnten. Erkennbar wurden die Urheber der Gewalt oft nur indirekt durch den Hinweis, dass die Polizei Gegendemonstranten festgenommen hatte. Verstärkt wurden die so vermittelten Eindrücke durch Berichte über Forderungen von Politikern, »hart« gegen Pegida »durchzugreifen«. Die irreführende Darstellung von Gewalt im Umfeld von Pegida-Kundgebungen tangierte das Gebot der »wahrhaftigen Unterrichtung der Öffentlichkeit« (Ziffer 1) und das Verbot, den »Sinn« von Informationen »durch Bearbeitung« zu entstellen oder zu verfälschen (Ziffer 2). Die Berichterstattung wurde anhand folgender Fallbeschreibung zur Diskussion gestellt.

Fallbeschreibung: »*Anfang des Jahres gab es anlässlich von Pegida-Kundgebungen Gegendemonstrationen, aus denen Eier, Steine und Böller auf die Pegida-Anhänger geworfen und Polizisten angegriffen wurden, die die Pegida-Anhänger schützen wollten. Damals haben einige Berichte den Eindruck vermittelt, die Gewalt sei von den Pegida-Anhängern ausgegangen. Halten Sie das für akzeptabel oder für nicht akzeptabel?*« Fast alle Journalisten hielten die Skandalisierung der Pegida-Bewegung durch Berichte, die den irreführenden Eindruck vermittelten, die Gewalt von Gegendemonstranten bei Pegida-Kundgebungen sei von Pegida-Anhängern ausgegangen, für »eher fragwürdig« oder »völlig inakzeptabel«. Der Meinung, diese Praxis sei »durchaus vertretbar« oder »völlig akzeptabel« war nahezu keiner. Unentschieden waren in dieser Frage ebenfalls nur wenige Journalisten. Damit lehnten 2015 fast alle jene Berichte ab, die zur Diskreditierung der Demonstrationen von Pegida und ihren Ablegern als gewaltaffine Veranstaltungen beigetragen haben (Tabelle 7).

TABELLE 7

Meinungen zur Skandalisierung von Pegida durch die irreführende Darstellung von Gewalt bei Demonstrationen

Frage: »*Halten Sie das für akzeptabel oder für nicht akzeptabel?*«

»Das war...«	»...völlig inakzeptabel«	»...eher fragwürdig«	»weiß nicht«	»...durchaus vertretbar«	»...völlig akzeptabel...«	gesamt
Irreführende Darstellung von Gewalt bei Demonstrationen	73	18	7	2	1	101

Basis: (A) n = 166; alle Angaben in Prozent

Die eindeutige Verurteilung der irreführenden Darstellung von Gewalttaten im Umfeld von Pegida-Kundgebungen wirft die Frage auf, weshalb zahlreiche Medien das Geschehen so darstell-

ten, dass ein flüchtiger Zeitungsleser, Radiohörer und Fernsehzuschauer kaum erkennen konnte, von wem die Gewalt ausging.
Die nahe liegende Antwort, die Befragten hätten mit der damaligen Berichterstattung nichts zu tun gehabt, liefert angesichts
der Tatsache, dass es sich um eine repräsentative Stichprobe der
Journalisten handelt, keine befriedigende Antwort. Eine plausi-
blere Antwort liefert ein genauer Blick auf die Unterschiede zwischen der Frageformulierung und der damaligen Situation. In
der rückblickend betrachtet nicht optimalen Fallbeschreibung
wurden die tatsächlichen Urheber der Aggressionen eindeutig
genannt, so dass kein Zweifel an der Verletzung journalistischer
Berufsregeln bestehen konnte. Die meisten Autoren der damaligen Berichte konnten dagegen die Regelverletzung bemäntelt,
indem sie die Urheber der Aggressionen nicht völlig verschwiegen, sondern kaum erkennbar nebenbei genannt haben. Deshalb
konnten die Berichterstatter ihre fragwürdigen Darstellungen
vor sich selbst und vor anderen mit dem Hinweis rechtfertigen,
sie hätten doch auf die Urheber der Aggressionen hingewiesen.

Die Argumente, die nach Meinung der Journalisten für die
Skandalisierung von Pegida durch die irreführende Darstellung
von Gewalt sprachen, wurden mit der Frage ermittelt: »*Wieder unabhängig von Ihrem generellen Urteil: Wie gut treffen die folgenden Argumente für die skandalträchtige Darstellung Ihre eigene Meinung?*« Auch
in diesem Fall lehnte die weit überwiegende Mehrheit der Journalisten die Argumente für die fragwürdige Praxis der Berichterstattung ab. Allerdings war sie nach Ansicht eines Viertels der Journalisten (26 %) deshalb berechtigt, weil »die Pegida-Kundgebungen ...
der eigentliche Grund für die Ausschreitungen« waren. Das kann
man erneut als Anspruch auf die Deutungshoheit interpretieren:
Wer Aggressor ist, hängt nicht vom Verhalten der Akteure vor Ort
ab, sondern von seiner Interpretation durch die Berichterstatter.
Folgt man dieser Denkweise, sind gewaltsame Ausschreitungen
gegen gewaltlose Minderheiten, die aus Sicht der Journalisten kri-

tikwürdige Ziele verfolgen, verständlich. In solchen Fällen kann demnach eine aggressive Minderheit mit der wohlwollenden Berichterstattung eines Teils der Journalisten rechnen. Aus Sicht eines Sechstels der Journalisten (16 %) war die fragwürdige Praxis berechtigt, weil »die Darstellung der Islamgegner als Opfer ... in den meisten Redaktionen Kopfschütteln hervorgerufen« hätte. Für sie war die Pflege des kollegialen Verhältnisses möglicherweise wichtiger als eine sachlich korrekte Berichterstattung. Und nach Meinung eines Zehntels (11 %) war die irreführende Berichterstattung deshalb zum Teil berechtigt, weil »Berichte über Ausschreitungen gegen Pegida-Anhänger ... ein falsches Bild von ihnen vermittelt« hätten. Sie beanspruchten in einer besonders markanten Weise die Deutungshoheit über das Geschehen (Tabelle 8).

TABELLE 8

Argumente für die Skandalisierung von Pegida

Nachfrage: *»Auch hier unabhängig von Ihrem generellen Urteil: Wie gut treffen die folgenden Argumente für die anprangernde Berichterstattung Ihre eigene Meinung?«*

Trifft zu:	»Gar nicht«	☐	☐	☐	☐	☐	»Sehr gut«
»Die Darstellung der Islamgegner als Opfer hätte in den meisten Redaktionen Kopfschütteln hervorgerufen.«	40	18	26	13	3		100
»Die Pegida-Kundgebungen waren der eigentliche Grund für die Ausschreitungen.«	26	19	28	18	8		99
»Berichte über Ausschreitungen gegen Pegida-Anhänger hätten ein falsches Bild von ihnen vermittelt.«	51	21	18	9	2		101

Basis: n = 166; alle Angaben in Prozent

Die Argumente gegen die Skandalisierung von Pegida durch die irreführende Darstellung von Gewalt bei Pegida-Kundgebung wurde mit der Frage ermittelt: *»Und wie gut treffen die folgen-*

den Argumente gegen die anprangernde Berichterstattung Ihre eigene Meinung?« Die weit überwiegende Mehrheit der Journalisten machte sich die drei Argumente gegen die fragwürdige Darstellung von Gewalt bei Pegida-Kundgebungen zu eigen. Fast alle (93 %) unterstützten die These, Gewalttäter müssten »klar identifiziert werden«, und zwar »gleichgültig wer damit angefangen hat.« Vier Fünftel (79 %) waren der Meinung, bei komplexen Konflikten könnten sich Zeitungen »durch genaue Informationen über die Gegner profilieren«. Ähnlich viele (81 %) vertraten die Ansicht, »die Pegida-Anhänger« hätten »ein Recht darauf, dass über ihre Kundgebungen fair berichtet wird.« Damit kann man feststellen, dass mehr als zwei Drittel der Journalisten alle Argumente gegen eine irreführende Darstellung von Gewalt im Umfeld von Pegida-Kundgebungen für richtig hielten (Tabelle 9).

TABELLE 9
Argumente gegen die Skandalisierung von Pegida

Nachfrage: *»Und wie gut treffen die folgenden Argumente gegen die anprangernde Berichterstattung Ihre eigene Meinung?«*

Trifft zu:	»Gar nicht«	☐	☐	☐	☐	☐	»Sehr gut«
»Gleichgültig, wer damit angefangen hat, Gewalttäter müssen klar identifiziert werden.«	0	0	7	21	72		100
»Mit Berichten über komplexe Konflikte können sich Zeitungen durch genaue Informationen über die Gegner profilieren.«	5	2	13	23	56		99
»Die Pegida-Anhänger haben ein Recht darauf, dass über ihre Kundgebungen fair berichtet wird.«	1	5	13	24	57		100

Basis: (A) n = 166; alle Angaben in Prozent

Die Meinungen zu den Argumenten für und gegen die fragwürdigen Berichte über Pegida-Demonstrationen erklären bzw.

rechtfertigen nur knapp 10 Prozent der Unterschiede zwischen den Ansichten verschiedener Journalisten darüber, ob die Darstellung der Gewalt bei Pegida-Kundgebungen durch einige Medien nicht akzeptabel war.[80] Das besitzt z. T. statistische Gründe: Die nahezu einhellige Ablehnung der damaligen Praxis lässt wenig Spielraum, die Unterschiede zwischen den Ansichten der Journalisten statistisch aufzuklären. Vermutlich aus dem gleichen Grund bestand kein statistisch signifikanter Zusammenhang zwischen der Einschätzung der Gefährdung der Demokratie durch rechte Bewegungen und den Urteilen über die Darstellung von Gewalt bei Pegida-Kundgebungen.[81] Trotzdem ist es erstaunlich, dass fünf der sechs Argumente in keinem signifikanten Zusammenhang mit dem generellen Urteil darüber stehen. Ein statistisch signifikanter Zusammenhang besteht nur mit der Überzeugung, dass die Pegida-Anhänger ein Recht auf eine »faire« Berichterstattung haben. Hier gilt: Je akzeptabler die Journalisten die fragwürdige Praxis der Berichterstattung fanden, desto entschiedener wiesen sie das Argument zurück. Einen Anspruch auf eine faire Berichterstattung hatten die Pegida-Anhänger aus Sicht einer relevanten Minderheit der Journalisten gerade nicht. Zwar betrifft das nur sehr wenige Journalisten, aber auch in diesem Fall hebelt der Anspruch auf Deutungshoheit eine journalistische Berufsnorm aus.

SKANDALISIERUNG DURCH DE-KONTEXTUALISIERUNG DES GESCHEHENS

Die Größe von Risiken hängt vom Ausmaß möglicher Schäden und der Wahrscheinlichkeit ab, mit der die Schäden eintreten: Je größer die möglichen Schäden und je wahrscheinlicher die Schadensfälle sind, desto größer sind die Risiken. Je kleiner die möglichen Schäden sind und je unwahrscheinlicher der Schadensfall ist, desto kleiner sind die Risiken. Die Angst vor Risiken hängt allerdings aus mehreren Gründen nicht von der Größe der Risiken ab. Die meisten Menschen haben vor allem vor den Risiken Angst, die ihnen gerade bewusst sind. Ein Grund besteht darin, dass man sich unmöglich gleichzeitig vor allen Risiken ängstigen kann – Schäden durch Krankheiten, Unfälle, Straftaten, Beziehungskrisen usw. Bei den Risiken, die den meisten Menschen bewusst sind, handelt es sich um die tatsächlichen und möglichen Schäden, über die die Medien intensiv berichten.[82] Dabei handelt es sich in den meisten Fällen um Phantomängste: Die meisten überschätzen das Risiko, Opfer seltener Todesursachen zu werden und unterschätzen das Risiko, Opfer häufiger Todesursachen zu werden. Beispiele sind Lebensmittelvergiftungen bzw. Herz-Kreislauf-Erkrankungen.[83] Die meisten haben zudem mehr Angst vor relativ seltenen Unfällen mit Todesfolge als vor relativ häufigen Unfällen mit schweren Verletzungen. Ein Grund ist die Schwierigkeit einer echten Risikoabwägung, in die alle möglichen Schäden und ihre Wahrscheinlichkeit eingehen. Deshalb orientieren sich die Menschen am größten möglichen Schaden. Besonders ausgeprägt ist das bei Katastrophen, also Schadensfällen, die zwar sehr selten sind, denen aber sehr viele Menschen zum Opfer fallen können. Ein Beispiel sind Flugzeugabstürze.

Die Medien berichten umso häufiger über tatsächliche und mögliche Schäden, je extremer und seltener sie sind. Allerdings enthalten ihre Berichte nur selten Hinweise auf die relative Häufigkeit oder Wahrscheinlichkeit, mit der solche Schadensfälle auftreten. Ein Beispiel ist die Berichterstattung von sechs Zeitungen und Zeitschriften über die Risiken durch BSE-infizierte Rinder. Sie veröffentlichten auf dem Höhepunkt des BSE-Skandals innerhalb von fünf Monaten hochgerechnet fast 2.000 Beiträge. Angaben über den Anteil der positiv getesteten Rinder, die man als Maß für die Risiken betrachten kann, enthielt ein Prozent der Beiträge. Folglich war die Bevölkerung zu einer rational begründeten Einschätzung der damit verbundenen Risiken nicht in der

Lage. Ähnlich selten wie Hinweise auf die relative Häufigkeit von Schadensfällen sind Hinweise auf ihre spezifischen, nicht verallgemeinerbaren Ursachen. Ein Beispiel hierfür ist die Berichterstattung der *Frankfurter Allgemeinen Zeitung* und der *Süddeutschen Zeitung* sowie von *Tagesschau* und *Tagesthemen* über die Reaktorkatastrophe bei Fukushima. Die Blätter veröffentlichten bis zum 10. April 2011 zusammen 710, die Fernsehsendungen zusammen 307 redaktionelle Beiträge. Aussagen über die spezifischen Ursachen der Reaktorkatastrophe bei Fukushima enthielten jeweils 5 Prozent der Presse- und Fernsehbeiträge. Aussagen über die Art und Größe der Risiken der Kernenergie enthielten 14 Prozent der Presse- und 2 Prozent der Fernsehbeiträge.[84]

DIE RISIKEN DER KERNENERGIE NACH FUKUSHIMA

Hintergrund: Am 11. März 2011 um 14:46 Uhr ereignete sich 163 Kilometer nordöstlich von Fukushima ein extrem starkes Seebeben (9,0), das etwa zwei Minuten dauerte. Es verursachte einen Tsunami mit 10 bis über 30 Meter Wellenhöhe, der einen etwa 10 Kilometer breiten und 100 langen Küstenstreifen überflutete. Der Tsunami zerstörte etwa 120.000 Häuser vollständig sowie weitere 270.000 Häuser teilweise. Rund eine Million Menschen konnten fliehen, 210.000 konnten evakuiert werden, ca. 15.900 starben. Die gesamte Küste wurde zu einer chaotischen Trümmerlandschaft, in der seegängige Schiffe auf küstennahe Häuser gespült und Autos zu haushohen Schrotthalden aufgetürmt wurden. Die Schockwellen des Seebebens erreichten das Kernkraftwerk bei Fukushima innerhalb einer knappen halben Minute. Die Erschütterungen der Reaktorblöcke blieben unter der Belastungsgrenze. Sie lösten eine Schnellabschaltung von drei Reaktoren aus, verursachten Schäden an Schaltanlagen, blockierten dadurch die externe Stromversorgung und starteten die Dieselgeneratoren von zwölf Notstromgeneratoren. Um 15:35 Uhr trafen etwa 13 bis 15 Meter hohe Wellen

das Reaktorgelände, zerstörten die Meerwasserpumpen, über-
spülten die nur 5,70 Meter hohe Schutzmauer, setzten vier der
sechs Reaktoren 5 Meter tief unter Wasser und überschwemmten
mehrere Notstromaggregate. Ersatzgeräte konnten wegen der
chaotischen Verhältnisse in der Umgebung des Kernkraftwerkes
nicht herangeschafft werden. Weil die Kühlungssysteme beschä-
digt oder gänzlich ausgefallen waren, kam es zur Überhitzung von
mehreren Reaktoren und Abklingbecken, sodann zu Kernschmel-
zen in drei Reaktoren. Als Folge der gezielten Druckentlastung der
Reaktoren gelangten radioaktive Stoffe in die Umwelt. Vom 12. bis
15. März ereigneten sich in drei Reaktoren schwere Explosionen,
die die Reaktorgebäude erheblich beschädigten und radioaktiven
Schutt auf das umliegende Gelände schleuderten.

Die Reaktorkatastrophe war die Folge des Zusammentreffens
von vier Hauptursachen: eines extrem starken Seebebens, der
Entstehung von Tsunamis, der zu niedrigen Schutzmauer zwischen Kernkraftwerk und Küste sowie der gewaltigen Zerstörung
im Umland, die eine Hilfe von außen nahezu unmöglich machte.
Wegen der Reaktorkatastrophe bei Fukushima beauftragte der
Deutsche Bundestag am 17. März 2011 die Reaktor-Sicherheitskommission mit einer »Risikoanalyse aller deutschen Kernkraftwerke und kerntechnischen Anlagen unter Einbeziehung der
vorliegenden Erkenntnisse über die Ereignisse in Japan.«[85] In
ihrem über 100 Seiten starken Untersuchungsbericht stellte die
Reaktor-Sicherheitskommission fest, dass die Ereignisse, die die
Katastrophe in Japan ausgelöst haben, nach heutigem Kenntnisstand in »Deutschland praktisch ausgeschlossen« sind. Fukushima war im Vergleich zu den deutschen Kernkraftwerken
gegen »naturbedingte Einwirkungen von außen« unzureichend
geschützt. Hinzu kamen unzureichende oder unwirksame Einrichtungen zur Vermeidung von Wasserstoffexplosionen sowie
Fehler bei der Eindämmung der Katastrophe u. a. durch eine erheblich verspätete »Druckentlastung der Reaktorsysteme«.

Deutsche Medien berichteten im Unterschied zu vergleichbaren Medien in Frankreich und England extrem intensiv über die Reaktorkatastrophe und vergleichsweise selten über die Auswirkungen des Tsunami auf die Bevölkerung. Eine Mittelstellung besaßen die Medien der Schweiz.[86] Deutsche Medien gingen sehr selten auf die spezifischen Ursachen der Katastrophe ein. Dadurch erweckten sie den Eindruck, die Reaktorkatastrophe bei Fukushima sei ein Beleg für die generellen Risiken der Kernenergie. Deutsche Medien veröffentlichten immer wieder ähnliche Bilder des kollabierten Reaktors, englische Medien Bilder der verschiedenen Tsunamifolgen – Schiffe auf Häusern, übereinander getürmte Autos, verwüstete Häfen, Trümmerlandschaften usw. Über die Risiken der Kernenergie im eigenen Land veröffentlichten deutsche Medien Informationen in 209 Beiträgen, schweizerische in 97, französische in 47 und englische in 20 Beiträgen. Deutsche Medien veröffentlichten zwischen neun- und achtzehnmal so viele Forderungen nach der Stilllegung von Kernkraftwerken bzw. einem Ausstieg aus der Kernenergie wie die vergleichbaren Medien in Frankreich und England. Die hier nur skizzierte Generalisierung der Risiken der Kernenergie in der Berichterstattung über die Reaktorkatastrophe von Fukushima durch deutsche Medien tangierte das Gebot der »wahrhaftigen Unterrichtung der Öffentlichkeit« (Pressecodex Ziffer 1). Angesichts der thematisierten Lebensgefahr durch Kernenergie war sie kaum mit der Forderung vereinbar, »bei Berichten über medizinische Themen ... eine unangemessen sensationelle Darstellung zu vermeiden, die unbegründete Befürchtungen ... beim Leser erwecken könnte« (Ziffer 14). Der Kern der Problematik wurde in folgender Fallbeschreibung zusammengefasst und zur Diskussion gestellt.

Fallbeschreibung: »*Wenige Tage nach der Reaktorkatastrophe von Fukushima haben die meisten deutschen Medien die Katastrophe in Japan als typisch für die Risiken der Kernenergie dargestellt, denen auch deutsche Kernkraftwerke ausgesetzt sind. Halten Sie das für akzeptabel oder* *für nicht akzeptabel?«* Nahezu zwei Drittel (64%) der Journalisten hielten die Skandalisierung der deutschen Kernkraftwerke durch die Verallgemeinerung lokaler Risiken der Kernenergie in Fukushima für »durchaus vertretbar« oder »völlig akzeptabel«. Ein knappes Drittel (30%) war gegenteiliger Ansicht. Von ihnen fanden allerdings nur sehr wenige (4%) die beschriebene Praxis »völlig inakzeptabel«. Folglich standen sich hier zwei ungleich große und durchsetzungsfähige Meinungslager gegenüber: die vorbehaltlosen Befürworter der Verallgemeinerung der Risiken von Fukushima waren fünfmal so zahlreich wie ihre entschiedenen Kritiker. Letztere bildeten folglich eine in jeder Hinsicht chancenlose Minderheit (Tabelle 10).[87]

TABELLE 10

Meinungen zur Skandalisierung der Kernenergie

Frage: *»Halten Sie das für akzeptabel oder für nicht akzeptabel?«*

»Das war...«	»...völlig inakzeptabel«	»...eher fragwürdig«	»weiß nicht«	»...durchaus vertretbar«	»...völlig akzeptabel...«	gesamt
Verallgemeinerung der Risiken der Reaktor-Katastrophe in Fukushima	4	26	7	43	21	101

Basis: (B) n = 166; alle Angaben in Prozent

Die Meinungen zu den Argumenten für die Skandalisierung der Kernenergie durch die Verallgemeinerung lokaler Risiken wurden mit der Frage ermittelt: *»Wieder unabhängig von Ihrem generellen Urteil: Wie gut treffen die folgenden Argumente für die verallgemeinernde Darstellung der Risiken der Kernenergie nach Fukushima Ihre eigene Meinung?«* Für die verallgemeinernde Darstellung der lokalen Risiken der Kernenergie in Japan sprach nach Meinung von mehr als zwei Dritteln der Journalisten (70%), dass nach ihrer Überzeugung Fukushima »endgültig bewiesen« hat, dass »die

Risiken der Kernenergie nicht tragbar sind.« Bemerkenswert
ist neben der großen Zahl derer, die so dachte, der ungewöhn-
lich hohe Anteil der Befragten, die dem Argument vorbehaltlos
zustimmten. Zum Ausdruck kam darin erneut der Anspruch auf
Deutungshoheit, zumal vermutlich nach Ansicht vieler Journalisten die Nuklearkatastrophe von Fukushima nur »endgültig«
bewiesen hat, was sie vorher schon zu wissen glaubten: Bereits
ein Jahr vor Fukushima, im Sommer 2010, waren 85 Prozent
der deutschen Journalisten gegen eine Verlängerung der Lauf-
zeit deutscher Kernkraftwerke.[88] Ein gutes Drittel der Befragten (39 %) hielt die verallgemeinernde Darstellung lokaler Risiken in Japan auch deshalb für gerechtfertigt, weil »die meisten
Kollegen ... überzeugt (waren), dass eine vergleichbare Katastrophe auch in Deutschland möglich wäre.« Hierin mischt sich der
Anspruch auf kollektive Deutungshoheit mit der Scheu vor Divergenzen oder sogar Konflikten mit Kollegen. Dagegen war nur
für relativ wenige Journalisten die Rücksichtnahme auf Erwartungen der Leser ein Argument für die Verallgemeinerung der
lokalen Risiken der Kernenergie in Japan (Tabelle 11, Seite 94).

Die Meinungen zu den Argumenten gegen die Skandalisierung
der Kernenergie durch die Verallgemeinerung lokaler Risiken
wurden mit der Frage ermittelt: »*Und wie gut treffen die folgenden
Argumente gegen die verallgemeinernde Darstellung der Risiken der Kernenergie nach Fukushima Ihre eigene Meinung?*« Theoretisch kann man
annehmen, dass die Medien eine eigene Meinungsbildung ihres
Publikums ermöglichen wollen. Allerdings hielt nur knapp die
Hälfte der Journalisten (46 %) die Aussage, die »Leser hätten sich
eine eigene Meinung bilden können, ob die Risiken der Kernenergie in Deutschland so groß sind wie in Japan« für ein Argument
gegen die Verallgemeinerung der lokalen Risiken der Kernenergie
in Fukushima. Theoretisch kann man auch annehmen, dass die
tatsächlichen Schäden des Tsunami journalistisch bedeutsamer
sind als die Ängste der Deutschen vor einem möglichen AKW-Un-

TABELLE 11

Argumente für die Skandalisierung von Kernenergie

Nachfrage: »Wieder unabhängig von Ihrem generellen Urteil: Wie gut treffen die folgenden Argumente für die verallgemeinernde Darstellung der Risiken der Kernenergie nach Fukushima Ihre eigene Meinung?«

Trifft zu:	»Gar nicht«	☐	☐	☐	☐	☐	»Sehr gut«
»Fukushima hat endgültig bewiesen, dass die Risiken der Kernenergie nicht tragbar sind.«	9	8	14	36	34		101
»Die meisten Kollegen waren überzeugt, dass eine vergleichbare Katastrophe auch in Deutschland möglich wäre.«	12	21	28	24	15		100
»Die Darstellung der Reaktorkatastrophe in Fukushima als ein rein japanisches Problem hätte unsere Leser verprellt.«	40	19	16	17	8		100

Basis: (B) n = 166; alle Angaben in Prozent

fall. Dieser Meinung war jedoch weniger als ein Drittel der Journalisten (29 %). Nur sie hielten die Größe der Schäden durch den Tsunami – darunter mindestens 15.000 Tote – für ein Argument gegen die Konzentration auf die Reaktorkatastrophe bei Fukushima. Schließlich kann man theoretisch auch den Abbau von übertriebenen Ängsten für ein Ziel der Risikoberichterstattung der Medien halten. Den Abbau übertriebener Ängste vor der Kernenergie betrachtete jedoch nur ein Viertel (25 %) der Journalisten als Argument gegen die Verallgemeinerung ihrer lokalen Risiken. Die relative Mehrheit (41 %) lehnte dieses Argument sogar ab. Möglicherweise zweifelten sie daran, dass eine differenzierte Berichterstattung Ängste abbauen könnte – oder sie hielten das zwar für möglich, aber nicht für wünschenswert (Tabelle 12, Seite 95).

Die Meinungen zu den Argumenten für und gegen die Verallgemeinerung der lokalen Risiken der Kernenergie in Fukushima erklären 29 Prozent der Akzeptanz der »Darstellung der Katastrophe

SKANDALISIERUNG DURCH DE-KONTEXTUALISIERUNG DES GESCHEHENS

TABELLE 12

Argumente gegen die Skandalisierung von Kernenergie

Nachfrage: »*Und wie gut treffen die folgenden Argumente gegen die verallgemeinernde Darstellung der Risiken der Kernenergie nach Fukushima Ihre eigene Meinung?*«

Trifft zu:	»Gar nicht	☐	☐	☐	☐	☐	»Sehr gut«
»Die Leser hätten sich eine eigene Meinung bilden können, ob die Risiken der Kernenergie in Deutschland so groß sind wie in Japan.«		10	16	28	25	21	100
»Die Opfer des Tsunami in Japan waren wichtiger als die Ängste der Deutschen vor der Kernenergie.«		16	16	39	19	10	100
»Die Konzentration auf die Ursachen der Katastrophe in Japan hätte übertriebene Ängste abbauen können.«		18	23	34	16	9	100

Basis: (B) n = 166; alle Angaben in Prozent

in Japan als typisch für die Risiken der Kernenergie.«[89] Grundlagen sind die Meinungen zu drei Argumenten: Je mehr die Journalisten der Meinung waren, dass Fukushima »endgültig bewiesen« hat, dass die »Risiken der Kernenergie nicht tragbar« sind, und je mehr sie glaubten, dass »die meisten ihrer Kollegen ... überzeugt (waren), dass eine vergleichbare Katastrophe auch in Deutschland möglich wäre«, desto eher akzeptierten sie die skandalisierende Darstellung der »Katastrophe in Japan als typisch für die Risiken der Kernenergie.« Verstärkt wurde dieser Urteilstenor durch ein drittes Argument: Je mehr die Journalisten bezweifelten, dass ein Abbau übertriebener Ängste ein Argument gegen die »Darstellung der Katastrophe in Japan als typisch für die Risiken der Kernenergie« war, desto mehr akzeptierten sie die skandalisierende Verallgemeinerung der lokalen Risiken der Kernenergie in Fukushima.

Die Ergebnisse legen die Vermutung nahe, dass die Journalisten den Abbau der Ängste als Argument gegen eine differenzierte Berichterstattung zurückwiesen, weil sie einen solchen Effekt in Rechnung stellten und die Wirkung der verallgemeinernden Darstellung von Fukushima nicht gefährden wollten. Darauf deuten die Einstellungen der Journalisten zu der bewusst provokant formulierten These: »Der Atomausstieg war überfällig.« Mehr als zwei Drittel (71%) hielt sie für richtig, ein Siebtel war unentschieden (15 %) und nur eine ähnlich kleine Minderheit hielt sie für falsch (14 %). Zwischen der Einstellung zur Kernenergie, die mit einer fünfstufigen Skala erfasst wurde, und der ähnlich gemessene Akzeptanz der Darstellung der Katastrophe bei Fukushima als typisch für die Risiken der Kernenergie, bestand ein enger und hochsignifikanter Zusammenhang ($r = -.0{,}52$***).[90] Überblickt man alle genannten Daten, kann man die Urteile der Journalisten auch hier als Ergebnis eines dreistufigen Prozesses der Meinungsbildung betrachten: Weil die Mehrheit der Journalisten die Kernenergie wegen ihrer aus ihrer Sicht nicht tragbaren Risiken entschieden ablehnten, fanden sie die Darstellung ihrer lokalen Risiken als typisch für die Kernenergie akzeptabel und rechtfertigten diese Meinung, indem sie journalistisch ernst zu nehmende Einwände gegen diese Vorgehensweise zurückwiesen.[91]

Drei Mediationsanalysen bestätigen diese Vermutung: Die Einstellung zur Kernenergie besaß schwache direkte Effekte auf die Billigung der beiden folgenden Argumente für ihre Skandalisierung und die Missbilligung des folgenden Argumentes dagegen.[92] Sie besaß jedoch auch indirekte Effekte über die Akzeptanz der Skandalisierung auf die Meinungen zu den Argumenten: Je negativer die Einstellungen der Journalisten zur Kernenergie waren, desto akzeptabler fanden sie ihre Skandalisierung nach Fukushima;[93] je akzeptabler sie das fanden, desto eher sprach aus ihrer Sicht für die Skandalisierung der Kernenergie, dass Fukushima ihre nicht tragbaren Risiken »endgültig bewiesen« habe und dass die »meisten Kollegen« eine vergleichbare Katastrophe auch in Deutschland« für möglich hielten. Je akzeptabler sie die Skandalisierung fanden, desto weniger ließen sie das Gegenargument gelten, die Konzentration auf die Ursachen der Katastrophe hätte »übertriebene Ängste abbauen können«.[94] Die direkten Effekte belegen, dass sich die Einstellungen zur Kernenergie in den Meinungen zu den Argumenten für und gegen ihre Skandalisierung niederschlugen. Die indirekten Effekte deuten darauf hin, dass ein Teil der Journalisten mit ihren Meinungen zu den Argumenten ihre Akzeptanz der fragwürdigen Skandalisierung rechtfertigten, hinter der ihre negative Einstellung zur Kernenergie stand. Zieht man die inhaltsanalytisch ermittelte Art der Berichterstattung deutscher Medien über Fukushima und die Folgen in die Analyse ein, handelte es sich bei einem wichtigen Teil der Berichterstattung um eine instrumentelle Aktualisierung: das bewusste Hoch- bzw. Herunterspielen von Informationen, um den öffentlichen Konflikt um die Zukunft der Kernenergie in Deutschland im eigenen Sinn zu entscheiden.

SKANDALISIEREN DURCH INSTRUMENTALISIERUNG VON BEGRIFFEN

Die meisten Skandalisierungen zielen auf die Verursacher von zurückliegenden Missständen. Beispiele sind die Skandalisierungen von Joschka Fischer wegen seiner gewalttätigen Vergangenheit, von Johannes Rau wegen der Finanzierung seiner Flugreisen, von Helmut Kohl wegen der Annahme nicht deklarierter Spenden und von Karl-Theodor zu Guttenberg wegen der Zitierweise in seiner Dissertation. Zahlreiche Skandale zielen auf die Ächtung der Verursacher von mutmaßlichen Missständen. Beispiele sind die Skandalisierungen von Wolfgang Schäuble wegen seiner Äußerungen zur Ukraine und Krim, der Kernenergie anlässlich der Katastrophe von Fukushima und von Pegida wegen Kundgebungen gegen Überfremdung. Einige Skandalisierungen dienen auch der Ächtung der Verursacher zukünftiger

Missstände. Ein Beispiel ist die präventive Skandalisierung des Umbaus des Stuttgarter Sackbahnhofs in einen durchgehenden Bahnhof (Stuttgart 21). Zu diesem Typ gehören Skandalisierungen von Äußerungen mit dem Ziel, die Diskussion missliebiger Themen schon im Ansatz zu unterbinden. Die Skandalisierung mit dem Ziel der Tabuisierung von missliebigen Themen könnte man auch im Kapitel über Kommunikationsblockaden behandeln. Weil nur die dafür benutzten Mittel, nicht aber die damit verbundenen Motivationen beweisbar sind, wird die Praxis hier analysiert.

Der Anlass des vermutlich folgenreichsten Falles einer präventiven Skandalisierung war die Forderung des Vorsitzenden der CDU/CSU-Fraktion Friedrich Merz im Herbst 2000 nach einer deutschen Leitkultur, und das zur Blütezeit der Idee einer multi-kulturellen Gesellschaft. Innerhalb weniger Tage machte eine Mischung aus Warnungen vor einem Rückfall in den Nationalismus und Persiflagen der geforderten Leitkultur jede ernsthafte Diskussion darüber, ob die Forderung von Merz sinnvoll ist und wie man sie verwirklichen könnte, zunichte. Die Rede war von einer »populistischen Sprache«, einem »gefährlichen Stichwort« für »Rechtsextremismus und ... Intoleranz.« Der Spott galt einem möglichen Kanon der klassischen deutschen Literatur und Musik, die die meisten Deutschen nicht kennen. Merz selbst mutierte zum »Leithammel«. Nach wenigen Wochen stand fest, dass der Begriff »Leitkultur« in einem Positionspapier der CDU/CSU-Fraktion zur Zuwanderungspolitik nicht auftaucht. Ende des Jahres wurde »deutsche Leitkultur« als Favorit für das Unwort des Jahres 2000 gehandelt, landete dann aber nur auf einem hinteren Platz. Das Thema war fürs erste erledigt, die Sache aber, wie sich zeigen sollte, nicht.

Ein neueres Beispiel für die skizzierte Praxis lieferten die Reaktionen auf den Zusatz der damaligen CDU-Abgeordneten Erika Steinbach zu folgender Nachricht auf Twitter: »Altkanzler Helmut Schmidt ist tot. Wir haben in unserer Fraktion seiner mit Respekt gedacht.« Der Zusatz bestand in einer Äußerung, die Schmidt laut Steinbach 1981 bei einer Veranstaltung des Deutschen Gewerkschaftsbundes gemacht hat: »Wir können nicht mehr Ausländer verdauen, das gibt Mord und Totschlag.« Theoretisch könnte man das Zitat als Hommage an die Weitsicht des Altkanzlers betrachten. Praktisch löste der Zusatz aber auf dem Höhepunkt der Migrantenkrise einen moralisch bemäntelten Sturm der Entrüstung aus, der dazu diente, die Frage zu tabuisieren, ob Schmidt Recht hatte und hat. Die gleiche Funktion besaß die Skandalisierung der Behauptung des Politikers und Publizisten Alexander Gauland mit der Überschrift: »Gauland beleidigt Boateng«.[95] Gauland hatte in einem Gespräch mit zwei Journalisten (*FAZ*, 29.05.2016) gesagt: »Die Leute finden ihn als Fußballspieler gut. Aber sie wollen einen Boateng nicht als Nachbarn haben«. Gauland behauptet, man habe ihm das in den Mund gelegt. Dann wäre es eine Parallele zur Skandalisierung von Schäuble. Die Journalisten bestreiten das. Da Aussage gegen Aussage steht, kann nicht geklärt werden, was tatsächlich geschehen ist. Der Umgang mit der zitierten Behauptung ist jedoch aus anderen Gründen bemerkenswert. Falls Gauland jemanden beleidigt hat, dann den Teil der Bevölkerung, der auch farbige Nachbarn schätzt, die keine Fußballstars sind. Diese Interpretation hätte jedoch keinen Skandal verursacht, weil die implizite Behauptung, die deutschen seien Rassisten, zum Standardrepertoire der nationalen Selbstkritik gehört. Bedeutender als der interpretatorische Missgriff ist ein zweiter Sachverhalt: Bei Gaulands Behauptung handelte es sich um eine wahrheitsfähige und klärungsbedürftige Feststellung. Dieser politisch bedeutsame Aspekt wird durch die Skandalisierung nicht aufgeklärt, sondern verdrängt. Deshalb war die skandalisierende Überschrift, unabhängig davon, wie sie zustande kam, das Gegenteil von informativem Journalismus.

DIE DRESDNER REDE VON SIBYLLE LEWITSCHAROFF

Hintergrund: Die Büchner-Preisträgerin Sybille Lewitscharoff hielt am 2. März 2014 auf Einladung des Staatsschauspiels Dresden und der *Sächsischen Zeitung* ihre christlich grundierte und von persönlichen Bekenntnissen geprägte Rede »Von der Machbarkeit. Die wissenschaftliche Bestimmung über Geburt und Tod.« In ihrem Zentrum standen die ethischen Aspekte und psychischen Folgen der medizinisch-technischen Erhaltung von Leben. Im umfangreichen ersten Teil ihres Vortrags beschrieb Lewitscharoff das vom Glauben getragene Hinscheiden ihrer Großmutter, den auf gezieltes Entsetzen angelegten Selbstmord ihres depressiven Vaters, die ohnmächtige Wut ihrer an Krebs sterbenden, ungläubigen Mutter und das verzweifelte Leiden einer älteren Freundin an ihrem künstlich verlängerten Leben. Laut Lewitscharoff wird die »ärztliche Kunst, wenn es im höheren Alter eigentlich ans Sterben geht«, häufig »mit großem Aufwand betrieben, gerade so, als könne man sich »nie und nimmer damit zufrieden geben, dass der Mensch nun einmal sterben muss.« Hier seien »Frankensteins Machinationen nicht allzu fern.« Für sie sei die Vorstellung, sie sei »Herrin über ihr Schicksal ... reichlich absurd« und die Überzeugung von »Egomanen, sie seien die Schmiede ihres Schicksals« sei ihr »zutiefst zuwider«. Deshalb schloss sie, obwohl sie andere Traditionen respektiere, für sich im Namen der jüdisch-christlichen Tradition Sterbehilfen aus. Zugleich lehnte sie medizinisch-technische Eingriffe in das entstehende Leben ab. Lewitscharoff illustrierte das an der emotionalen und moralischen Belastung einer Mutter angesichts von Entscheidungen für oder gegen die maschinelle Erhaltung des Lebens eines lebensunfähigen Kindes sowie für oder gegen den Abbruch eines vermutlich scheiternden Rettungsversuchs.

Im zweiten Teil ihres Vortrags entwickelte Lewitscharoff in mehreren Schritten ihre Kritik der pränatalen Diagnostik. Sie

bürde Frauen eine »wahrhaft fürchterliche Entscheidung auf.«
Die Parole »Mein Bauch gehört mir«, die einen Rechtsanspruch
auf Abtreibung enthält, charakterisierte sie als »Schreckensbild«
einer »verblendeten ... Frauentümelei« der Frauenbewegung. Im
Anschluss daran befasste sie sich mit der Reproduktionsmedizin,
bezeichnete die künstliche Befruchtung einer Frau in einer hete-
rogenen Paarbeziehung als halbwegs verständlich, ihre Umstände
aber als »abscheulich« und »widerwärtig«. Dagegen charakterisierte sie die künstliche Befruchtung von lesbischen Frauen als
»Selbstermächtigung von Frauen«, die ihr »zutiefst suspekt« sei.
Noch entschiedener kritisierte sie die »grauenerregende« Praxis
der seriellen Einpflanzung von Embryonen in Leihmütter zur Her-
stellung von Kindern nach dem »Katalogverfahren« im Auftrag
von oft gleichgeschlechtlichen Paaren. Reproduktionsmediziner
nannte sie Herr und Frau »Doktor Frankenstein« in Arztkitteln.
Leihmütter bezeichnete sie als »Gebärmaschinen«, die aus ökonomischer Not handelten. Die für die Einpflanzung von Embryonen
notwendigen Einrichtungen verglich sie mit den »Kopulationsheimen« der Nationalsozialisten, und die so erzeugten Kinder als
»Halbwesen« – »halb Mensch, halb künstliches Weißnichtwas«.
   Bei den Zuhörern im Dresdner Staatsschauspiels rief die Rede
Lewitscharoffs nach Darstellung der Online-Ausgabe der *Sächsischen Zeitung* keinen Protest hervor. Auch in den »Foyergesprächen
nach der Rede« sei davon wenig zu hören gewesen. Das änderte
sich vier Tage später. Auslöser war ein offener Brief des Chefdra-
maturgen des Dresdner Staatsschauspiels. Er ging kurz auf Lewitscharoffs Äußerungen zum Sterben ein, kritisierte dann massiv
ihre Ansichten zur Reproduktionsmedizin und charakterisierte
sie als Stimmungsmache gegen gleichgeschlechtliche Paare. Am
folgenden Tag, dem 6. März, brach ein Sturm der Entrüstung los,
in dem die wenigen rational argumentierenden Autoren untergin-
gen. Die Sprecherin des Lesben- und Schwulenverbandes in Berlin
sah in den Äußerungen Lewitscharoffs »Hass«, der Präsident der

Akademie der Künste einen »menschenverachtenden Ton«, die *taz* eine »menschenverachtende Tirade«. Für eine Autorin der *Frankfurter Allgemeinen Zeitung* war Lewitscharoff »Frau Doktor Frankenstein im Gruselkabinett«, auf die man nicht hören sollte, weil sie »menschliches Leben abwertet«. Für einen Kolumnisten auf *Spiegel Online* war Lewitscharoff eine »Herrenreiterin des Kleingeistes« und ihre Rede eine »Blaupause für einen neuen Klerikalfaschismus« – »menschenverachtend, herrisch, gefühlskalt, reaktionär und ressentimentgeladen«. Alle Autoren, die die Rede anprangerten, zitierten fragwürdige Begriffe – »Halbwesen«, »Kopulationsheime«, »Fortpflanzungsgemurkse« usw. Keiner setzte sich mit den von Lewitscharoff anschaulich gemachten ethischen und psychischen Problemen von Geburt und Tod auseinander. Diese Diskussion war erledigt bevor sie begonnen hatte. Die Anprangerung von Lewitscharoff durch das selektive Zitieren polemischer Begriffe bei gleichzeitiger Unterschlagen ihrer zentralen Thematik tangierte das Gebot der »wahrhaftigen Unterrichtung der Öffentlichkeit« (Pressecodex Ziffer 1) und das Verbot, den »Sinn« von Informationen »durch Bearbeitung« zu entstellen oder zu verfälschen (Ziffer 2). Sie tangierte zudem das Verbot, »mit einer unangemessenen Darstellung ... Menschen in ihrer Ehre zu verletzen« (Ziffer 9) sowie den gebotenen Verzicht darauf, »religiöse, weltanschauliche oder sittliche Überzeugungen zu schmähen« (Ziffer 10). Es handelte sich demnach um mehrere, substanzielle Grenzüberschreitungen. Der Kern der Problematik wurde in folgender Fallbeschreibung zusammengefasst und zur Diskussion gestellt.

Fallbeschreibung: »*Sibylle Lewitscharoff hat in ihrer Dresdner Rede über ›Geburt und Tod‹ die erzwungene Verlängerung des Lebens unheilbar Kranker kritisiert; die moralischen Probleme von Eltern infolge einer pränatalen Diagnostik dargestellt, die künstliche Befruchtung von Leihmüttern mit Spermien aus Katalogangeboten mit den ›Kopulationsheimen‹ der Nazis verglichen und die so entstehenden Kinder als ›Halbwesen‹ bezeichnet – als ›zweifelhaftes Geschöpf, halb Mensch, halb künstliches Weißnichtwas‹.*

Zahlreiche Medien haben die zitierten Formulierungen Lewitscharoffs massiv angeprangert und dadurch die Diskussion über ihre Rede im Keim erstickt.« Die Skandalisierung der komplexen Rede von Lewitscharoff durch die Konzentration auf einen Aspekt, das Problem der Leihmütter, sowie die Anprangerung polemischer Begriffe spaltete die befragten Journalisten in zwei annähernd gleich große Lager: Sie fanden den Umgang mit Lewitscharoffs Rede mehr oder weniger akzeptabel (42 %) bzw. mehr oder weniger inakzeptabel (38 %). Wie bei der Kernenergie ging es hier um existenzielle Fragen. Trotzdem hatten vergleichsweise viele (21 %) keine klare Meinung oder wollten sie nicht äußern. Das ist bemerkenswert, weil die Wahrscheinlichkeit, dass die Journalisten selbst damit konfrontiert werden könnten, erheblich größer ist als die Wahrscheinlichkeit einer Kernschmelze in einem deutschen Kernkraftwerk. Allerdings unterscheiden sich die beiden existenziellen Fragen. Die Kernenergie ist in Deutschland seit Mitte der siebziger Jahre ein Dauerthema der Medien mit einer eindeutigen Tendenz, während die Apparatemedizin nur gelegentlich thematisiert wird und dann mit entgegengesetzten Bewertungen. Ein Beispiel ist die Diskussion des Embryonenschutzes bei der biologischen Forschung und bei der privaten Abtreibung. Zudem werden dabei meist die religiösen Aspekte, die Lewitscharoff zur Grundlage ihrer Darstellung gemacht hatte, ausgeklammert. Möglicherweise hat das zu der Unentschlossenheit relativ vieler Journalisten beigetragen (Tabelle 13, Seite 104).

Die Meinungen der Journalisten zu Argumenten, die für die Skandalisierung der Rede Lewitscharoffs durch die selektive Instrumentalisierung von polemischen Begriffen sprachen, wurden mit der Frage ermittelt: »*Wieder unabhängig von Ihrem generellen Urteil: Wie gut treffen die folgenden Argumente für die skandalträchtige Darstellung Ihre eigene Meinung?*« Fast die Hälfte der Journalisten (47 %) fand die Skandalisierung der Rede Lewitscharoffs mehr oder weniger akzeptabel, weil sie »mit ihrer Polemik Minderhei-

TABELLE 13

Meinungen zur Skandalisierung von Sibylle Lewitscharoff durch die isolierte Präsentation polemischer Begriffe in ihrer Dresdner Rede

Frage: »Halten Sie das für akzeptabel oder für nicht akzeptabel?«

»Das war...«	»...völlig inakzep- tabel«	»...eher frag- würdig«	»weiß nicht«	»...durch- aus ver- tretbar«	»...völlig akzep- tabel...«	gesamt
Isolierte Präsentation polemischer Begriffe in der Dresdner Rede	8	30	21	34	8	101

Basis: (B) n = 166; alle Angaben in Prozent

ten« diskriminiere. Da dürften »die Medien nicht mitmachen.« Bei den Minderheiten handelte es sich um die Auftraggeber von Leihmüttern, darunter viele gleichgeschlechtliche Paare. Der Zwang zur Konzentration auf »einzelne Aspekte« war nach Ansicht eines Drittels der Journalisten (35 %) ein Argument für die Skandalisierung von Lewitscharoffs Rede. Die Rücksicht auf die Meinung der Kollegen, die für »einen ausführlichen Bericht ... kaum Verständnis gehabt« hätten, war dagegen nur für eine kleine Minderheit (12 %) ein Argument für die fragwürdige Praxis. Relativ viele Journalisten wollten oder konnten auch zu den erwähnten Argumenten keine klare Meinung äußern. Eine Ursache könnte die Doppelnatur der fraglichen Praxis sein: Einerseits waren die Zitate formal korrekt, weil Lewitscharoff die polemischen Begriffe tatsächlich gebraucht hatte. Das spricht aus den im Fall Tebartz-van Elst diskutierten Gründen für ihre Publikation. Andererseits waren die isolierten Zitate irreführend, weil sie einen falschen Eindruck von Lewitscharoffs mitfühlender Rede über Leben und Sterben vermittelten. Das spricht ähnlich wie im Fall Schäuble gegen die geschilderte Publikationspraxis. Diese Inkonsistenz mag dazu beigetragen haben, dass sich viele Journalisten nicht entscheiden konnten oder wollten (Tabelle 14).

TABELLE 14

Argumente für die Skandalisierung von Lewitscharoff

Nachfrage: »Wieder unabhängig von Ihrem generellen Urteil: Wie gut treffen die folgenden Argumente für den skandalisierenden Umgang mit der Rede Ihre eigene Meinung?«

Trifft zu:	»Gar nicht«	☐	☐	☐	☐	☐	»Sehr gut«
»Lewitscharoff diskriminiert mit ihrer Polemik Minderheiten – da dürfen die Medien nicht mitmachen.«		15	14	24	31	16	100
»Gerade bei komplexen Reden müssen sich die Medien auf einzelne Aspekte konzentrieren.«		9	22	34	27	8	100
»Die Kollegen aus den meisten Redaktionen hätten für einen ausführlichen Bericht darüber kaum Verständnis gehabt.«		40	20	28	9	3	100

Basis: (B) n = 166; alle Angaben in Prozent

Die Meinungen der Journalisten zu Argumenten, die gegen die Skandalisierung der Rede Lewitscharoffs durch die selektive Instrumentalisierung von polemischen Begriffen sprachen, wurden mit der Frage ermittelt: »*Wieder unabhängig von Ihrem generellen Urteil: Wie gut treffen die folgenden Argumente gegen den skandalisierenden Umgang mit der Rede Ihre eigene Meinung?*« Die meisten Journalisten machten sich alle drei Argumente gegen den skandalisierenden Umgang mit der Rede Lewitscharoffs zu eigen. Das wichtigste Argument war aus ihrer Sicht (86 %), dass »die ethischen Fragen medizinisch-technischer Eingriffe in Leben und Tod ... intensiver diskutiert werden« sollten. Hier ging es um die gesellschaftliche Bedeutung des Themas, die fast alle Befragten sahen und anerkannten. Das zweitwichtigste Argument lautete, dass »die Konzentration auf polemische Begriffe ... einen falschen Eindruck von ihrer Darstellung existenzieller Fragen« vermittelte (55 %). Hier ging es um die Bringschuld der Journalisten, ihrer Verpflichtung zu einer sachlich angemessenen Darstellung der Personen und Sichtweisen, über die sie berichten. Auch das

drittwichtigste Argument wurde von der Mehrheit (51%) gebilligt: »Die Details der Rede wären für viele Leser interessant gewesen.« Hier ging es um eine Variante der Bringschuld – der Befriedigung des öffentlichen Interesses an wichtigen Themen. Auch
hier fällt der relativ große Anteil auf, der keine klare Stellung
beziehen konnte oder wollte. Möglicherweise ist das auf eine ge-
wisses Unsicherheit vieler Journalisten angesichts ethisch-mora-
lischer Fragen zurückzuführen (Tabelle 15).

TABELLE 15

Argumente gegen die Skandalisierung von Lewitscharoff

Nachfrage: »Und wie gut treffen die folgenden Argumente gegen den skandalisierenden Umgang mit der Rede Ihre eigene Meinung?«

Trifft zu:	»Gar nicht«	☐	☐	☐	☐	☐	»Sehr gut«
»Die ethischen Fragen medizinisch-technischer Eingriffe in Leben und Tod sollten intensiver diskutiert werden.«		1	1	12	38	48	100
»Die Konzentration auf polemische Begriffe vermittelt einen falschen Eindruck von ihrer Darstellung existenzieller Fragen.«		4	11	31	34	21	101
»Die Details der Rede wären für viele Leser interessant gewesen.«		5	12	31	32	19	99

Basis: (B) n = 166; alle Angaben in Prozent

Die Meinungen zu den Argumenten für und gegen den Umgang mit einigen fragwürdigen Formulierungen in der Rede
von Lewitscharoff erklären 17 Prozent der Unterschiede der Akzeptanz der Skandalisierung Lewitscharoffs.[96] Entscheidend
dafür sind die Meinungen zu zwei Argumenten: Je akzeptabler
die Journalisten die skandalisierende Berichterstattung über
die Rede von Lewitscharoff fanden, desto klarer befürworteten
sie das Argument, Lewitscharoff diskriminiere »mit ihrer Pole-

mik Minderheiten«, da dürften »die Medien nicht mitmachen«, und je entschiedener wiesen sie das Gegenargument zurück, die »Konzentration auf polemische Begriffe« vermittele »einen falschen Eindruck von ihrer Darstellung existenzieller Fragen.« Die ausschlaggebenden Kriterien für die Akzeptanz der skandalisierenden Berichterstattung waren demnach ihre Vorstellungen vom tatsächlichen Gehalt der Rede – die Überzeugung, er werde durch die Konzentration auf einige Begriffe nicht falsch wiedergegeben – und mehr noch von ihrer Wirkung – der Diskriminierung von Minderheiten, vor allem der gleichgeschlechtlichen Paare. Die vier anderen Argumente besaßen keinen signifikanten Einfluss auf die Urteile über die Akzeptanz der Rede. Dazu gehört erstaunlicherweise auch die Überzeugung, dass »die ethischen Fragen medizinisch-technischer Eingriffe in Leben und Tod« intensiver diskutiert werden sollten, und die Vermutung, dass die »Details der Rede ... für viele Leser interessant gewesen« wären.[97] Die generellen Meinungen der Journalisten zu einem der zentralen Themen von Lewitscharoff, zur Leihmutterschaft, wurde mit der provozierenden These erfasst: »Man sollte Leihmutterschaft verbieten.« Ihre Meinungen dazu standen erstaunlicherweise nicht in einem signifikanten Zusammenhang mit der Akzeptanz der Skandalisierung von Lewitscharoffs Rede ($r = 0{,}09$). Das ist vermutlich darauf zurückzuführen, dass aus Sicht vieler Journalisten der Stein des Anstoßes nicht die Leihmutterschaft war, sondern der Schutz gleichgeschlechtlicher Paare. Er war vermutlich wichtiger als das Interesse der Leser und die Diskussion existenzieller Fragen.

ZWISCHENBILANZ

Die Ergebnisse der Fallanalysen kann man verallgemeinernd in sieben Feststellungen zusammenfassen:

- Mehr als die Hälfte der Journalisten lehnte im Durchschnitt die zur Diskussion gestellten Grenzüberschreitungen als Grundlage von fragwürdigen Skandalisierungen mehr oder weniger entschieden ab. Allerdings unterschieden sich die Meinungen von Fall zu Fall sehr stark. Daraus folgt, dass die Verurteilung von Grenzüberschreitungen stark von den Anlässen bzw. Themen und von der konkreten Praxis abhängt.

- Weniger als ein Zehntel der Journalisten fanden im Durchschnitt alle zur Diskussion gestellten Grenzüberschreitungen »völlig akzeptabel«. Allerdings hielten mehr als ein Viertel die Grenzüberschreitungen im Durchschnitt für »durchaus vertretbar«.

- Fast die Hälfte lehnte im Durchschnitt der fünf Fälle mehr oder weniger entschieden die drei Argumente für die fragwürdigen Skandalisierungspraktiken ab. Weniger als ein Drittel machte sie sich mehr oder weniger entschieden zu eigen.

- Die weitaus meisten Journalisten billigten dagegen im Durchschnitt der fünf Fälle die drei Argumente gegen die fragwürdigen Skandalisierungspraktiken. Nur relativ wenige wiesen sie zurück.

- Die Journalisten billigten im Durchschnitt die Argumente gegen fragwürdige Skandalisierungspraktiken wesentlich entschiedener als sie die Argumente dafür missbilligten. Diese Asymmetrie deutet darauf hin, dass die Mehrheit der Journalisten argumentative Ausreden für Grenzverletzungen ablehnt.

- Den Grad der Akzeptanz der fragwürdigen Praktiken kann man in allen fünf Fällen durch die Meinungen zu den Argumenten dafür und dagegen zwar nicht gut, aber statistisch signifikant erklären. Das deutet darauf hin, dass zwischen den Meinungen zu den Argumenten und dem Grad der Akzeptanz der Grenzüberschreitungen Zusammenhänge bestehen.

- Einige Zusammenhänge sind besonders bemerkenswert: Je akzeptabler die Journalisten einige fragwürdige Praktiken fanden, desto entschiedener lehnten sie in vier der fünf Fälle Argumente dagegen statistisch signifikant ab. Hierbei handelte es sich vermutlich um Rationalisierungen – scheinrationale Rechtfertigungen von Meinungen zu den fragwürdigen Praktiken der Skandalisierung, die unbekannte Ursachen besaßen. Statistisch signifikante Belege hierfür liegen für zwei der fünf Fälle vor (Tebartz-van Elst, Kernenergie). Sie deuten auf eine dreistufige Urteilsbildung: (1) Negative Einstellungen eines Teils der Journalisten zu den Gegenständen der Berichterstattung förderten die (2) Akzeptanz fragwürdiger Praktiken der Skandalisierung. Je eindeutiger sie die fragwürdigen Praktiken rechtfertigten, desto mehr verteidigten sie das durch die (3) Missbilligung von Argumenten dagegen. Mit Blick auf einen kleinen Teil der Befragten kann man zugespitzt formulieren: der Zweck heiligte die Mittel.

IV. TOTSCHWEIGEN

GRUNDLAGEN

Die am häufigste zitierte Selbstverpflichtung der Presse ist das 1897 gemachte Versprechen des damaligen Herausgebers der *New York Times*, Adolph S. Ochs: »All the news that's fit to print.« Sinngemäß übersetzt heißt das: Die *New York Times* bringt alle Nachrichten, die es wert sind, gedruckt zu werden. Die dahinter stehende Grundhaltung haben vermutlich die Journalisten aller Medien verinnerlicht: Sie haben die Pflicht, über alle wichtigen Ereignisse zu berichten, und sie glauben daran, dass sie es tun, es sei denn, sie werden durch illegitime Eingriffe in die Freiheit der Presse daran gehindert. Daraus folgt im Umkehrschluss: Falls sie nicht über erkennbar wichtige Ereignisse berichten, dann liegt es nicht an ihnen. Der Pressecodex enthält deshalb, weil das als selbstverständlich vorausgesetzt wird, keine Verpflichtung zur Berichterstattung über alle wichtigen Ereignisse. Die Möglichkeit, dass die Meinungen und Interessen der Journalisten ein Grund dafür sein könnten, dass sie über wichtige Ereignisse nicht berichten, spielt darin keine Rolle. Die Überzeugung, dass Journalisten unabhängig von ihren persönlichen Sichtweisen alle relevanten Informationen veröffentlichen, liegt implizit auch Ziffer 7 des Pressecodex zugrunde. Dort werden als nicht zulässige Hinderungsgründe ausschließlich »persönliche wirtschaftliche Interessen« genannt. Andere Hinderungsgründe, vor denen gewarnt werden muss, scheint es folglich nicht zu geben. Die gleiche Annahme liegt der wichtigsten wissenschaftlichen Theorie der Nachrichtenauswahl zugrunde, der Nachrichtenwert-Theorie. Sie beruht auf der impliziten Annahme, dass die Medien umso eher und intensiver über das aktuelle Geschehen berichten, je größer sein Nachrichtenwert ist – es sei denn, sie werden daran gehindert. Auch in der Nachrichtenwert-Theorie werden mögliche Gründe, die z. B. in der Tendenz einer Meldung liegen, nicht als Hinderungsgründe für die Veröffentlichung von Meldungen mit einem hohen Nachrichtenwert genannt.

Die Selbstverpflichtung, alle Nachrichten zu veröffentlichen, die es wert sind, gedruckt zu werden, vermittelt den Eindruck, es handele sich um eine Garantie dafür, dass die Leser alles wichtige erfahren. Hält diese Folgerung einer empirischen Überprüfung stand? Zweifel daran weckte bereits eine 1980/81 durchgeführte Befragung von 450 deutschen und 405 englischen Journalisten, deren Ergebnisse aber die rein formalen Annahmen der Nachrichtenwert-Theorie nicht erschütterten. Damals betrachteten 90 Prozent der deutschen und 53 Prozent der britischen Journalisten den Kampf gegen »eine extreme politische Partei ...« als ihre »Aufgabe«. Von diesen Journalisten waren 11 Prozent der Deutschen und 9 Prozent der Briten der Meinung, am besten könne man eine solche Partei bekämpfen, indem man sie »totschweigt«. Das entsprach 10 Prozent aller in Deutschland und 5 Prozent aller in England befragten Journalisten.[98] Bedeutsamer als der relativ geringe Unterschied zwischen den englischen und deutschen Journalisten ist, dass in beiden Ländern ein kleiner Teil der Journalisten dafür war, zweckrational eine Partei totzuschweigen, indem man nicht über sie berichtet. Ein Feldexperiment mit Redakteuren bei Tageszeitungen zeigte 2002, dass diese Befunde auch 20 Jahre später noch galten und differenzierte sie. Danach bekannten sich zwar die meisten Journalisten im Sinne des Soziologen Max Webers zu wertrationalen Publikationsentscheidungen, d.h. sie befürworteten die Veröffentlichung von Meldungen ohne Rücksicht auf ihre absehbaren Folgen. Anhand von konkreten Fällen neigte jedoch eine bemerkenswerte Minderheit zu zweckrationalen Entscheidungen: sie wollten Meldungen, die absehbar negative Nebenfolgen besitzen, nicht veröffentlichen, d.h. im Gegensatz zu dem von Weber behaupteten Prinzip ihre Publikationsentscheidungen durchaus von den vermutlichen Folgen abhängig machen.[99]

Das Bekenntnis eines Teils der Journalisten, Meldungen nicht zu veröffentlichen, sagt noch nichts darüber aus, ob die Medien über wichtige Ereignisse tatsächlich nicht berichten. Ein Indikator für die Wichtigkeit von Ereignissen ist die Berichterstattung auf den Titelseiten von überregionalen Qualitätszeitungen. Sowohl die *Frankfurter Allgemeine Zeitung* als auch die *Süddeutsche Zeitung* und die *Welt* und die *Frankfurter Rundschau* berichteten von Juli bis Oktober 1983 auf ihren Titelseiten über 114 von insgesamt 3.219 verschiedenen Ereignissen. Diese Ereignisse hielten die verantwortlichen Redakteure aller vier Zeitungen für besonders wichtig. Über 254 andere berichteten nur drei, über 575 nur zwei und über 2.276 nur eine der vier Zeitungen. Offensichtlich waren die Redakteure meist unterschiedlicher Meinung darüber, welche Meldungen es wert sind, auf der Titelseite gedruckt zu werden. Wie sahen das die verantwortlichen Redakteure der öffentlich-rechtlichen Rundfunkanstalten? Sie berichteten in ihren Abendnachrichten und politischen Magazinen nur über etwa die Hälfte der 114 wichtigsten Ereignisse. Die anderen erfuhren ihre Hörer aus diesen Sendungen nicht.[100]

Offensichtlich haben Journalisten verschiedener Gattungen und Blätter unterschiedliche Vorstellungen davon, welche Meldungen unbedingt gesendet oder prominent platziert werden müssen. Dafür gibt es mehrere berechtigte Gründe, darunter die spezifischen Interessen der jeweiligen Leser und Hörer. Deshalb folgt aus den erwähnten Zahlen nicht, dass die Zeitungs- und Rundfunkredakteure bestimmte Ereignisse gezielt totgeschwiegen haben. Allerdings kann das auch nicht ausgeschlossen werden. So besaßen die Informationsdefizite in den Abendnachrichten einzelner Sender, darunter der *Hessische Rundfunk* und *Radio Bremen*, eine ausgeprägt politische Tendenz.[101]

Eine Ursache von Informationsdefiziten kann neben politisch geprägten Sichtweisen auch das Eigeninteresse der Medien sein. Das belegt eine Analyse der Berichterstattung über 2.015 unterschiedliche Missstände in 21 deutschen Regionen. Identifiziert und genannt wurden sie 1998 in einer Befragung von 492 Interessenvertretern (Arbeitnehmer, Handwerk, Industrie und Handel, Kirchen, Umwelt) und 122 Journalisten. Nach Auskunft der Befragten hatten die Medien über 80 Prozent dieser Missstände berichtet, 16 Prozent waren nicht berichtet worden, zu 4 Prozent liegen keine Angaben vor. Die Medien hatten nach Auskunft der Befragten über fast alle Missstände im Bereich der Kirchen (90 %), der Infrastruktur (87 %) und der Umwelt (86 %) berichtet. Auch über die weitaus meisten Missstände im Finanzwesen, der Wirtschaft, der Kultur, im Sport usw. hatten sie berichtet. Hier bestanden zumindest quantitativ keine großen Informationsdefizite. Über Missstände in einem Bereich hatten sie allerdings sehr selten berichtet – über Missstände bei den Medien selbst (38 %).[102]

Belege dafür, dass keineswegs alle wichtigen Nachrichten veröffentlicht werden, liefert auch eine 2004 durchgeführte Repräsentativbefragung von 260 Mitgliedern des Deutschen Journalisten-Verbandes (djv).[103] Ein Zehntel der Befragten (9 %) hatte es schon häufiger« erlebt, dass sie bei ihrer Zeitung eine ihnen

»wichtig erscheinende Nachricht nicht bringen konnten, weil sie gegen ihren Willen zurückgehalten wurde«. Ein weiteres Viertel (25 %) hatte das »ein-, zweimal« erlebt. Folglich hatte jeder Dritte diese Erfahrung mindestens ein- bis zweimal gemacht. Als häufigste Gründe nannten sie »Rücksichtnahme auf Anzeigenkunden« (69 %) und »Rücksichtnahme auf einen Freund, guten Bekannten des Verlagshauses« (48 %).

Die lobenswerte Selbstverpflichtung, alle Nachrichten zu drucken bzw. zu senden, die es wert sind, veröffentlicht zu werden, ist eine gut klingende Leerformel. Es bleibt nämlich unklar, welche Nachrichten es wert sind und warum. Die entscheidende Frage wird ausgespart. Gelegentliche Entscheidungen gegen Berichte, für die es gute Gründe gibt, sind kein großes Problem. Zwar führen sie zu bedauerlichen Informationsdefiziten. Solche Entscheidungen und ihre Folgen sind aber vermutlich gelegentlich unvermeidlich. Ein Problem ist dagegen das systematische, ereignis- und themenübergreifende Verschweigen bestimmter Typen von Ereignissen und Themen. Nur dann handelt es sich um Kommunikationsblockaden, die nicht akzeptable Informationsdefizite zur Folge haben. Gemeint ist mit dem Begriff »Kommunikationsblockaden« folglich die Negierung von Ereignissen und Themen durch einen Großteil der Medien, obwohl das Geschehen nach den üblichen Kriterien einen hohen Nachrichtenwert besitzt und obwohl die Medien aufgrund ihrer Möglichkeiten darüber berichten könnten.[104] Kommunikationsblockaden schließen nicht aus, dass einzelne Medien über die in Frage stehenden Ereignisse berichten. Allerdings wird durch einzelne Medienberichte ein Großteil der Bevölkerung nicht erreicht, der sich zu Recht über den Mangel an Informationen beklagt.

Der Erfolg zahlreicher Unternehmen und Verbände sowie Interessengruppen und NGOs hängt von ihrer Medienresonanz ab.[105] Das belegen die Aussagen von über 1.000 Interessenvertretern, die in der sogenannten ›Lobbyliste‹ verzeichnet sind. Zwar sind »direkte Kontakte zu politischen Entscheidern« wichtig, um »problematische Entscheidungen zu verhindern und sinnvolle Beschlüsse zu erleichtern«. Nahezu zwei Drittel halten jedoch – weitgehend unabhängig von den Interessen, die sie vertreten – die »mittelbare Einflussnahme über die Medien« für genauso wichtig. Und deutlich mehr als zwei Drittel berichten, es sei schon vorgekommen, dass sie »kaum eine Chance hatte(n), über Kontakte zu Journalisten in den Medien Beachtung zu finden«. Besonders häufig berichten dies Befragte, die Interessen aus den Bereichen Kultur und Politik sowie Soziales vertreten. Das schlug sich nach Auskunft der Befragten auf vielfältige Weise in der Berichterstattung nieder. Nach Aussagen von mehr als einem Drittel wurden ihre »Stellungnahmen ... weniger beachtet als sonst«, ihre »Argumente ... nicht richtig dargestellt« und »Kritiker kamen ... öfter zu Wort als wir«. Für diese Praktiken mag es im Einzelfall gute Gründe geben. Das ändert jedoch nichts daran, dass sowohl die gesellschaftlichen Akteure als auch die Leser, Hörer und Fernsehzuschauer mit solchen Kommunikationsblockaden rechnen müssen.

Von Kommunikationsblockaden in dem skizzierten Sinn ist vermutlich nur ein sehr kleiner Teil des aktuellen Geschehens betroffen. So wird man nicht behaupten können, dass alle erkennbaren Missstände, die nach Aussage der oben erwähnten Interessenvertreter nicht berichtet wurden, Kommunikationsblockaden zum Opfer fielen, weil vermutlich ein erheblicher Teil nicht berichtenswert war. Auch wird man einen Teil der Nichtberichterstattung über wichtige Ereignisse der erwähnten öffentlich-rechtlicher Hörfunksender auf Unterschiede zwischen den Gattungen und andere Ursachen zurückführen können. Das ändert aber nichts an der Feststellung, dass es Kommunikationsblockaden gibt. Ein Beispiel sind die sexuellen Übergriffe und Diebstähle in der Silvesternacht 2015/16 in Köln, die die meisten Medien nachdem Berichte einzelner Medien – darunter der *Kölner Stadt-Anzeiger* – große Resonanz gefunden hatten, erst mit mehrtägiger Verspätung gemeldet haben.

Kommunikationsblockaden sind die Folge eines informellen Konsenses zwischen Journalisten, die wichtige Ereignisse, Themen und Entwicklungen ähnlich einschätzen. Einige dieser Sichtweisen bilden sich in mehreren Jahren heraus, andere entstehen in wenigen Monaten. Beispiele für den ersten Fall sind die antikommunistischen Einstellungen in weiten Teilen des deutschen Journalismus seit den späten fünfziger Jahren und die immer negativeren Einstellungen von Journalisten zur Kernenergie seit Beginn der siebziger Jahre. Beispiele für den zweiten Fall sind die Meinungen über die Gefährdung der Deutschen durch BSE, den sogenannten ›Rinderwahnsinn‹, und den Ausbruch der SARS-Epidemie, einer schweren Lungenerkrankung in China. Eine Ursache der Entstehung von berufsspezifischen Übereinstimmungen bei der Bewertung aktueller Fragen ist die extrem intensive Kollegenorientierung im Journalismus: Alle Journalisten verfolgen permanent die Berichterstattung aller ihnen relevant erscheinenden Medien, bilden sich ein Urteil über die Einschätzung der Lage durch Kollegen und orientieren sich an den publizierten Sichtweisen der von ihnen besonders geschätzten Medien. Dadurch entstehen in vielen Fällen konkurrierende Lager, in einigen Fällen aber auch eindeutig dominierende Überzeugungen, die sich gegenseitig bestätigen und deshalb für die einzig richtige und mögliche Sichtweise gehalten wird – obwohl sie sich von der Sichtweise der Bevölkerung insgesamt oder von bemerkenswerten Teilen erheblich unterscheidet.

Kommunikationsblockaden beruhen meist auf Wirkungsvermutungen.[106] Die Medien besitzen vielfach belegte Wirkungen, die Vermutungen über die Stärke ihrer negativen Wirkungen auf andere Menschen sind aber meist übertrieben. Das zeigen zahlreiche Studien zu den Andere-Leute-Effekten (Third Person Effects). Dabei gilt: Je größer die soziale Distanz zu den beurteilten Menschen ist und je mehr es sind, desto übertriebener sind die Wirkungsvermutungen. Die soziale Distanz der meisten Journalisten zur Mehrheit der Bevölkerung dürfte relativ groß sein und der Personenkreis, über den sie Vermutungen anstellen, ist es ohnehin. Deshalb kann man annehmen, dass Journalisten übertriebene Vorstellungen von den aus ihrer Sicht unerwünschten Wirkungen ihrer Veröffentlichungen auf ihr Publikum haben. Daraus folgt nicht, dass solche Beiträge keine aus ihrer Sicht negativen Wirkungen besitzen. Medienberichte besitzen unter bestimmten Bedingungen durchaus negative Wirkungen. Sie sind jedoch meist geringer als vermutet. Zudem rechtfertigen – von extremen und entsprechend seltenen Ausnahmen abgesehen – negative Wirkungen von Medienberichten keinen Verzicht auf eine sachliche Berichterstattung.

Zu den negativen Wirkungen können auch kollektive Ängste der Bevölkerung gehören. Bei der Analyse der Rolle der Medien bei ihrer Entstehung, Erhaltung und Vermeidung muss man positive und negative Ängste unterscheiden. Positive Ängste soll man zeigen, negative darf man nicht zeigen. Die meisten, wenn nicht alle positiven Ängste der Bevölkerung sind die Folgen einer angsterregenden Berichterstattung der Medien über tatsächliche oder mögliche Schäden.[107] Der Zweck positiver Ängste ist der Schutz vor äußeren Gefahren, also konstruktiv. Positive Ängste haben nach herrschender Meinung externe Ursachen: Die Ängste erscheinen als Reaktion auf die Größe einer Gefahr, und wer sie äußert, beweist Einsicht in die Natur der Sache. Sie sind sachlich berechtigt und deshalb verständlich. Beispiele sind die Angst vor dem Waldsterben, vor BSE und SARS, vor der Kernenergie und Pestiziden. Wer solche Ängste für übertrieben hält, gilt schnell als menschenverachtender Zyniker.

Negative Ängste sind nach herrschender Meinung die Folgen von internen Ursachen: Die Ängste erscheinen nicht als Reaktion auf die Größe einer Gefahr, sondern als Folge fragwürdiger Charaktere, Einstellungen und Motive. Sie sind sachlich unberechtigt und deshalb unverständlich. Negative Ängste haben die Medien nicht – oder allenfalls unbeabsichtigt – hervorgerufen. Sie sind Ausdruck fragwürdiger Einstellungen, Meinungen, Absichten. Negative Ängste dürfen durch Fakten nicht bestätigt werden, weil sie die Ängste berechtigt erscheinen lassen würden und dadurch gefährliche Fehlreaktionen auslösen könnten. Wer darauf hinweist, dass negative Ereignisse die Berechtigung von Ängsten bestätigen, riskiert als Hetzer zu erscheinen, der Fehlreaktionen auslösen will oder zumindest billigend in Kauf nimmt. Auf diese Weise mutiert die Bestätigung einer empirischen Behauptung zur moralischen Verurteilung ihres Urhebers. So bezeichnete Justizminister Heiko Maas nach dem islamistischen Terroranschlag auf das französische Satire-Magazin *Charlie Hebdo* Pegida-Anhänger als »Heuchler«, die den Anschlag »widerlich« ausschlachten würden.

Bei den meisten kollektiven Ängsten handelt es sich um Phantomschmerzen, die in keinem angemessenen Verhältnis zu ihren Ursachen stehen. Das trifft auf positive und negative Ängste zu. In beiden Fällen haben Dritte drei Möglichkeiten: Sie können erstens auf die Ängste eingehen, sie ernst nehmen und entkräften. In diesem Fall kann man erwarten, dass ein Teil der Verängstigten ihre Ängste überwindet. Allerdings ist nicht auszuschließen, dass einige andere aufgrund der Thematisierung ähnliche Ängste entwickeln. Sie können zweitens die Ängste für unbegründet erklären ohne darauf einzugehen. Im dem Fall wird man damit rechnen müssen, dass die meisten Verängstigten das berechtigte Gefühl haben, man würde ihre Ängste nicht ernst nehmen. Auch dabei kann man nicht ausschließen, dass einige andere aufgrund der Berichte ähnliche Ängste entwickeln. Schließlich können sie drittens die Verängstigten durch verbale Angriffe persönlich diskreditieren. In diesem Fall wird man damit rechnen müssen, dass die Verängstigten die Attacken als Abwehrhaltung und damit als Bestätigung ihrer Befürchtungen betrachten.

Wie die meisten Menschen nehmen die Verängstigten negative Medienberichte über ihre Anliegen negativer wahr als unbeteiligte Beobachter. Diese Fehleinschätzung kann man als das Feindselige-Medien-Syndrom (Hostile Media Effect) bezeichnen: Bei der

Berichterstattung über Konflikte nehmen im Vergleich zu neutralen Beobachtern beide Seiten die Berichterstattung über ihre Anliegen als feindselig war – auch, wenn die Berichterstattung ausgewogen ist.[108] Aus Sicht der Betroffenen zeigen deshalb kritische Medienberichte über ihre Ängste nicht, dass ihre Ängste unberechtigt sind. Sie beweisen aus ihrer Sicht vielmehr, dass Journalisten und andere sie wegen ihrer Ängste diskreditieren, und dass sie deshalb kein Vertrauen verdienen. Das führt zur Radikalisierung der Verängstigten und zur Solidarisierung ihrer sozialen Umgebung mit den Diskreditierten. Ein Beispiel ist die Radikalisierung der Studentenbewegung in der zweiten Hälfte der sechziger Jahre durch die Tabuisierung der Angst vor einem Rückfall in ein autoritäres Regime. Die Notstandsgesetze und die Erschießung des Studenten Benno Ohnesorg bei der Anti-Schah-Demonstration in Berlin führte in den siebziger Jahren zur Dominanz gewaltbereiter Aktivisten. Neuere Beispiele sind das rasante Anschwellen der Pegida-Kundgebungen durch die Tabuisierung der Angst vor dem Islam sowie die nur scheinbar überraschenden Wahlerfolge der AfD als Folge der Tabuisierung der Angst vor einer Überfremdung durch die große Zahl der Migranten.

Kommunikationsblockaden und ihre Ursachen, Zulässigkeit und Notwendigkeit werden von Journalisten seit mehreren Jahren diskutiert. Einen grundlegenden Beitrag dazu lieferte der bereits erwähnte Essay *Ausweitung der Kampfzone* von Matthias Geis und Bernd Ulrich in der *Zeit* (12.02.2015). Zentrales Thema ist die von der Politik etablierte »Konsensgesellschaft«, die auch von den Medien gefördert werde. Die Medien würden zwar politische Linientreue verhöhnen, Grenzverletzungen jedoch gnadenlos skandalisieren. Susanne Gaschke identifizierte in der *Welt am Sonntag* (31.01.21016) unter der Überschrift »Immer schön p[olitical] c[orrect]« die PR-getriebene Politik, den Meinungsdruck der Gesellschaft und die mangelnde Selbstkritik der Medien als Ursachen von Tabus der öffentlichen Kommunikation.

Jan Fleischhauer verwies auf *Spiegel Online* (05.01.2016) unter der Überschrift »Erziehungs-Journalismus« – auch das wurde bereits erwähnt – auf das fragwürdige Selbstverständnis einiger Journalisten und illustrierte das an einem prominenten Fernsehkollegen. Ein praktisches Beispiel für den von Fernsehzuschauern nicht erkennbaren Umgang mit »Zweiflern« berichtete der Kriminologe Christian Pfeiffer in der *Phoenix Runde* (07.01.2016). Laut Pfeiffer hat ihn ein Fernsehredakteur wenige Tage vorher in einem Interview angewiesen, er »solle im Zusammenhang mit den sexuellen Gewalttaten gegen Frauen in der Silvesternacht 2015/16 in Köln nicht von Flüchtlingen sprechen.« Andernfalls würde man das Interview sofort abbrechen.[109]

Gegen die Kritik von Journalisten an Kommunikationsblockaden gibt es von Journalisten auch Vorbehalte. So forderte Janko Tietz unter der Überschrift »Das wird man ja wohl noch verschweigen dürfen« auf *Spiegel Online* (09.11.2015), dass die Medien über »die Umtriebe von NPD, Hosega, AfD, Pegida« , deren Repräsentanten er »Pappnasen« und »Giftmischer« nannte, entsprechend »der Zahl ihrer Anhänger« seltener berichten sollten. Zwar müssten die Medien »selbstverständlich auch über (...) das Phänomen Pegida berichten, es analysieren und in den Kontext stellen.« Nur sollten sie »nicht jede Parole und jede neue verbale Provokation nachrichtlich abbilden.« Dann stünde »im besten Fall (...) Bachmann in einem Jahr alleine auf seiner LKW-Pritsche (...) in Dresden und spräche zu sich selbst.« Georg Dietz verwahrte sich an gleicher Stelle (10.01.2016) unter der Überschrift »Wahrheit ist ein zartes Gut« vehement gegen die Behauptung der »Rechten«, sie würden »unterdrückt in einem gleichgeschalteten Land.« Für Dietz war die Berichterstattung nach der Kölner Silvesternacht ein »Tiefpunkt des Journalismus in diesem Land«, ein »kollektiver Startschuss« für die »aufgestaute Xenophobie«, den »gekränkten Nationalismus« und den »autoritären Staatsglauben«, die nun losbrachen und eine »mediale Hetzjagd« beförderten. Die Berichte, in denen es um Probleme mit jungen muslimischen Migranten ging, waren für ihn »das Gegenteil von Aufklärung, die uns einmal versprochen wurde«.

Alle Kommunikationsblockaden beruhen auf dem gleichen Mittel – dem Verschweigen von Problemen bzw. von als problematisch empfundenen Sachverhalten – allerdings dienen sie unterschiedlichen Zwecken. Deshalb werden in den folgenden Fallstudien nicht die Mittel, sondern die Zwecke hervorgehoben. Bei der ersten Fallstudie geht es um die Erhaltung von vermeintlich positiven Ängsten und um die Deutungshoheit der Medien. Das trifft auf den UNSCEAR-Report der UN über die Auswirkungen von Fukushima auf die Menschen in Japan zu. Bei der zweiten Fallstudie geht es um die Vermeidung von negativen Ängsten. Das trifft auf die Kundgebungen der »Patriotischen Europäer gegen die Islamisierung des Abendlandes« (Pegida) zu, die sich gegen eine multi-kulturelle Gesellschaft wenden. Bei der dritten Fallstudie geht es um die Verhinderung des Reputationsverlustes von Medien durch differenzierte Kritik an ihrer Berichterstattung. Das trifft auf Christian Wulffs, Karl-Theodor zu Guttenbergs und Susanne Gaschkes Darstellung von fragwürdigen Methoden ihrer Skandalisierung zu. Alle Fallanalysen beginnen wie im Kapitel über Skandalisierungen nach Hinweisen auf vergleichbare Fälle mit einer kurzen Darstellung der relevanten Aspekte des Geschehens. Dabei geht es nicht um alle verschiedenen Facetten der Skandale, sondern nur um jene Teile, die für die Einordnung der Testfragen erforderlich sind. Danach werden die drei Testfragen und die Antworten der Befragten vorgestellt und interpretiert.

NICHTBEACHTUNG ZUR ABWEHR POLITISCHER GEFAHREN

Die bedeutendste negative Angst der Gegenwart ist die Angst vor Überfremdung vor allem durch Muslime. Nach einer Umfrage des Meinungsforschungsinstituts TNS Emnid im November 2014 betrachteten 57 Prozent den Islam als Bedrohung, 40 Prozent fühlten sich wie »Fremde im eigenen Land« und 24 Prozent wollten die Einwanderung von Muslimen verbieten. Im Dezember hatten laut TNS Emnid etwa 50 Prozent Verständnis für die Pegida-Bewegung. Ähnliche Werte fand das Meinungsforschungsinstitut YouGov. Laut einer Umfrage von TNS Forschung waren im Dezember 2014 65 Prozent der Meinung, die Regierung ginge nicht ausreichend auf die Sorgen der Bevölkerung über die Zuwanderung ein; 34 Prozent befürchteten eine zunehmende Islamisierung des Landes. Nach einer Forsa-Umfrage hielten zwar 67 Prozent die Sorge vor einer Islamisierung Deutschlands für übertrieben, 29 Prozent hielten Proteste dagegen aber für gerechtfertigt und 13 Prozent würden an ihrem Wohnort daran teilnehmen. Die Angst vor Überfremdung wird von bedeutenden Teilen der Medien und der Politik nicht auf externe Ursachen zurückgeführt, den Charakter der Zuwanderung, sondern auf interne Ursachen, die politische Ideologie und den Charakter derer, die ihre Angst oder Sorge öffentlich äußern. Ursache der Angst sind danach nicht reale Gefahren, sondern Vorurteile gegen Fremde bzw. rechtsradikale Gesinnungen.

DIE FRÜHEN PEGIDA-KUNDGEBUNGEN

Hintergrund: Initiiert wurde die Bewegung der »Patriotische(n) Europäer gegen die Islamisierung des Abendlandes« (Pegida) von Lutz Bachmann am 11. Oktober 2014 durch die Etablierung einer Facebook-Gruppe, auf der er gegen eine Solidaritätskundgebung für die verbotene Arbeiterpartei Kurdistans (PKK) protestierte.[110] Einige Tage später schloss sich ihm u. a. der CDU-Politiker Thomas Tallacker an, der seit 2013 im Internet abfällige Äußerungen über u. a. Muslime und Asylbewerber gepostet hatte. Als eingetragener Verein gegründet wurde Pegida am 19.

Dezember 2014. An der ersten Kundgebung beteiligten sich am 20. Oktober 2014 etwa 350 Personen, am 3. November waren es 1.000, am 24. November 5.500, am 1. Dezember 7.500, am 8. Dezember 10.000 und am 22. Dezember 17.500. Die Teilnehmer an Pegida-Kundgebungen 2014 forderten in Reden, Flugblättern und auf Transparenten u. a. eine gesteuerte Zuwanderung wie in Kanada, die konsequente Abschiebung von abgelehnten Asylbewerbern, bessere Kontrollen zur Verhinderung der Wiedereinreise, die Verhinderung des Asylmissbrauches, die Aufnahme von Kriegs- und Ablehnung von Wirtschaftsflüchtlingen sowie den Schutz der christlich-jüdisch geprägten Identität der deutschen Kultur. Einige Teilnehmer der Kundgebungen skandierten 2014 angesichts von anwesende Journalisten: »Lügenpresse«. Ein Pegida-Programm gab es zunächst nicht. Am 10. Dezember veröffentlichte Pegida ein Positionspapier. Verlangt wird darin neben den erwähnten Forderungen u. a. die Aufnahme einer Pflicht zur Integration in das Grundgesetz, eine dezentrale Unterbringung von Kriegsflüchtlingen, ein europäischer Verteilungsschlüssel für Flüchtlinge, die Verkürzung der Asylverfahren nach Schweizer Muster und eine »Null-Toleranz-Politik« gegen straffällige Asylanten. Abgelehnt werden u. a. die Zulassung von »Parallelgesellschaften«, »Waffenlieferungen an verbotene Organisationen wie z. B. die PKK«, »Hassprediger, egal welcher Religion« sowie das »wahnwitzige ›Gender-Mainstreaming‹«.

Als Hauptgrund für die Beteiligung an Pegiga-Kundgebungen nannten Ende Dezember 2014/Anfang Januar 2015 in einer Umfrage der Technischen Universität Dresden unter Leitung von Hans Vorländer 71 Prozent der Teilnehmer »Unzufriedenheit mit der Politik«, 35 Prozent »Kritik an Medien und Öffentlichkeit« und 15 Prozent Vorbehalte gegen Muslime und den Islam. Anfang/Mitte Januar 2015 zogen in einer Umfrage des Wissenschaftszentrums Berlin unter Leitung von Dieter Rucht etwa 90 Prozent der Teilnehmer bei Pegida-Kundgebungen die Demokratie anderen Staatsformen vor. Genauso viele hatten jedoch wenig oder kein Vertrauen in u. a. die Bundesregierung, die Parteien, die Medien und die Banken. Als Hauptanliegen von Pegida nannten etwa 20 Prozent die Kontrolle der Einwanderung. Beide Befragungen sind vermutlich nicht repräsentativ, allerdings enthalten ihre Ergebnisse keine Hinweise darauf, dass es sich bei der Mehrheit oder einer großen Minderheit der Kundgebungsteilnehmer um Rechtsradikale, Ausländerfeinde oder Antiislamisten handelte.[111] Im Januar 2015 waren laut »Politbarometer« des ZDF 75 Prozent der Deutschen für Gespräche der Parteien mit den »Patriotische(n) Europäern gegen die Islamisierung des Abendlandes«, 20 Prozent waren dagegen.

Die meisten deutschen Medien haben die ersten Pegida-Kundgebungen 2014 totgeschwiegen.[112] Nach den ersten sieben Kundgebungen veröffentlichten 73 deutschen Tageszeitungen zusammen laut Presse-Datenbank *LexisNexis* 93 Beiträge. Jede der Zeitungen brachte folglich in den sieben Wochen im Durchschnitt etwa einen Beitrag. Obwohl an der 6. und 7. Kundgebung bereits 5.500, bzw. 7.500 Personen teilgenommen hatten, setzte eine nennenswerte Berichterstattung erst nach der achten Kundgebung ein, als sich in Dresden 10.000 Pegida-Anhänger versammelt hatten. Die angesprochenen Tageszeitungen publizierten in dieser Woche 311 Nachrichten, Berichte und Kommentare. Die vergleichsweise starke Resonanz war vermutlich der Anlass für die Talkshow von Günther Jauch am 14. Dezember unter dem aufmerksamkeitsheischenden und meinungslenkenden Titel: »Frustbürger und Fremdenfeinde – Wie gefährlich sind die neuen Straßen-Proteste?« Sie machte das zunächst weitgehend lokale Geschehen in Dresden zu einem nationalen Thema und lieferte das Schema für die wertende Darstellung von Pegida in der Folgezeit. Aus Anlass der neunten Pegida-Kundgebung am 15. Dezember erschienen in den angesprochenen Tageszeitungen 527 Beiträge und in den letzten Dezemberwochen charakterisierten prominente Kommentatoren und Reporter die Teilnehmer an den Pegida-Kundgebungen als »Angstbürger«,

»Idioten« und »Rassisten«, als »Nazis in Nadelstreifen« mit Ressentiments gegen Minderheiten und forderten »Null Toleranz für Pegida.« Dieser nahezu durchgängige Tenor der Berichterstattung schlug sich im Urteil der Bevölkerung über die Medien nieder. Laut einer Befragung des Meinungsforschungsinstituts INSA war im Januar 2015 die Hälfte der Bevölkerung der Meinung, dass die Medien nicht objektiv über Pegida berichten.[113]

Fallbeschreibung: »*In Dresden haben seit Oktober 2014 jeden Montag immer mehr Pegida-Anhänger demonstriert. Die meisten Medien haben darüber allenfalls am Rande berichtet. Das hat sich Mitte Dezember geändert, als 15.000 Menschen demonstrierten. Auch dann sind die Medien aber kaum auf das Positionspapier von Pegida und die Forderungen der Redner eingegangen.*« Mehr als ein Drittel (37 %) der Journalisten hielt die damalige Praxis für »durchaus vertretbar« oder sogar für »völlig akzeptabel«. Über die Hälfte fand die Nichtbeachtung der ersten Pegida-Kundgebungen und der Positionspapiere von Pegida aber »völlig inakzeptabel« oder »eher fragwürdig« (53 %). Die Meinungen der meisten Journalisten bilden damit einen Kontrast zur Nicht-Berichterstattung der meisten Medien. Das deutet auf eine Kluft zwischen einem verbreiteten Ideal und der gängigen Berufspraxis, zwischen der weithin akzeptierten Geltung einer wichtigen Berufsnorm und ihrer weitgehenden Missachtung in einem konkreten Fall (Tabelle 16, Seite 126).

Angesichts des Widerspruchs zwischen der Meinung der Journalisten und der Praxis der Medien stellt sich die Frage, welche Argumente aus Sicht der Befragten für das Verhalten ihrer Kollegen sprachen. Die verbalen Angriffe gegen die Medien waren es nach Ansicht der meisten Befragten nicht: Dass einige Teilnehmer an Pegida-Kundgebungen »›Lügenpresse‹ skandierten«, war nur nach Meinung einer Minderheit (23 %) der Journalisten ein tragfähiges Argument für die damalige Nichtbeachtung der Kundgebungen. Eine etwas größere Minderheit (31 %) betrachtete die Vermutung, das Positionspapier von Pegida und die Reden

TABELLE 16

Meinungen zur Nichtbeachtung von Pegida

Frage: »Halten Sie das für akzeptabel oder für nicht akzeptabel?«

»Das war...«	»...völlig inakzep- tabel«	»...eher frag- würdig«	»weiß nicht«	»...durch- aus ver- tretbar«	»...völlig akzep- tabel...«	gesamt
Ignorieren des Positionspapiers und der Forderungen der Redner	10	43	10	30	7	100

Basis: (B) n = 166; alle Angaben in Prozent

vor Ort »sollten nur von den tatsächlichen Zielen ... ablenken«, als ernst zu nehmendes Argument für die Nichtbeachtung der Pegida-Kundgebungen. Das wirft die Frage auf, ob diejenigen, die diese Meinung vertraten, sich mit dem Positionspapier und den Reden tatsächlich auseinandergesetzt hatten und warum sie über die Inhalte nicht berichteten. Mehr als die Hälfte (57 %) der Journalisten hielt die Behauptung, Pegida schüre »Ängste vor Überfremdung« für ein wichtiges Argument dafür, nicht über die Ziele und Kundgebungen von Pegida zu berichten. Sie waren der Meinung, da dürften »die Medien nicht mitmachen.« Das deutet darauf hin, dass die politischen Meinungen von Journalisten – ihre Überzeugung, dass Ängste vor Überfremdung unbegründet sind, und dass die Aufnahme von Fremden eine kulturelle Bereicherung darstellt – wichtige Gründe für die Absicht gewesen sein könnten, Pegida durch Nichtbeachtung zu marginalisieren (Tabelle 17, Seite 127).

Der mit Abstand wichtigste Grund gegen die Nichtbeachtung von Pegida war aus Sicht der Journalisten der Informationsanspruch der Leser: Mehr als vier Fünftel (85 %) waren der Meinung, der Anspruch der Leser »auf die Berichterstattung über wichtige Vorgänge und Themen« sei ein Argument gegen das Verschweigen von Pegida. Bemerkenswert ist dabei der unge-

TABELLE 17

Argumente für die Nichtbeachtung von Pegida

Nachfrage: »*Auch hier unabhängig von Ihrem generellen Urteil: Wie gut treffen die folgenden Argumente für die zunächst weitgehende Nichtbeachtung von Pegida Ihre eigene Meinung?*«

Trifft zu:	»Gar nicht«	□	□	□	□	□	»Sehr gut«
»Das Positionspapier und die Reden sollten nur von den tatsächlichen Zielen von Pegida ablenken.«		14	24	32	24	7	101
»Pegida schürt Ängste vor Überfremdung – da dürfen die Medien nicht mitmachen.«		11	13	19	30	27	100
»Den meisten Kollegen war klar, Demonstranten, die ›Lügenpresse‹ skandieren, darf man nicht beachten.«		28	25	25	15	8	101

Basis: (B) n = 166; alle Angaben in Prozent

wöhnlich große Anteil der Befragten, die diesem Argument ohne Einschränkung zustimmten. Ein weiterer wichtiger Grund war der Objektivitätsanspruch der Medien: Fast zwei Drittel (63 %) hielt die Verpflichtung der Medien zu einer neutralen Berichterstattung »auch über Bewegungen, die sie für gefährlich halten« für ein Argument gegen die Negierung von Pegida. Auch hier ist der große Anteil der Journalisten bemerkenswert, der dieses Argument ohne Einschränkung für richtig hielt. Relativ unwichtig fanden die meisten Journalisten dagegen den Wettbewerbsvorteil von Medien durch eine angemessene Beachtung von Pegida: Nur ein knappes Drittel (31 %) betrachtete einen Wettbewerbsvorteil durch eine »informative Berichterstattung über Pegida« als relevantes Argument gegen die Nichtbeachtung der Bewegung (Tabelle 18, Seite 128).

Die Ansichten zu den Argumenten für und gegen die Nichtberichterstattung über Pegida erklären 28 Prozent der Bandbreite in den Urteilen darüber, wie akzeptabel oder inakzeptabel die

TABELLE 18

Argumente gegen die Nichtbeachtung von Pegida

Nachfrage: *»Und wie gut treffen die folgenden Argumente gegen die zunächst weitgehende Nichtbeachtung von Pegida Ihre eigene Meinung?«*

Trifft zu:	»Gar nicht«	□	□	□	□	□	»Sehr gut«
»Eine informative Berichterstattung über Pegida wäre ein Wettbewerbsvorteil gewesen.«	21	19	28	18	14		100
»Die Leser haben einen Anspruch auf die Berichterstattung über wichtige Vorgänge und Themen.«	0	2	13	30	55		100
»Die Medien sollten auch über Bewegungen, die sie für gefährlich halten, neutral berichten.«	8	9	20	27	36		100

Basis: (B) n = 166; alle Angaben in Prozent

Journalisten das Verhalten ihrer Kollegen fanden.[114] Einen signifikanten Einfluss besaßen nur die Meinungen zu zwei Argumenten. Bekanntlich betrachtete nur eine Minderheit die Vermutung, das Positionspapier von Pegida und die Reden vor Ort »sollten nur von den tatsächlichen Zielen ... ablenken« als Argument für die Negierung von Pegida. Trotzdem hingen die Meinungen dazu mit ihrem Urteil über die Nichtbeachtung der Kundgebungen zusammen: Je akzeptabler die Journalisten die Nichtbeachtung der Pegida-Kundgebungen fanden, desto mehr machten sie sich das Argument zu eigen, das Positionspapier und die Reden sollten nur von den wahren Zielen ablenken. Die Minderheit der Befragten, die die Nichtbeachtung von Pegida mehr oder weniger akzeptabel oder vertretbar fand, begründete das folglich mit Vermutungen über den wahren Charakter der Bewegung: Sie beansprucht die Deutungshoheit über das Geschehen, weil sie davon überzeugt war, dass sie hinter einer Fassade die verdeckten Ziele und den wahren Charakter der Pegida-Anhänger erkennen würde.

Die Meinungen zu dem zweiten ausschlaggebenden Argument deuten in die gleiche Richtung. Über vier Fünftel der Befragten waren bekanntlich der Meinung, der Anspruch der Leser auf Berichte über wichtige Vorgänge und Themen sei ein Argument gegen die Nichtbeachtung von Pegida. Je akzeptabler die Journalisten die Nichtbeachtung der Pegida-Forderungen und Kundgebungen fanden, desto mehr wiesen sie das Argument zurück, die Leser hätten einen »Anspruch auf die Berichterstattung über wichtige Vorgänge und Themen.« Hierbei handelte es sich vermutlich um eine Rationalisierung – eine scheinrationale Rechtfertigung der Nichtbeachtung von Pegida, die andere Gründe hatten. Einer dieser Gründe dürfte die hinter der Akzeptanz der Nichtbeachtung stehende politische Einstellungen gewesen sein. Ein Indikator dafür war die Überzeugung, die »Gefahr für die Demokratie« komme »von rechts«: Je eindeutiger die Journalisten dieser These zustimmten, desto akzeptabler fanden sie die Nichtbeachtung der Pegida-Forderungen und Kundgebungen 2014 (r = -0,22**).[115] Das deutet erneut auf eine mehrstufige Meinungsbildung: Je mehr die Journalisten rechte politische Kräfte als große Gefahr für die Demokratie betrachteten, desto akzeptabler erschien ihnen die Nichtbeachtung von Pegida. Je akzeptabler ihnen die Nichtbeachtung von Pegida erschien, desto eher rechtfertigten sie ihre Missachtung der vielleicht wichtigsten journalistischen Berufsnorm, der Verpflichtung zur Berichterstattung über wichtige Ereignisse, indem sie sich die Unterstellung zu eigen machten, das »Positionspapier und die Reden sollten nur von den tatsächlichen Zielen von Pegida ablenken« und indem sie den Anspruch der Leser »auf die Berichterstattung über wichtige Themen« zurückwiesen. Diese Argumentation war Ausdruck des politisch motivierten Anspruchs auf Deutungshoheit über das Geschehen, hinter der das Recht der Leser auf eine umfassende Berichterstattung zurückstehen musste.

VERSCHWEIGEN ZUR VERTEIDIGUNG DER DEUTUNGSHOHEIT

Positive Ängste sind in der Regel Ängste vor Gefahren, die Journalisten für bedrohlich halten und oft durch dramatische Darstellungen selbst hervorgerufen haben. Diese Ängste halten sie für berechtigt. Aus Sicht eines Teils des Journalisten können mindestens drei Gründe gegen die Veröffentlichung von Fakten sprechen, die Zweifel an positiven Ängsten wecken können. *Erstens* würde ihre Veröffentlichung aus Sicht vieler Journalisten und anderer Menschen, die ihre Sorgen teilen, die Beseitigung der Ursachen ihrer Ängste gefährden. *Zweitens* würde ihre Veröffentlichung den Realitätsvorstellungen vieler Menschen widersprechen, deren Überzeugungen auf vergangenen und aktuellen Medienberichten beruhen. *Drittens* würde es die Deutungshoheit der Medien gefährden, ihren Anspruch, die Realität sachlich richtig bzw. moralisch vertretbar dargestellt zu haben. Diese Gründe können sich wechselseitig verstärken und dazu beitragen, dass ein bemerkenswerter Teil der Medien wichtige Informationen, die positive Ängste abbauen könnten, totschweigt oder allenfalls am Rande erwähnt.

Folgenreiche Beispiele für Kommunikationsblockaden von einem Großteil der Medien lieferte die sogenannte Ölkrise 1973.[116] Trotz einer Serie von Entscheidungen der ölexportierenden Staaten zur Reduzierung der Ölförderung und Ölexporte, mit denen sie Preiserhöhungen durchsetzen wollten, importierte die Bundesrepublik Deutschland mehr Rohöl als jemals zuvor, weil es hier keine Höchstpreisverordnung gab und die Ölgesellschaften ihr Tanker nach Deutschland umlenkten. Dieser Sachverhalt und die Existenz einer staatlichen Ölreserve für 60 Tage wurden, wenn überhaupt, allenfalls am Rande berichtet. Die Medien stellten vermutlich aus Sorge um die weitere Entwicklung die Versorgungslage als krisenhaft dar. Infolge dieser Darstellung nahmen die Versorgungsängste u. a. der Autofahrer sprunghaft zu, lösten Hamsterkäufe aus, die aufgrund der begrenzten Raffineriekapazitäten zu kurzzeitigen Lieferschwierigkeiten führen. Die Medien thematisierten ihren eigenen Einfluss auf die Hamsterkäufe nahezu nie. Stattdessen stellten sie die Versorgungsmängel als Bestätigung ihre Berichte dar und charakterisierten die Lage als »Krise«. Infolge dieser Entwicklung beschloss die Bundesregierung – obwohl sie wusste, dass die Versorgung nicht gefährdet war – ein allgemeines Fahrverbot für Kraftfahrzeuge an vier Sonntagen.

DER UNSCEAR-REPORT

Hintergrund: Die deutschen Medien haben 2011 über die Reaktorkatastrophe bei Fukushima extrem umfangreich berichtet – die überregionalen Abonnementzeitungen brachten dazu im Durchschnitt 120 Beträge. Dabei haben sie sehr oft eine Beziehung zwischen der Katastrophe in Japan und der deutschen Kernenergie hergestellt – das geschah in durchschnittlich 100 Beiträgen.[117] Ein Großteil der zuvor schon besorgten Bevölkerung in Deutschland reagierte auf die Art und Masse der Berichte über die Reaktorkatastrophe in Japan zunächst mit Angst und schließlich mit Erleichterung als die Bundesregierung erst ein Moratorium und dann den Ausstieg aus der Kernenergie beschloss. Drei Jahre nach der Reaktorkatastrophe bei Fukushima präsentierte das »Scientific Commitee on the Effects of Atomic Radiation« der United Nations (UNSCEAR) der UN-Generalversammlung den fast 300-seitigen »UNSCEAR 2013 Report«. UNSCEAR war von der UN Generalversammlung 1955 mit dem Auftrag gegründet worden, die weltweiten Auswirkungen der Radioaktivität auf die menschliche Gesundheit und auf die Umwelt zu dokumentieren. Der Vorsitzende des Komitees, Wolfgang Weiss, stellte den Bericht am 2. April 2014 in Wien vor. Band I enthält eine 14-seitige Zusammenfassung der wichtigsten Befunde zur Intensität der radioaktiven Belastung als Folge des Reaktorunfalls bei Fukushima und ihrer langfristigen Auswirkungen. Der wissenschaftliche Anhang dokumentiert auf 80 Seiten anhand von Karten, Grafiken und

Tabellen die Anlage und Befunde der referierten empirischen Untersuchungen. Der UNSCEAR-Report enthält Aussagen über Effekte auf die Bevölkerung, differenziert nach Entfernung zum Kernkraftwerk sowie nach dem Alter der Menschen, auf die Mitarbeiter des Kernkraftwerkes sowie auf die Einsatzkräfte zur Schadensbekämpfung. Ausgewiesen wird die Belastung durch Jod 131 und durch Cäsium 137; unterschieden wird die Exposition von außen und innen (über die Atemluft und Nahrungsmittel). Ermittelt wird u. a. der Einfluss auf die Entstehung verschiedener Krebserkrankungen. Die Aussagen über die Gegenwart beruhen auf aktuellen Messungen. Den weitreichenden Prognosen liegen Modellrechnungen zugrunde. Die Ergebnisse werden in beiden Fällen mit Befunden anhand von Kontrollgruppen verglichen – z. B. Personen, die natürlichen Strahlenbelastungen ausgesetzt sind.

Die hier relevanten Auswirkungen der Reaktorkatastrophe bei Fukushima auf die Bevölkerung lauten:

- Die radioaktive Belastung von Erwachsenen in Folge der Reaktorkatastrophe hat ihr Lebenszeit-Risiko an Schilddrüsen-Krebs zu erkranken nicht signifikant erhöht. Für Kinder kann das nicht ausgeschlossen werden, u. a., weil 90 Prozent der nicht ausschließbaren Erkrankungen frühestens 20 Jahre nach der Belastung auftreten.
- Die radioaktive Belastung von Erwachsenen in Folge der Reaktorkatastrophe hat ihr Lebenszeitrisiko einer Leukämie-Erkrankung nicht signifikant erhöht. Die Lebenszeitrisiken von extrem belasteten Kindern unter 9 Jahren können zwischen 0,11 Prozent und 0,85 Prozent zunehmen. Diese mögliche Zunahme von Erkrankungen ist – wie Vergleiche mit unbelasteten Kontrollgruppen zeigen – statistisch nicht signifikant.
- Die radioaktive Belastung von Erwachsenen in Folge der Reaktorkatastrophe hat ihr Lebenszeitrisiko einer Brustkrebs-Erkrankung um 0,3 Prozent erhöht. Auch diese mögliche Zunahme von Erkrankungen ist – wie Vergleiche mit unbelas-

teten Kontrollgruppen zeigen – statistisch nicht signifikant.
- Die pränatale radioaktive Belastung hat das Risiko von u. a. Fehlgeburten sowie die Risiken von Krebserkrankung in der Kindheit nicht signifikant erhöht.
- Die Gesundheitsuntersuchung der etwa 2 Millionen Einwohner im Gebiet um Fukushima hat bisher keine durch Radioaktivität verursachten Gesundheitsschäden festgestellt.
- Eine spezielle Untersuchung von Jugendlichen und Kindern unter 18 Jahren hat einen Anstieg der Schilddrüsen-Erkrankungen ermittelt, der jedoch unter dem Anstieg in einer Kontrollgruppe lag und auf den Einsatz neuer Analyseverfahren zurückgeführt wird.
- Bei den Gesundheitsuntersuchungen wurden erhebliche psychische Effekte des Seebebens, Tsunamis und der Reaktorkatastrophe festgestellt. Hierbei handelte es sich vor allem um Depressionen und post-traumatischen Stress.

Weil die deutschen Medien 2011 extrem umfangreich über die Reaktorkatastrophe bei Fukushima berichtet und häufig eine Beziehung zu den Risiken der deutschen Kernenergie hergestellt hatten, kann man annehmen, dass die Mehrheit der Bevölkerung auch 2014 noch am Thema Kernenergie interessiert war. Angesichts der Ängste, die die Berichterstattung drei Jahre zuvor hervorgerufen hatte, hatte sie einen Anspruch auf Informationen darüber, ob ihre Ängste berechtigt waren und ob noch immer bestehende Ängste vor vergleichbaren Reaktorkatastrophen begründet sind. Aus den genannten Gründen konnte man annehmen, dass die deutschen Medien über den UNSCEAR-Bericht ausführlich berichten würden. Zum gleichen Ergebnis führt eine Analyse des Nachrichtenwertes.

Der UNSCEAR-Report enthält zahlreiche Nachrichtenfaktoren in höchster Ausprägung. Dazu gehören die Faktoren großer tatsächlicher Schaden (tatsächliche Zahl der Opfer), großer möglicher Schaden (mögliche Zahl der Opfer), große politische Nähe

(Deutschland-Japan), große wirtschaftliche Nähe (Deutschland-Japan), hoher Status der Ereignisregion (Bedeutung Japans), hoher institutioneller Einfluss (UN als Herausgeber des UNSCEAR-Reports); große Überraschung (Berichtigung von falschen Annahmen), große Reichweite (große Zahl von Betroffenen), starke Etablierung des Themas (Dauerthema seit 2011), hohe Kontroverse (Atomausstieg und Energiesicherheit), klarer Zusammenhang mit etablierten Themen (Energiewende, alternative Energien), hohe Faktizität (Präsentation des Berichtes). Aufgrund der Zahl und Ausprägung der Nachrichtenfaktoren besaß die Präsentation des UNSCEAR-Reports einen extrem hohen Nachrichtenwert. Er war in höchstem Maße berichtswürdig,[118] wurde aber von fast allen Medien totgeschwiegen.

Die *Deutsche Presseagentur* (dpa) berichtete am 2. April in einer Kurzmeldung über die Vorstellung des UNSCEAR-Reports in Wien, die *Schweizerische Depeschenagentur* AG (SDA) relativ umfangreich über wesentliche Ergebnisse und die Kritik von Greenpeace. Das Ereignis war demnach den Redaktionen bekannt. Die meisten deutschen Zeitungen erwähnten den UNSCEAR-Report anlässlich seiner Vorstellung in Wien nicht oder nur am Rande. Nach der Presse-Datenbank LexisNexis, erschienen dazu in 64 deutschen Zeitungen sechs Meldungen. Hinzu kommt ein Beitrag in der *Frankfurter Allgemeinen Zeitung*, die von LexisNexis nicht erfasst wird. Demnach liegen insgesamt sieben Beiträge vor. Nur drei Medien veröffentlichten neutrale und informative Darstellungen: *Zeit Online* (02.04.2014) meldete in einem ausführlichen Bericht wichtige Fakten; die *Nürnberger Zeitung* (03.04.2014) berichtete zentrale Befunde sowie die Kritik zweier NGOs, die *Frankfurter Allgemeine Zeitung* (06.04.2014) brachte einen längeren Kommentar auf der Grundlage einer nüchternen Sachdarstellung. Einige Quellen verbreiteten nichtssagende Kurzmeldungen, andere berichteten über die Fakten aus Sicht von Kritikern, die den Report ohne eigene Fakten mit Meinungen diskreditierten. Dazu gehören der *Usinger Anzeiger* (07.03.2014); die *taz* (07.04.2014) und die *Berliner Zeitung* (10.04.2014). Die *Welt* berichtete vor der Vorstellung des UNSCEAR-Reports (03.03.2014) umfangreich über alarmierende Meinungen zu den Folgen von Fukushima, brachte aber anlässlich der Präsentation des UNSCEAR-Reports nur eine nichtssagende Kurzmeldung (02.04.2014).

Fallbeschreibung: *»Die UN hat einen Bericht ihrer Unterorganisation UNSCEAR über die gesundheitlichen Folgen der Reaktorkatastrophe in Fukushima für die japanische Bevölkerung veröffentlicht. Demnach gab es wider Erwarten keine Zunahme von Schilddrüsenkrebs, keine Änderungen der pränatalen Strahlenexposition und eine geringe Zunahme von Brustkrebserkrankungen um 0,3 %. Die meisten deutschen Medien haben darüber nicht berichtet«.* Das Verschweigen des UNSCEAR-Reports hielten 13 Prozent der Journalisten für »durchaus vertretbar« oder »völlig akzeptabel«. Das war zwar nur eine kleine Minderheit, ist jedoch angesichts des Bekenntnisses, alles zu veröffentlichen, was veröffentlichungswürdig ist, bemerkenswert. Mehr als zwei Drittel der Journalisten (71 %) hielten es für »völlig inakzeptabel« bzw. »eher fragwürdig«, dass die meisten deutschen Medien den UNSCEAR-Bericht ihren Lesern vorenthalten haben. Die weitaus meisten Journalisten bestätigten mit ihren Urteilen folglich die Geltung zweier grundlegender Berufsnormen des Journalismus – die Verpflichtung zur Veröffentlichung wichtiger Informationen ohne Rücksicht auf negative Folgen sowie die Befriedigung des vermutlichen Informationsbedürfnisses ihres Publikums (Tabelle 19, Seite 136).

Die überraschend einhellige Kritik am Verschweigen der spektakulären Befunde des UNSCEAR-Reports wirft auch hier die Frage auf, weshalb die meisten Medien genau das getan haben, was die Mehrheit der Journalisten kritisierte. Hinweise auf die Ursachen des Widerspruchs zwischen Berufsideal und berufspraktischer Wirklichkeit geben erneut die Meinungen der Journalisten zu den Argumenten für das Verschweigen des UNSCEAR-Reports.

TABELLE 19

Meinungen zum Verschweigen des UNSCEAR-Reports

Frage: »Halten Sie das für akzeptabel oder für nicht akzeptabel?«

»Das war...«	»...völlig inakzep- tabel«	»...eher frag- würdig«	»weiß nicht«	»...durch- aus ver- tretbar«	»...völlig akzep- tabel...«	gesamt
Nichtbeachtung des UNSCEAR-Berichts	21	50	15	11	2	99

Basis: (A) n = 166; Angaben in Prozent

Die Vermutungen, »Berichte über das Gutachten« hätten die »Leser verprellt« und die Kollegen »hätten für Berichte darüber kaum Verständnis gehabt«, erklären den Widerspruch nicht. Beide Argumente sprachen nach Ansicht von über vier Fünfteln (87 %) bzw. fast vier Fünftel (78 %) der Journalisten nicht für das Verschweigen des UNSCEAR-Reports. Gegenteiliger Ansicht waren nur unbedeutende Minderheiten. Zwei Drittel (67 %) hielten das Argument, das Gutachten könne »die volle Tragweite nicht abbilden, weil es die Langzeitfolgen nicht erfasst«, für einen triftigen Grund zur Nichtbeachtung. Diese Ansicht ist deshalb bemerkenswert, weil der Report in seinem Hauptteil genau das behandelt, was die Journalisten bestritten. Auf der Grundlage zahlreicher Messungen und einiger Schätzungen der radioaktiven Belastung enthält der Report z. B. Aussagen über die möglichen Langzeitfolgen der Belastungen für Kinder und Jugendliche bzw. Erwachsene. Zwar kann man Zweifel daran haben, dass die Messungen und Berechnungen hinreichend präzise und umfassend sind. Die Behauptung, er erfasse die »Langzeitfolgen« nicht, ist aber sachlich falsch. Das legt die Vermutung nahe, dass es sich bei der Zustimmung vieler Journalisten zu der erwähnten These um eine Schutzbehauptung handelte, die ihr Verhalten nach der Vorstellung des UNSCERA-Reports rechtfertigte (Tabelle 20, Seite 137).

TABELLE 20

Argumente für das Verschweigen des UNSCEAR-Reports

Nachfrage: *»Wieder unabhängig von Ihrem generellen Urteil: Wie gut treffen die folgenden Argumente für die Nichtbeachtung des UNSCEAR-Berichtes Ihre eigene Meinung?«*

Trifft zu:	»Gar nicht«	☐	☐	☐	☐	☐	»Sehr gut«
»Das Gutachten kann die volle Tragweite nicht abbilden, weil es die Langzeitfolgen nicht erfasst«		5	6	21	40	27	99
»Die Kollegen in den meisten Redaktionen hätten für Berichte darüber kaum Verständnis gehabt«		51	27	13	5	4	100
»Durch Berichte über das Gutachten hätten die meisten Blätter ihre Leser verprellt«		62	25	8	4	1	100

Basis: (A) n = 166; alle Angaben in Prozent

Gegen die Nichtbeachtung des UNSCEAR-Reports sprachen nach Ansicht der meisten Befragten zwei Argumente. Das wichtigste Argument betraf die Informationspflicht der Journalisten. Es lautet: »Das Gutachten enthält wichtige neue Informationen.« Dieses Argument machten sich 61 Prozent mehr oder weniger entschieden zu eigen. Das zweitwichtigste Argument betraf den Informationsanspruch der Leser bzw. die Bringschuld der Journalisten. Es lautet: »Die Leser hätten sich (anhand eines Berichtes über den UNSCEAR-Report) eine eigene Meinung bilden können, ob die Risiken der Kernenergie in Deutschland so groß sind wie in Japan.« Dieses Argument machten sich 57 Prozent mehr oder weniger zu eigen. Im Unterschied dazu gingen die Meinungen der Befragten über das dritte Argument gegen die Nichtbeachtung des UNSCEAR-Reports auseinander. Es lautet: »Berichte über das Gutachten hätten übertriebene Ängste abbauen können.« Für ein Drittel (32 %) war das ein Argument gegen das Verschweigen des UNSCEAR-Reports. Genauso viele (32 %) sahen das ganz anders. Für sie war das kein Argument gegen das Verschweigen (32 %). Erstaunlicherweise äußerte die größte Gruppe (37 %) keine klare Meinung zu dieser substanziellen These. Eine Ursache der gegensätzlichen Meinungen zu der These könnten die Meinungen der Journalisten darüber gewesen sein, ob die Ängste der Deutschen vor der Kernkraft übertrieben sind oder nicht. Diejenigen, die die Ängste für übertrieben hielten, hielten demnach den Abbau der Ängste für ein gutes Argument gegen die Nichtbeachtung des UNSCEAR-Reports. Diejenigen, die sie für realitätsgerecht hielten, betrachteten dagegen ihren Abbau vermutlich nicht für ein gutes Argument gegen seine Nichtbeachtung. Eine Ursache des großen Anteils der Unentschiedenen könnte ein Konflikt der entschiedenen Gegner der Kernenergie gewesen sein: Auf der einen Seite fühlten sie sich an ihre Publikationspflicht gebunden, auf der anderen Seite hielten sie einen Abbau der Ängste für kontraproduktiv (Tabelle 21).

TABELLE 21

Argumente gegen das Verschweigen des UNSCEAR-Reports

Nachfrage: »Und wie gut treffen die folgenden Argumente gegen die Nichtbeachtung des UNSCEAR-Berichtes Ihre eigene Meinung?«

Trifft zu:	»Gar nicht«	☐	☐	☐	☐	☐	»Sehr gut«
»Die Leser hätten sich eine eigene Meinung bilden können, ob die Risiken der Kernenergie in Deutschland so groß sind wie in Japan«		8	9	25	35	22	99
»Berichte über das Gutachten hätten übertriebene Ängste abbauen können«		14	18	37	25	7	101
»Das Gutachten enthält wichtige neue Informationen«		2	8	30	33	28	101

Basis: (A) n = 166; alle Angaben in Prozent

Auf der Grundlage der Meinungen zu den drei Argumenten für und gegen das Verschweigen des UNSCEAR-Reports kann man

20 Prozent der Verteilung der Ansichten darüber erklären, ob diese Praxis akzeptabel oder inakzeptabel war.[119] Das ist nicht viel, trotzdem lohnt ein Blick auf das Muster hinter diesem Zusammenhang.[120] Bekanntlich missbilligten die meisten Journalisten das Verschweigen des UNSCEAR-Reports. Im Folgenden geht es nur um die Argumente, die den harten Kern der Befürworter des Verschweigens in seiner Meinung bestärkten. Je akzeptabler den Journalisten das Verschweigen des UNSCEARS-Reports erschien, desto eher wiesen sie das Argument zurück, entsprechende Berichte hätten »die meisten ... Leser verprellt.«[121] Entweder glaubte das der harte Kern nicht, oder es war ihnen egal, ob man damit die Leser verprellt hätte. Je akzeptabler die Journalisten das Verschweigen des UNSCEAR-Reports fanden, desto eher wiesen sie außerdem das Argument für seine Veröffentlichung zurück, das Gutachten enthalte »wichtige neue Informationen.« Da die meisten den UNSCEAR-Report vermutlich nicht kannten, handelte es sich hierbei um einen besonders ausgeprägten Anspruch auf Deutungshoheit über das Geschehen. Gestützt wird diese Vermutung durch die Meinung der Journalisten zu dem Argument, die Leser hätten sich aufgrund von Berichten über das Gutachten »eine eigene Meinung bilden können, ob die Risiken der Kernenergie in Deutschland so groß sind wie in Japan«: Je akzeptabler sie das Verschweigen des UNSCEAR-Reports fanden, desto weniger betrachteten sie die eigene Meinungsbildung der Leser als Argument gegen das Verschweigen der verfügbaren Fakten. Mit ihrer Überzeugung von der Notwendigkeit des Ausstiegs aus der Kernenergie hatte das überraschender Weise nichts zu tun ($r = 0.00$, n.s.). Vermutlich war dieses Thema bei der Vorstellung des UNSCEAR-Reports für sie ohnehin erledigt. Das deutet darauf hin, dass ein Teil der Journalisten das Verschweigen des UNSCEAR-Reports auch deshalb mehr oder weniger akzeptabel erschien, weil sie ihre Deutungshoheit über die Beurteilung der Risiken der Kernenergie behalten wollten.

KOMMUNIKATIONSBLOCKADEN ZUR VERMEIDUNG VON
REPUTATIONSVERLUSTEN

Das Ansehen eines Berufes beruht auf der Kompetenz und dem Engagement der Berufsangehörigen sowie der Effektivität ihrer Kritik am fachlichen Fehlverhalten von Kollegen. Die Kritik am fachlichen Fehlverhalten von Kollegen sichert nach innen die Beachtung der Berufsregeln und nach außen das Ansehen des Berufs. Sie kann öffentlich oder nichtöffentlich erfolgen. Beide Formen sind wichtig, effektiver ist die öffentliche Kollegenkritik: Sie erhöht das Risiko von Kollegen bei Verstößen gegen anerkannte Berufsregeln und damit die Wahrscheinlichkeit, dass sie die Berufsregeln beachten.[122] Auskunft über die Bereitschaft zu einer namentlichen Kritik am fachlichen Fehlverhalten von Kollegen in der Öffentlichkeit gibt eine Befragung von Journalisten und Wissenschaftlern bzw. Ingenieuren am Beispiel dreier vergleichbarer, damals aktueller Verstöße gegen Berufsnormen. In den Fällen, in denen Journalisten durch fachliche Fehler bei einer Reportage bzw. Ingenieure bei einer Montage das Leben von Menschen riskiert hatten, waren 19 Prozent der Journalisten bzw. 48 Prozent der Ingenieure für eine namentliche, öffentliche Kritik an ihren Kollegen. In den Fällen, in denen Journalisten bzw. Wissenschaftler falsche Prognosen zu wichtigen Entwicklungen verbreitet hatten, waren 5 Prozent der Journalisten bzw. 61 Prozent der Wissenschaftler dafür. In den Fällen, in denen Journalisten bzw. Wissenschaftler aus beruflichem Eigeninteresse gelogen hatten, waren 27 Prozent der Journalisten bzw. 55 Prozent der Wissenschaftler dafür. Die Bereitschaft zu einer namentlichen Kritik am beruflichen Fehlverhalten von Kollegen garantiert nicht die Beachtung von Berufsregeln, sie ist jedoch eine Voraussetzung dafür. Daran fehlt es in weiten Teilen des Journalismus.

DIE MEDIENKRITIK VON CHRISTIAN WULFF, KARL-THEODOR ZU GUTTENBERG UND SUSANNE GASCHKE

Hintergrund: *Bild* hatte am 8. Februar 2012 unter der Überschrift »Vertuschungs-Verdacht – wer zahlte Wulffs Sylt-Urlaub?« berichtet, der Unternehmer David Groenewold habe Ende 2007 mit dem späteren Bundespräsidenten Christian Wulff einen Kurzurlaub auf Sylt gemacht und die Reise mit seiner Kreditkarte gebucht und bezahlt.[123] »Vier Jahre später«, also in der finalen Phase der Skandalisierung von Wulff, stehe Groenewold in dem »Verdacht, diesen Vorgang ... vertuschen zu wollen.« Er sei im Januar 2012 im Hotel erschienen und habe das Personal gebeten, ihm die relevanten Belege auszuhändigen. Falls Groenewold das verlangt hätte, wäre das möglicherweise der Versuch zur Unterdrückung von Beweismitteln gewesen. Wie Generalstaatsanwalt Frank Lüttig später in einem Interview mit der *Welt* feststellte, war der Artikel der Auslöser für die Entscheidung der Staatsanwaltschaft, die Aufhebung der Immunität Wulffs zu beantragen und damit seinen Rücktritt unausweichlich zu machen. Nach Darstellung von Wulff wollte Groenewold aber keineswegs Unterlagen »verschwinden lassen«. Groenewold habe vielmehr »vom Hotel lediglich Rechnungskopien erbeten, um auf vielfältige Journalistenfragen präzise Auskunft geben zu können.«[124] Falls das zutrifft, würde es sich bei dem *Bild*-Artikel um die folgenschwerste Falschmeldung der deutschen Nachkriegsgeschichte handeln. Groenewold hat nach Darstellung von Wulff am 14. Februar, also sechs Tage nach dem *Bild*-Artikel, eine einstweilige Verfügung des Landgerichts Köln erwirkt, die »es der Axel Springer AG untersagte, die auf Unterdrückung von Beweismitteln hindeutenden Sätze des *Bild*-Artikels vom 8. Februar weiter zu verbreiten.« Hierbei handelt es sich um insgesamt acht Aspekte. Groenewolds Anwalt schickte nach Darstellung von Wulff eine Kopie der einstweiligen Verfügung an die *Deutsche Presseagentur* (dpa), die den Eingang im Nachhinein bestätigte, die Information jedoch nicht verbreitete, weil die Agentur den Springer-Verlag erst um eine Stellungnahme gebeten, aber »nicht sofort Antwort erhalten« hat. Später sei die Meldung leider im »Nachrichtenfluss stecken geblieben.« Drei Monate nach Wulffs Rücktritt »erkannte die Axel Springer AG« laut Wulff »die einstweilige Verfügung in allen acht Punkten als rechtskräftig an«.[125]

Weil dpa die Information über die einstweilige Verfügung nicht weitergeleitet hatte, erfuhren die meisten Journalisten nichts davon. Sie mussten davon ausgehen, dass die Vermutungen und Verdächtigungen gegen Groenewold und Wulff zutreffen. Das änderte sich durch das Erscheinen des Buches »Ganz oben – Ganz unten«, in dem Wulff den Vorgang ausführlich schildert. Wegen der Ungeheuerlichkeit des Vorgangs könnte man erwarten, dass Wulffs Darstellung von den Medien intensiv berichtet und kontrovers diskutiert wurde. Das war aber, von wenigen Ausnahmen abgesehen, nicht der Fall. Zu dem Buch erschienen 44 Rezensionen. Nicht eingeschlossen sind darin Doubletten in mehreren Zeitungen sowie Beiträge aus anderen Anlässen.[126] Die Verfasser von 42 der 44 Rezensionen gingen auf die schweren Vorwürfe von Wulff gegen *Bild* und die Staatsanwaltschaft nicht ein. Hannah Beitzer (»Wulff prangert *Bild* und andere Medien an«, *Sueddeutsche.de*, 10.06.2014) und vor allem Peer Steinbrück (»Medien als Folterwerkzeug«, *Die Zeit,* 12.06.2014) nahmen dazu Stellung.[127] Noch ausführlicher als Steinbrück schilderte Stefan Niggemeier den Vorgang mit vielen Details auf seinem viel gelesenen Blog (15.06.2014) unter der Überschrift »›*Bild*‹ stürzte Wulff mit einer Falschmeldung. Das kümmert aber keinen.«[128] Er behielt Recht: Es kümmerte auch dann noch keinen. Deshalb wurde der vermutlich folgenreichste Skandal der jüngeren deutschen Pressegeschichte dreimal nacheinander totgeschwiegen – zunächst von der *Deutschen Presseagentur,* dann von fast allen Rezensenten von Wulffs Buch und dann von den Journalisten, die die ausführlichen Darstellungen von Steinbrück und Niggemeier gelesen, den Vorgang aber auch dann noch nicht aufgegriffen haben.

Der frühere Verteidigungsminister Karl-Theodor zu Guttenberg bekannte in seinem als Buch veröffentlichten Interview mit dem Chefredakteur der *Zeit*, Giovanni di Lorenzo, seine Dissertation enthalte zahlreiche Zitate ohne Quellenangaben, bezeichnete das als die »größte Dummheit« seines Lebens und erklärte sie mit seiner Arbeitsweise: Er habe 1999 mit seiner Dissertation begonnen, sei 2001 in die Politik gegangen, habe gelegentlich Material für seine Dissertation gesammelt und die Materialien neben eigenen Texten auf 80 Datenträgern gespeichert. Als er 2005/2006 seine Dissertation abgeschlossen habe, habe er nicht mehr gewusst, welche Texte von ihm und von anderen Autoren stammten und deshalb Quellen nicht oder falsch angegeben. Er habe jedoch zu keinem Zeitpunkt die Quellen absichtlich verschwiegen und die zitierten Passagen als eigene Texte ausgeben wollen. Er habe gravierende Fehler gemacht. Diese Fehler seien aber – anders als u. a. von den Medien behauptet – keine Plagiate, weil er nicht vorsätzlich gehandelt habe.[129] Zu Guttenberg macht seine Sichtweise anhand der Einleitung zu seiner Dissertation plausibel, die er ohne Angabe der Quelle aus einem Beitrag der Politikwissenschaftlerin Barbara Zehnpfennig für die *Frankfurter Allgemeine Zeitung* übernommen und im Literaturverzeichnis angeführt habe: »Wenn ich geschickt hätte täuschen wollen, hätte ich es vermieden, Textstellen so plump und so töricht in diese Arbeit zu übernehmen.«[130] Als er die Einleitung geschrieben habe, sei der Artikel von Frau Zehnpfennig ein Teil seiner Textsammlung gewesen, und er habe ihn nicht mehr zuordnen können: »Ich habe diese Sätze schlicht für meine eigenen gehalten«.[131]

Die Schilderung von zu Guttenberg ändert, falls man seiner Darstellung folgt, nichts am Urteil über die Qualität der Betreuung seiner Dissertation, die Kritikwürdigkeit seiner Arbeitsweise, der Berechtigung der Aberkennung seines Doktorgrades und der Notwendigkeit seines Rücktritts, weil sein Vorgehen ein schwerwiegender Verstoß gegen die Regeln wissenschaftlichen Arbeitens ist und weil ein Verteidigungsminister, der unter

Stress die Kontrolle verliert, nicht tragbar ist. Der von zu Guttenberg geschilderte Hergang ändert aber, falls man ihm folgt, die
Grundlagen für die moralische Beurteilung seines Verhaltens:
Nach seiner Darstellung besaß er keine negativen Absichten,
er wollte niemanden schädigen, die Folgen seiner Arbeitsweise
waren ihm nicht bewusst usw. Damit ändert sich der Charakter
des Vorgangs: Aus einem großen Skandal, der allgemeine Empörung auslöste, wird ein großer Missstand, der Kopfschütteln
hervorruft. Falls die plausible, aber unbewiesene Darstellung
zu Guttenbergs sachlich richtig ist, stellen sich drei Fragen: War
die Skandalisierung des unbestreitbaren Missstandes notwendig – und wenn ja: warum? War die Moralisierung seines Fehl-
verhaltens akzeptabel? Ist ihm damit, vielleicht in der Hektik der
Auseinandersetzung verständlich, Unrecht zugefügt worden? In
den überwiegend empörten Reaktionen auf die erwähnte Buch-
publikation wurde keine dieser für das Selbstverständnis von
Journalisten wichtigen Fragen ernsthaft diskutiert.

Die Journalistin Susanne Gaschke beschreibt in »Volles Risiko.
Was es bedeutet, in die Politik zu gehen« anhand mehrerer Beispiele die fragwürdige Skandalisierung ihrer Tätigkeit als Kieler
Oberbürgermeisterin durch lokale Medien.[132] Dazu gehören ein
sprachlich trickreicher Kommentar, der Gaschke diskreditieren-
de Behauptungen als Fakten erscheinen lässt, obwohl es sich um
Vermutungen handelt, ein mit Hilfe von visuellen Manipulati-
onen diskreditierender Fernsehbericht sowie Meinungsmache
mit Informationen über abwertende Äußerungen von angeblich prominenten, namentlich aber nicht genannten Politikern.
Gaschke leitet daraus mehrere Forderungen ab: Wir brauchen
»Medienseiten, die sich ruhig und sachlich, aber in der Sache
kompromisslos mit der Qualität der Arbeit der anderen ausei-
nandersetzen« – »Wir brauchen eine Selbstverpflichtung der
Medien. Sich nicht still und heimlich davonzumachen, wenn sie
falsch gelegen haben, sondern groß, in gleichem Umfang und an

gleicher Stelle den Fehler aufzuklären – freiwillig, ohne gerichtlich dazu gezwungen zu werden«; »Wir brauchen ... eine viel stärkere Zurückhaltung ... bei der Verwendung anonymer Zitate. Quellenschutz ist gedacht für mutige Informanten in Unternehmen, Verwaltung, Krankenhäusern, Geheimdiensten. Quellenschutz ist nicht gedacht für Leute, die eine öffentliche Diskussion heimlich beeinflussen wollen.«[133] Zu dem Buch erschienen 15 Rezensionen. Nicht eingeschlossen sind Doubletten in mehreren Zeitungen sowie Beiträge aus anderen Anlässen. Die Verfasser von 14 Rezensionen gingen auf die konkreten Beispiele Gaschkes nicht ein. In vier davon wurde kurz erwähnt, Gaschke kritisiere auch die Medien – was den Eindruck vermittelt, es handele sich um eine substanzlose »Medienschelte«. Ein Rezensent, Daniel Alexander Schacht, berichtete über einen der von Gaschke beschriebenen Fälle (»Leidenschaft und Larmoyanz«, *Hannoversche Allgemeine*, 24.09.2014).

Fallbeschreibung: »*Wenn Politiker wie Wulff, zu Guttenberg und Gaschke, die wegen Skandalen ihr Amt aufgeben mussten, das Geschehen aus ihrer Sicht in Büchern darstellen und dabei die Rolle der Medien kritisch beleuchten, übergehen viele Rezensenten ihre konkreten Beispiele und bezeichnen die Darstellung pauschal als Medienschelte.*« Ein Viertel der Befragten (24 %) hielt es für mehr oder weniger akzeptabel, dass die meisten Rezensenten der Bücher von Wulff, zu Guttenberg und Gaschke nicht auf die detaillierte Medienkritik der Verfasser eingegangen sind. Fast zwei Drittel (61 %) fanden es mehr oder weniger inakzeptabel. Das bestätigt die weit verbreitete Missbilligung des Verschweigens von wichtigen Informationen, die bereits die Urteile über das Verschweigen des UNSCEAR-Reports und der Nichtbeachtung der Pegida-Kundgebungen von Oktober bis Mitte Dezember 2014 prägte. Zugleich zeigt sich aber erneut eine Kluft zwischen dem Bekenntnis zu einer zentralen journalistischen Berufsnorm und ihrer weitgehenden Missachtung in der journalistischen Praxis. Das führt wieder zu der Fra-

ge, ob und wie Journalisten angesichts ihres Bekenntnisses zum
normgerechten Verhalten offensichtliche Normverletzungen
rechtfertigen (Tabelle 22).

TABELLE 22

**Meinungen zum Verschweigen der Kritik von Wulff, zu Guttenberg
und Gaschke an der Medienberichterstattung**

Frage: »*Halten Sie das für akzeptabel oder für nicht akzeptabel?*«

»Das war...«	»...völlig inakzeptabel«	»...eher fragwürdig«	»weiß nicht«	»...durchaus vertretbar«	»...völlig akzeptabel...«	gesamt
Verschweigen der Medienkritik der Politiker	10	51	15	20	4	100

Basis: (A+B) n = 332; alle Angaben in Prozent

Nur für wenige Journalisten war die Vermutung, die meisten
ihrer »Kollegen hätten kaum Verständnis dafür (gehabt), wenn
man Fehler aus früheren Artikeln ausbreitet« (17%), ein relevantes Argument für das Negieren der konkreten Beispiele von
Wulff, zu Guttenberg und Gaschke. Ähnlich wenige betrachteten
es als Argument dafür, dass eine Diskussion über die Medienkritik der Politiker Zweifel daran wecken konnte, ob die Skandale
»berechtigt« waren (23%). Dagegen war für die meisten Journalisten (58%) die These, auch eine zutreffende »Kritik an einzelnen Artikeln« ändere »nichts an ihrem skandalösen Verhalten«,
ein tragfähiges Argument für das Negieren der differenzierten
Medienkritik von Wulff, zu Guttenberg und Gaschke. Dieses Argument verkehrt die Kritik der Politiker an den Journalisten in
eine Kritik der Journalisten an den Politikern. Daran sind zwei
Aspekte bemerkenswert. Zum einen steht für die angesprochenen Journalisten außer Frage, dass das Verhalten der Politiker
alles in allem skandalös war. Das ist nach dem Freispruch von

Wulff bemerkenswert. Zudem kann man die Frage stellen, was skandalöser war: das Verhalten der skandalisierten Politiker oder das Verhalten einiger Skandalisierer, deren Praktiken Wulff, zu Gutenberg und Gaschke kritisieren (Tabelle 23).

TABELLE 23

Argumente für das Verschweigen von Politikern wie Wulff, zu Guttenberg und Gaschke

Nachfrage: »Noch einmal unabhängig von Ihrem generellen Urteil: Wie gut treffen die folgenden Argumente für die Nichtbeachtung der konkreten Beispiele Ihre eigene Meinung?«

Trifft zu:	»Gar nicht«	☐	☐	☐	☐	☐	»Sehr gut«
»Auch wenn die Kritik an einzelnen Artikeln zutreffen mag, ändert das nichts an ihrem skandalösen Verhalten.«		8	12	22	36	22	100
»Die meisten Kollegen hätten kaum Verständnis dafür, wenn man Fehler aus früheren Artikeln ausbreitet.«		37	23	23	13	4	100
»Die Leser könnten daran zweifeln, ob der Skandal berechtigt war.«		33	22	22	18	5	100

Basis: (A+B) n = 332; alle Angaben in Prozent

Die weit überwiegende Mehrheit der Journalisten machte sich alle drei Argumente gegen das Negieren der Kritik der Politiker an skandalisierenden Medienberichten zu eigen. Dabei ist der hohe Anteil bemerkenswert, der das ohne Einschränkung tat. Fast alle Journalisten (92 %) hielten die Forderung, die Medien müssten »für die Einhaltung beruflicher Regeln sorgen und mit Fehlern offen umgehen« für ein Argument gegen die Missachtung der Kritik der drei Politiker. Hierbei geht es um ein wesentliches Element des professionellen Umgangs mit beruflichen Fehlern. Fast vier Fünftel (79 %) hielten auch das Recht der Betroffenen darauf, »dass die Leser ihre Sichtweise erfahren«, für ein relevantes Argument gegen das Negieren ihrer Kritik. Hierbei geht es um die

Bringschuld der Journalisten gegenüber den Akteuren, über die sie berichten. Für mehr als zwei Drittel (69 %) war auch die Möglichkeit, durch »die Diskussion solcher Beispiele ... der eigenen Zeitung im Wettbewerb Profil (zu) verleihen«, ein relevantes Argument gegen das Negieren der Kritik von Wulff, zu Guttenberg und Gaschke. Hierbei geht es um den Wettbewerb mit anderen Medien. Aus Sicht der Journalisten sprach folglich ein breites Spektrum von Gründen gegen das Negieren der Kritik der Politiker an der Art ihrer Skandalisierung durch konkret genannte Medienbeiträge. Umso unerklärlicher erscheint diese Praxis: Wie kann es sein, dass fast alle das Verschweigen von Medienkritik mit guten Gründen ablehnten, dass sie aber trotzdem in allen drei genannten Fällen üblich war? (Tabelle 24).

TABELLE 24

Argumente gegen das Verschweigen von Politikern wie Wulff, zu Guttenberg und Gaschke

Nachfrage: »Und wie gut treffen die folgenden Argumente gegen die Nichtbeachtung der konkreten Beispiele Ihre eigene Meinung?«

Trifft zu:	»Gar nicht«	□	□	□	□	□	»Sehr gut«
»Die Medien müssen für die Einhaltung beruflicher Regeln sorgen und mit Fehlern offen umgehen.«	0	1	7	19	73		100
»Die Betroffenen haben ein Recht darauf, dass die Leser ihre Sichtweise erfahren.«	1	4	16	32	47		100
»Die Diskussion solcher Beispiele kann der eigenen Zeitung im Wettbewerb Profil verleihen.«	5	7	19	29	40		100

Anmerkung: (A+B) n = 332; alle Angaben in Prozent

Die Urteile der Befragten über die sechs Argumente für oder gegen das Negieren der Kritik von Wulff, zu Guttenberg und Gaschke erklärt nur 12 Prozent der Unterschiede in der Akzeptanz des Totschweigens ihrer Medienkritik.[134] Die Analyse von drei signifikanten Zusammenhängen liefert auch hier aufschlussreiche Hinweise auf die Ursachen der Diskrepanz zwischen den Forderungen nach einem professionellen Umgang mit Fehlern von Kollegen und dem Verhalten der meisten Medien bei Verstößen gegen journalistische Berufsregeln. Bekanntlich sprach nach Ansicht der meisten Journalisten das Argument, die »Kritik an einzelnen Artikeln« ändere nichts am »skandalösen Verhalten« der Politiker für das Negieren der Medienkritik der Politiker. Je akzeptabler die Journalisten das Negieren der Kritik der Politiker an den Medien fanden, desto entschiedener rechtfertigte aus ihrer Sicht das Argument, die Kritik der Politiker an einzelnen Artikeln ändere nichts an ihrem skandalösen Verhalten, das Negieren ihrer Kritik. Folgt man dieser Argumentation ist die Schuld der Anderen die Basis des eigenen Freispruchs. Journalisten, die so argumentieren, besitzen offensichtlich ein Eigeninteresse an der Verteidigung von skandalisierenden Schuldvorwürfen gegen anderslautende Informationen, weil sie dadurch eigene Fehler oder die Fehler von Kollegen vertuschen können. Das mag nach dem Freispruch von Wulff ein Grund für die spontanen Behauptungen mehrerer Journalisten gewesen sein, sein Rücktritt sei richtig gewesen, auch wenn juristisch nichts gegen ihn vorläge.

Bemerkenswert ist auch ein zweiter signifikanter Zusammenhang. Zwar betrachtete nur eine kleine Minderheit die Rücksicht auf Kollegen, die »kaum Verständnis dafür (hätten), wenn man Fehler aus früheren Artikeln ausbreitet«, als relevantes Argument für das Negieren der Medienkritik von Wulff, zu Guttenberg und Gaschke. Allerdings ist die Billigung dieses Argumentes ausschlaggebend für die Akzeptanz des Verschweigens der Medienkritik der Politiker: Je akzeptabler sie aber das Negieren ihrer Kritik fanden, desto bedeutsamer erschien ihnen der Hinweis auf die mögliche Missbilligung der Kollegenkritik durch andere Journalisten. Bei den hier angesprochenen Skandalen

spielte demnach im Unterschied zu den meisten anderen Testfällen der Gruppendruck in den Redaktionen eine Rolle. Journalisten schweigen zu Fehlern von Kollegen demnach vermutlich
auch deshalb, weil das berufliche Umfeld dafür kein Verständnis
hätte. Der dritte signifikante Befund ergänzt dieses eigentümli-
che Bild. Bekanntlich hielten fast vier Fünftel das Recht der betroffenen Politiker, dass die Leser ihre Sichtweise erfahren, für
ein relevantes Argument gegen das Verschweigen der Kritik von
Wulff, zu Guttenberg und Gaschke an den Medien. Das erweckt
den Eindruck, dass das Recht der Betroffenen auf Darstellung
ihrer Sichtweise ein wichtiger Schutzwall ist. Das trifft jedoch
nur auf jene Journalisten zu, die das Negieren der Medienkritik
der Politiker mehr oder weniger inakzeptabel fanden. Je akzeptabler sie dagegen das Negieren der Medienkritik der Politiker
fanden, desto entschiedener wiesen sie das Argument von sich,
die betroffenen Politiker hätten ein Recht darauf, dass die Leser
ihre Sichtweise erfahren. Diesen Journalisten ging es auf Kosten
journalistischer Berufsregeln und des Ansehens der Betroffenen
um die Bewahrung der eigenen Fassade.

Die generelle Einstellung der Journalisten zu Politikern wurde durch Stellungnahmen zu der zugespitzten These ermittelt:
»Politiker können nicht mit Niederlagen umgehen.« Je eindeutiger sie dieser These zustimmten, desto akzeptabler erschien
ihnen das Negieren der substanziellen Medienkritik der Politiker ($r=-0{,}11^*$).[135] Der Zusammenhang ist zwar nur sehr schwach,
aber statistisch signifikant und auch aus zwei sachlichen Gründen bemerkenswert. Zum einen rechtfertigen nach dieser Logik
Vorurteile gegen einen Beruf das Negieren der Kritik von Angehörigen dieses Berufs an Grenzüberschreitungen der Medien. So
denken nur wenige Journalisten, aber es gibt sie, auch wenn einigen von ihnen der Zusammenhang vermutlich nicht bewusst
ist. Zum anderen deuten die Zusammenhänge erneut auf die
Existenz eines komplexen Argumentationszusammenhangs: Je

negativer Journalisten Politiker beurteilen, desto eher akzeptieren sie das Negieren der Kritik von Politikern an substanziellen Fehlern in skandalisierenden Medienberichten und desto eher verteidigen sie das Negieren der Medienkritik der Politiker, indem sie eine höhere Einsicht in die Natur der Sache beanspruchen – nämlich die Schuld der Skandalisierten – und indem sie ein Recht der Skandalisierten auf Darstellung ihrer Sichtweise bestreiten.

ZWISCHENBILANZ

Die Ergebnisse der Fallanalysen kann man verallgemeinernd in sieben Feststellungen zusammenfassen:

- Fast zwei Drittel der Journalisten lehnten im Durchschnitt drei der zur Diskussion gestellten Testfälle ab. Dabei gab es nur relativ geringe Unterschiede in der Beurteilung der drei Fälle. Die Kommunikationsblockaden wurden folglich von deutlich mehr Journalisten kritisiert als die Skandalisierungen. Dieser Befund deutet auf ein klares Bekenntnis zur Verpflichtung der Medien zur Berichterstattung über alles Wichtige, ist jedoch fragwürdig, weil die Bekenntnisse zur Publikationspflicht der Medien im Gegensatz zur Praxis der Kommunikationsblockaden standen.
- Nur sehr wenige Journalisten fanden im Durchschnitt alle zur Diskussion gestellten Kommunikationsblockaden »völlig akzeptabel«, allerdings fand ein Fünftel die Grenzüberschreitungen »durchaus vertretbar«. Das mag einen Teil der Diskrepanz zwischen Theorie und Praxis erklären.
- Fast die Hälfte lehnte im Durchschnitt der drei Testfälle die drei Argumente für die fragwürdigen Praktiken mehr oder weniger entschieden ab. Ein Drittel machte sie sich mehr oder weniger entschieden zu eigen. Das entsprach den Meinungen

zu den Argumenten für fragwürdige Praktiken der Skandalisierung.

- Die weitaus meisten billigten im Durchschnitt der Fälle mehr oder weniger entschieden die drei Argumente gegen fragwürdigen Praktiken. Nur relativ wenige wiesen sie zurück. Auch das entsprach den Meinungen zu den Argumenten gegen fragwürdige Skandalisierungen.

- Theoretisch könnte man auch hier annehmen, dass die Journalisten die Argumente gegen die fragwürdigen Praktiken in gleichem Maße billigten wie sie die Argumente dagegen missbilligten. Das war aber erneut nicht der Fall. Die Kritik an den fragwürdigen Praktiken zeigte sich in der Billigung der Argumente gegen die fragwürdigen Praktiken viel deutlicher (64 %) als in der Missbilligung der Argumente dafür (48 %).

- Den Grad der Akzeptanz der fragwürdigen Praktiken kann man in allen drei Fällen durch die Meinungen zu den Argumenten dafür und dagegen nicht gut, aber statistisch signifikant erklären. Die Befunde deuten erneut darauf hin, dass zwischen den Meinungen zu den Argumenten für und gegen die fragwürdigen Praktiken einerseits und dem Grad der Akzeptanz dieser Grenzüberschreitungen Zusammenhänge bestehen.

- Eine Art des erwähnten Zusammenhangs ist auch hier besonders bemerkenswert: Je akzeptabler die Journalisten die fragwürdigen Praktiken fanden, desto eher wiesen sie in allen drei Fällen Argumente dagegen statistisch signifikant zurück. Hierbei handelte es sich vermutlich erneut um Rationalisierungen – scheinrationale Rechtfertigungen der Akzeptanz fragwürdiger Praktiken, deren Hauptursachen auf einer anderen Ebene lagen, nämlich in negativen Einstellungen zu den Gegenständen, bzw. den Protagonisten der Berichterstattung. Statistisch signifikante Belege hierfür liegen für zwei der drei Fälle vor (Pegida, Wulff et al.). Sie deuten auch hier bei einem

Teil der Journalisten auf eine dreistufige Urteilsbildung: Negative Einstellungen zu den Protagonisten der Berichterstattung förderten die Akzeptanz der Kommunikationsblockaden. Das förderte die Billigung von Argumenten für die Kommunikationsblockaden und die Missbilligung von Argumenten dagegen. Dabei handelte es sich vermutlich um Rationalisierungen von Grenzüberschreitungen, deren Ursachen negative Einstellungen waren. Auch hier kann man mit Blick auf einen kleinen Teil der Befragten zugespitzt formulieren: Der Zweck heiligte die Mittel.

V. RECHTFERTIGUNGEN

Die vorliegende Studie soll zwei Fragen beantworten. *Erstens*: Wie groß ist der Anteil der Journalisten, die fragwürdige Praktiken akzeptabel finden? Dazu wurde eine repräsentative Stichprobe von Journalisten befragt. *Zweitens*: Wie kann man erklären, dass ein Teil der Journalisten fragwürdige Praktiken akzeptabel findet? Dazu wurden drei theoretische Möglichkeiten vorgestellt. Praktisch relevant sind zwei davon. Nach dem Rationalisierungsmodell[136] rechtfertigen Journalisten ihre Akzeptanz fragwürdiger Praktiken durch Billigung von Argumenten dafür und Missbilligung von Argumenten dagegen. Die eigentlichen Ursachen ihrer Akzeptanz bleiben offen. Der angenommene Fixpunkt ist hier die Akzeptanz der Praktiken. Nach dem Modell der Einstellungseffekte[137] beruht die Akzeptanz fragwürdiger Praktiken auf negativen Einstellungen gegenüber den Protagonisten und Themen und wird durch Billigung von Argumenten dafür und Missbilligung von Argumenten dagegen gerechtfertigt. Der angenommene Fixpunkt sind hier die Einstellungen. Die vorhandenen Daten enthalten Hinweise auf beide Prozesse. Genauere Auskunft gibt eine systematisch Analyse aller Argumente, die in einem signifikanten Zusammenhang mit der Akzeptanz fragwürdiger Praktiken stehen. Sie klärt auch, ob die Journalisten alle Grenzüberschreitungen mit denselben Argumenten rechtfertigen, ob es also eine Rhetorik der Rechtfertigung journalistischer Grenzüberschreitungen gibt.

FRAGWÜRDIGE SKANDALISIERUNGEN

Der Skandal um Schäubles Aussagen über Putin und Hitler war nicht die Folge des Verhaltens von Schäuble, sondern des Verhaltens von Journalisten. Einige originäre Skandalisierer haben seine Äußerungen zugespitzt und zahllose Mitläufer haben sie verbreitet. Ihre Beiträge ließen den amalgierten Hitler-Putin-Vergleich glaubhaft und bedeutsam erscheinen. Das traf in ähnlicher Weise auf die Skandalisierung der anderen Fälle zu – der Äußerung von Tebartz-van Elst über seine Indienreise, der Dresdner Rede von Lewitscharoff, der Pegida-Kundgebungen sowie der Kernenergie in Deutschland. In allen Fällen geht die Vorstellung, Journalisten hätten Skandale »aufgedeckt« an der Realität vorbei. Sie haben die Skandale nicht aufgedeckt, sondern durch journalistische Grenzüberschreitungen inszeniert. In allen Fällen handelte es sich um Verstöße gegen Vorschriften des Pressecodex, die hier noch einmal den Ziffern folgend referiert werden.

Das fragwürdige Zusammenziehen von zwei Äußerungen Schäubles aus unterschiedlichen Kontexten, die irreführende Darstellung von Gewalt im Umfeld von Pegida-Kundgebungen, die Generalisierung der Risiken der Kernenergie nach Fukushima und die Anprangerung von Lewitscharoff durch das Verschweigen ihrer zentralen Themen und das selektive Zitieren polemischer Begriffe tangieren das Gebot der »wahrhaftigen Unterrichtung der Öffentlichkeit« (Ziffer 1). Das fragwürdige Zusammenziehen von zwei Äußerungen Schäubles und das Verschweigen wesentlicher Informationen über das Interview mit Tebartz-van Elst tangieren das Verbot, den »Sinn« von Informationen »durch Bearbeitung« zu entstellen oder zu verfälschen (Ziffer 2). Die verdeckte Videoaufnahme des Interviews mit Tebartz-van Elst tangiert das Verbot der Anwendung »unlauterer Methoden« bei der »Beschaffung von personenbezogenen Daten, Nachrichten, Informationsmaterial« (Ziffer 4). Die Anprangerung von Lewitscharoff durch das selektive Zitieren polemischer Begriffe tangiert das Verbot, »mit einer unangemessenen Darstellung ... Menschen in ihrer Ehre zu verletzen« (Ziffer 9) sowie das Verbot, »religiöse, weltanschauliche oder sittliche Überzeugungen zu schmähen« (Ziffer 10). Die Verallgemeinerung der lokalen Risiken der Kernenergie in Fukushima tangiert das Gebot, »bei Berichten über medizinische Themen ... eine unangemessen sensationelle Darstellung zu vermeiden, die unbegründete Befürchtungen ... beim Leser erwecken könnte« (Ziffer 14). Angesichts dieser Problemlage stellt sich die Frage: Wie konnte es zu diesen Grenzüberschreitungen kommen?

Ausgangspunkt der folgenden Analysen ist das breite Spektrum der Urteile über fragwürdige Skandalisierungspraktiken – angefangen von der nahezu einhelligen Inakzeptanz der irreführenden Darstellung von Gewalt im Umfeld von Pegida-Kundgebungen bis zur weit verbreiteten Akzeptanz der irreführenden Verallgemeinerung lokaler Risiken der Kernenergie bei Fukushima: Die irreführende Darstellung von Gewalt bei Pegida-Kundgebungen fanden 73 Prozent inakzeptabel, die Verallgemeinerung lokaler Risiken der Kernenergie dagegen 4 Prozent. Die Meinungen zu den anderen Anlässe und Praktiken bewegten sich zwischen diesen Extremen. Offensichtlich hängt die Akzeptanz fragwürdiger Praktiken erheblich von den thematischen Anlässen und der Art der Regelverstöße ab. Das deutet darauf hin, dass journalistischen Berufsregeln keine festen Grenzen sind, sondern flexiblen Schläuchen zur Umrandung von Öllachen auf dem Wasser gleichen – sie werden der Größe der Verunreinigungen angepasst. Tabelle 25 gibt einen Überblick über die Urteile.

TABELLE 25

Akzeptanz fragwürdiger Skandalisierungspraktiken

»Das war...«	»...völlig inakzeptabel«	»...eher fragwürdig«	»weiß nicht«	»...durchaus vertretbar«	»...völlig akzeptabel...«	gesamt
Schäuble: skandalträchtige Kombination von zwei Äußerungen	16	48	4	30	2	100
Tebartz-van Elst: irreführendes Verschweigen von Informationen	10	37	12	31	10	100
Pegida: irreführende Darstellung von Gewalt	73	18	7	2	1	101
Kernenergie: Verallgemeinerung von Risiken	4	26	7	43	21	101
Lewitscharoff: isolierte Präsentation polemischer Begriffe	8	30	21	34	8	101
Durchschnitt	22	32	10	28	8	100

Anmerkung: alle Angaben in Prozent

Aus Sicht der Journalisten gab es bei allen fünf Skandalen signifikante Argumente für oder gegen die fragwürdigen Praktiken.[138] Insgesamt handelte es sich um neun Argumente. Im Interesse einer anschaulichen Darstellung wurden die Daten neu berechnet.[139] Dazu wurden jeweils die beiden äußeren der fünfstufigen Skalen zusammengefasst. Ausgewiesen wird der Anteil der Journalisten, die die fragwürdigen Praktiken mehr oder weniger akzeptabel bzw. inakzeptabel fanden, und die Argumente dafür bzw. dagegen billigten. Das zentrale Ergebnis lautet: Die absolute oder relative Mehrheit der Journalisten, die die fragwürdigen Praktiken akzeptabel fand, machte sich die Argumente für dafür zu eigen. Dagegen hielt die absolute oder relative Mehrheit ihrer Kollegen, die die Praktiken inakzeptabel fand, die Gegenargumente für überzeugend. Tabelle 26 gibt einen ersten Überblick über die Zusammenhänge.

TABELLE 26

Zusammenhang zwischen der Akzeptanz der Skandalisierungspraktiken und der Billigung der Argumente dafür und dagegen

Billigung der Argumente...	Akzeptanz der Skandalisierungspraktiken		
	Inakzeptabel	Unentschieden	Akzeptabel
...für die Skandalisierungspraktiken			
Schäuble:			
»Entscheidend ist nicht, was er gesagt hat, sondern was er gemeint hat.«***	26	39	70
Kernenergie:			
»Fukushima hat endgültig bewiesen, dass die Kernenergie nicht tragbar ist.«***	39	27	88
»Die meisten Kollegen waren überzeugt, dass eine vergleichbare Katastrophe auch in Deutschland möglich ist.«***	22	9	49
Lewitscharoff:			
»Lewitscharoff diskriminiert mit ihrer Polemik Minderheiten – Da dürfen die Medien nicht mitmachen.«***	29	29	71
... gegen die Skandalisierungspraktiken			
Pegida:			
»Die Pegida-Anhänger haben ein Recht darauf, dass über ihre Kundgebung fair berichtet wird.«***	85	27	75
Tebartz-van Elst:			
»*Spiegel Online* hätte beide Interpretationen offen legen müssen.«***	96	55	57
»Die Folgerung, der Bischof nehme es mit der Wahrheit nicht so genau, geht angesichts der Sachlage zu weit.«***	84	30	18
Kernenergie:			
»Die Konzentration auf die Ursachen der Katastrophe in Japan hätte übertriebene Ängste abbauen können.«***	45	18	17
Lewitscharoff:			
»Die Konzentration auf polemische Begriffe vermittelt einen falschen Eindruck von ihrer Darstellung existentieller Fragen.«***	69	50	43

Anmerkung: *** $p < .001$; alle Angaben in Prozent

Die auf die einzelnen Fälle abgestimmten Argumente kann man zu sechs Typen zusammenfassen: journalistische Berufsregeln (Professionalität), Rechte der Protagonisten und Leser (Bringschuld), Zwänge des Wettbewerbs (Wettbewerb), Erwartungen von Kollegen (Gruppendruck), Orientierung an Wirkungen (Wirkungsabsicht), Überzeugung von der Natur der Sache, den Hintergründen des Geschehens (Deutungshoheit). Die Minderheit der Journalisten, die die Praktiken akzeptabel fand, beanspruchte mit drei Argumenten die Deutungshoheit über das Geschehen. Bei der Skandalisierung von Schäuble geschah das durch Zustimmung zu der Behauptung, entscheidend sei »nicht, was er gesagt hat, sondern was er gemein hat«, bei der Skandalisierung der Kernenergie durch Zustimmung zu der Behauptung, Fukushima habe »endgültig bewiesen«, dass die Risiken der Kernenergie nicht tragbar seien und bei der Skandalisierung von Lewitscharoff durch Zustimmung zu der Behauptung, Lewitscharoff diskriminiere mit ihrer Polemik Minderheiten. Nicht natürliche Verfahren hat sie mit polemischen Begriffen abgelehnt, zur Legitimität des Zusammenlebens gleichgeschlechtlicher Paare aber nicht geäußert. Bei dem vierten Argument handelte es sich um den Hinweis auf die Meinung der Kollegen zur Kernenergie und dem daraus möglicherweise resultierenden Gruppendruck. Erfasst wurde er durch die Zustimmung zu der dezenten Behauptung, die meisten Kollegen seien überzeugt gewesen, dass »eine vergleichbare Katastrophe auch in Deutschland« möglich sei. Als erstes Zwischenergebnis kann man damit feststellen: Der Anspruch von Journalisten auf Deutungshoheit ist ein wichtiger Grund zur Rechtfertigung fragwürdiger Skandalisierungspraktiken,[140] zu deren Ursachen – wie bei der Skandalisierung von Tebartz-van Elst und der Kernenergie – auch negative Einstellungen gehören. Schaubild 1 gibt einen Überblick über die Argumente und ihre Bedeutung für die Argumentation der Skandalisierungsanwälte. Der Begriff »positiv« bedeutet hier: Die Akzeptanz der fragwürdigen Skandalisierung steht in Zusammenhang mit der Billigung des Argumentes dafür. Die rechts daneben stehenden Begriffe verdeutlichen den Sinn der Antworten.

SCHAUBILD 1

Signifikante Argumente für fragwürdige Skandalisierungen

Skandale	Argumente	Argumen-tationstyp	Zusam-menhang	Bedeutung
Schäuble:	»Entscheidend ist nicht, was er gesagt hat, sondern was er gemeint hat.«	Deutungs-hoheit	positiv	bean-sprucht
Kern-energie:	»Fukushima hat endgültig bewiesen, dass die Risiken der Kernenergie nicht tragbar sind.«	Deutungs-hoheit	positiv	bean-sprucht
	»Die meisten Kollegen waren überzeugt, dass eine vergleichbare Katastrophe auch in Deutschland möglich wäre.«	Gruppen-druck	positiv	konstatiert
Lewit-scharoff:	»Lewitscharoff diskriminiert mit ihrer Polemik Minderheiten – da dürfen die Medien nicht mitmachen.«	Deutungs-hoheit	positiv	bean-sprucht

Journalisten, die die Skandalisierungspraktiken akzeptabel fanden, distanzierten sich im Unterschied zu ihren Kollegen von vier Argumenten dagegen. Sie lehnten eine Bringschuld gegenüber den Protagonisten des Geschehens und ihren Lesern ab. Mit Blick auf die Skandalisierung von Pegida ließen sie das Argument nicht gelten, Pegida-Anhänger hätten »ein Recht darauf, dass über ihre Kundgebungen fair berichtet wird«. Im Fall der Skandalisierung von Tebartz-van Elst wiesen sie das Argument zurück, »*Spiegel Online* hätte beide Interpretationen« seiner Äußerung offenlegen müssen. Im Fall von Lewitscharoff verwahrten sie sich gegen die Behauptung, die Konzentration auf polemische Begriffe haben »einen falschen Eindruck von ihrer Darstellung existenzieller Fragen« vermittelt, und im Fall der Kernenergie verwahrten sie sich gegen die Feststellung, die Konzentration auf die Ursachen der

Katastrophe in Fukushima hätte »übertriebene Ängste abbauen können«. Bei der Skandalisierung von Tebartz-van Elst war die Professionalität der journalistischen Arbeit bedeutsam. Journalisten, die die Skandalisierungspraxis akzeptabel fanden, wiesen das Argument zurück, die Behauptung, der Bischof nehme es mit der Wahrheit nicht so genau, gehe »angesichts der Sachlage zu weit«. Als zweites Zwischenergebnis kann man damit feststellen: Die Ablehnung einer Bringschuld von Journalisten gegenüber den Protagonisten des Geschehens ist ein wichtiger Rechtfertigungsgrund fragwürdiger Skandalisierungspraktiken, deren Ursachen zuweilen auch negative Einstellungen sind. Schaubild 2 gibt einen Überblick über die Ergebnisse. Der Begriff »negativ« bedeutet: Die Akzeptanz der fragwürdigen Skandalisierung steht in Zusammenhang mit der Distanzierung von dem jeweiligen Gegenargument. Die rechts daneben stehenden Begriffe verdeutlichen den Sinn der Antworten.

SCHAUBILD 2

Signifikante Argumente gegen fragwürdige Skandalisierungen

Skandale	Argumente	Argumen-tationstyp	Zusam-menhang	Bedeutung
Pegida:	»Die Pegida-Anhänger haben ein Recht darauf, dass über ihre Kundgebung fair berichtet wird.«	Bring-schuld	negativ	abgelehnt
Tebartz-van Elst:	»Spiegel Online hätte beide Interpretationen offen legen müssen.«	Bring-schuld	negativ	abgelehnt
	»Die Folgerung, der Bischof nehme es mit der Wahrheit nicht so genau, geht angesichts der Sachlage zu weit.«	Professio-nalität	negativ	abgelehnt
Kern-energie:	»Die Konzentration auf die Ursachen der Katastrophe in Japan hätte übertriebene Ängste abbauen können.«	Bring-schuld	negativ	abgelehnt
Lewit-scharoff:	»Die Konzentration auf polemische Begriffe vermittelt einen falschen Eindruck von ihrer Darstellung existenzieller Fragen.«	Bring-schuld	negativ	abgelehnt

Die Zusammenhänge sind psychologisch nicht überraschend,[141] soziologisch aber bemerkenswert. Psychologisch sind sie nicht überraschend, weil die meisten Menschen zu stimmigen Meinungen neigen. Soziologisch sind sie bemerkenswert, weil die Bringschuld gegenüber den Protagonisten der Berichterstattung – im Fall der Skandalisierung von Tebartz-van Elst und Lewitscharoff – und gegenüber den Lesern – im Fall der Skandalisierung von Pegida und der Kernenergie – eine Minderheit der Journalisten nicht von der Akzeptanz fragwürdigen Praktiken abhielt. Möglicherweise war ihnen eine solche Bringschuld schon während des Geschehens nicht bewusst.[142]

Weil die Journalisten zunächst die Akzeptanz der Skandalisierungen und erst danach die Argumenten beurteilten, folgte die Urteilsbildung vermutlich dem Rationalisierungsmodell. Danach rechtfertigten die Befragten ihre Urteile über die Skandalisierungen. In zwei Fällen – der Skandalisierung von Tebartz-van Elst und der Kernenergie – gab es Einstellungseffekte: Ein Teil der Journalisten fand die Skandalisierungen aufgrund ihrer negativen Einstellungen zu den Protagonisten und Themen akzeptabel und rechtfertigten das, indem sie Gegenargumente zurückwiesen. Diese komplexe Argumentationsstruktur kann man nicht beweisen, aber anhand der Regressionen statistisch belegen: Je negativer die Einstellungen der Journalisten gegenüber katholischen Priestern und der Kernenergie waren, desto akzeptabler erschien ihnen die Skandalisierung der Einstellungsobjekte (Priester und Kernenergie). Je akzeptabler sie die Skandalisierungen fanden, desto mehr machten sie sich die Argumente dafür zu eigen und desto entschiedener wiesen sie die Argumente dagegen zurück. Zwei Beispiele illustrieren die instrumentelle Nutzung der Argumente. Zur Rechtfertigung der Skandalisierung Schäubles stimmten die meisten der These zu, es komme nicht darauf an, was er gesagt, sondern was er gemeint hat. Zur Rechtfertigung der Skandalisierung von Tebartz-van Elst stimmten sie dagegen der Gegenthese zu, wichtig sei, was er gesagt hat, nicht was er gemeint hat.

FRAGWÜRDIGE KOMMUNIKATIONSBLOCKADEN

Kommunikationsblockaden tangieren im Unterschied zu fragwürdigen Praktiken der Recherche und Berichterstattung nicht den Pressecodex, weil er keine entsprechenden Gebote enthält. Sie fehlen aus zwei Gründen. Erstens erscheint die Berichterstattung über wichtige Geschehnisse aufgrund der Berufsauffassung der Journalisten und der Interessen der Medien selbstverständlich. Eine besondere Verpflichtung dazu erscheint nicht notwendig. Zweitens könnte man solche Gebote nicht effektiv formulieren, weil es in einer liberalen Demokratie keine allgemeinen Kriterien für die Veröffentlichung von Informationen gibt. Die Entscheidung darüber muss Journalisten überlassen bleiben. Allerdings zeigen quantitative Studien, dass nicht alle Journalisten für die Veröffentlichung wichtiger Informationen sind – weil sie die Informationen weniger wichtig finden als andere, weil sie negative Wirkungen einer Berichterstattung befürchten oder weil sie berufliche Eigeninteressen verfolgen – etwa eine Beeinträchtigung ihrer Reputation durch die Widerlegung früherer Darstellungen fürchten. Aufgrund der tiefen Verankerung des Publikationspostulats im Selbstverständnis von Journalisten wird man trotz der erwähnten Gegenbelege davon ausgehen können, dass die meisten Journalisten das Verschweigen wichtiger Informationen weitgehend unabhängig von möglichen negativen Effekten ablehnen.

Die Antworten bestätigen die Vermutung tendenziell: Die weitgehende Nichtbeachtung der ersten Pegida-Großkundgebungen fanden 53 Prozent mehr oder weniger inakzeptabel, das Negieren der Medienkritik von Wulff, zu Guttenberg und Gaschke 62 Prozent und das Verschweigen des UNSCEAR-Reports sogar

71 Prozent. Die Mehrheit der Journalisten missbilligt folglich das Verschweigen relativ unabhängig von den Fällen. Daraus folgt: Es gibt ein allgemeines Bekenntnis zur Veröffentlichung aller wichtigen Informationen. Der auf den ersten Blick positive Befund erweist sich aber bei genauerem Hinsehen aus zwei Gründen als problematisch. Zum einen müsste man aufgrund der Publikationspflicht von Journalisten erwarten, dass alle oder fast alle das Verschweigen der erwähnten Sachverhalte völlig inakzeptabel fanden. Ein so entschiedenes Urteil fällten aber nur 10 Prozent (Pegida, Wulff und Co.) bis 21 Prozent (UNSCEAR). Die weit überwiegende Mehrheit fand die Kommunikationsblockaden in den drei Fällen zwar fragwürdig, aber nicht inakzeptabel. Das deutet darauf hin, dass ein Teil der Journalisten Verschweigen von Informationen zwar nicht billigt, aber gelegentlich Verständnis dafür hat. Zudem widerspricht in allen Fällen die Publikationspraxis dem Bekenntnis zur Publikationspflicht. Das deutet darauf hin, dass es sich bei der Verurteilung der Kommunikationsblockaden teilweise um Lippenbekenntnisse handelt, die mit Argumenten unterlaufen werden (Tabelle 27).

TABELLE 27

Akzeptanz von Kommunikationsblockaden

»Das war...«	»...völlig inakzep- tabel«	»...eher frag- würdig«	»weiß nicht«	»...durch- aus ver- tretbar«	»...völlig akzep- tabel...«	gesamt
Pegida: Ignorieren Positionspapier, Forderungen der Redner	10	43	10	30	7	100
Kernenergie: Nichtbeachtung UNSCEAR-Report	21	50	15	11	2	99
Wulff et al.: Negieren der Medienkritik	10	51	15	20	4	100
Durchschnitt	14	48	13	20	4	99

Anmerkung: alle Angaben in Prozent

Wie kann man den Unterschied zwischen der Akzeptanz fragwürdiger Skandalisierungen und der Inakzeptanz fragwürdiger Kommunikationsblockaden erklären? Eine Ursache liegt vermutlich in der Natur der Sache. Ein Skandal beruht auf individuellen Entscheidungen von vielen Journalisten zur Publikation skandalisierender Beiträge. Jeder muss sich dazu – auch wenn ihm das nicht bewusst ist – entscheiden, und er kann das im Nachhinein kaum leugnen. Nicht alle Befragten werden zu den hier relevanten Skandalen Beiträge veröffentlicht haben, aber viele haben vermutlich an Diskussionen in den Redaktionen um z. B. Tebartz-van Elst und die Kernenergie teilgenommen und sich dabei exponiert. Deshalb sitzen bei großen Skandalen viele gut sichtbar in einem Boot. Kommunikationsblockaden beruhen im Unterschied zu Skandalen nicht notwendigerweise auf individuellen Entscheidungen vieler Journalisten gegen Publikationen. Sie können auch dann entstehen, wenn die meisten das Thema unwichtig finden oder es aus anderen Gründen nicht aufgreifen. Im Unterschied zu Skandalisierungen, die sich über Tage und Wochen erstrecken, allen bekannt sind und häufig Diskussionen auslösen, werden bei Kommunikationsblockaden unbeteiligte Journalisten nicht damit konfrontiert. Die meisten haben sich erkennbar weder dafür, noch dagegen entschieden. Deshalb müssen sie sich weder vor sich, noch vor anderen rechtfertigen und können Kommunikationsblockaden leicht verurteilen: Damit hatten sie nichts zu tun.

Wie kann man den Widerspruch zwischen dem Bekenntnis zur Publikationspflicht der Journalisten und der Publikationspraxis der meisten Medien erklären? Aus Sicht der Journalisten gab es bei allen drei Kommunikationsblockaden Argumente dafür.[143] Insgesamt handelte es sich um acht. Auch für die folgende Darstellung wurden die Daten neu berechnet und werden entsprechend ausgewiesen. Die Mehrheit der Journalisten, die die Kommunikationsblockaden akzeptabel fand, machte sich die Argumente dafür zu eigen. Dagegen hielt die Mehrheit der Journalisten, die die Kommunikationsblockaden inakzeptabel fand, die Gegenargumente für überzeugend. Tabelle 28 gibt einen Überblick über die Zusammenhänge.

TABELLE 28

Zusammenhang zwischen der Akzeptanz der Kommunikationsblockaden und der Billigung von Argumenten dafür und dagegen

Billigung der Argumente...	Akzeptanz der Kommunikationsblockaden		
	Inakzeptabel	Unentschieden	Akzeptabel
...für die Kommunikationsblockaden			
Pegida:			
»Das Positionspapier und die Reden sollen nur von den tatsächlichen Zielen von Pegida ablenken.« ***	17	18	54
UNSCEAR:			
»Durch Berichte über das Gutachten hätten die meisten Blätter ihre Leser verprellt.« *	7	0	0
Wulff et al.:			
»Auch wenn die Kritik an einzelnen Artikeln zutreffen mag, ändert das nichts an ihrem skandalösen Verhalten.« ***	50	45	86
»Die meisten Kollegen hätten kaum Verständnis dafür, wenn man Fehler aus früheren Artikeln ausbreitet.« *	15	12	25
...gegen die Kommunikationsblockaden			
Pegida:			
»Die Leser haben einen Anspruch auf die Berichterstattung über wichtige Vorgänge und Themen.« ***	96	49	77
UNSCEAR:			
»Die Leser hätten sich eine eigene Meinung bilden können, ob die Risiken der Kernenergie in Deutschland so groß sind wie in Japan.« **	68	36	26
»Das Gutachten enthält wichtige neue Informationen.« ***	70	28	44
Wulff et al.:			
»Die Betroffenen haben ein Recht darauf, dass die Leser ihre Sichtweise erfahren.« ***	88	61	66

Anmerkung: *** $p \leq .001$; ** $p \leq .01$; * $p \leq .05$, alle Angaben in Prozent

Für die Kommunikationsblockaden sprach aus Sicht ihrer Verteidiger im Fall Pegida, dass das Positionspapier und die Reden der Pegida-Protagonisten »nur von den tatsächlichen Zielen ablenken« sollte. Hier ging es um Deutungshoheit: Diejenigen, die das Totschweigen akzeptabel fanden, waren davon überzeugt, dass sie die Ziele von Pegida durchschaut hatten. Für das Totschweigen der Kritik von Wulff, zu Guttenberg und Gaschke an Medienberichten sprach aus Sicht der Verteidiger der Kommunikationsblockaden, dass die Kritik an einzelnen Artikeln »nichts an ihrem skandalösen Verhalten« ändern würde. Auch hier ging es um Deutungshoheit. Bemerkenswert ist die holistische Logik der Argumentation: Die Journalisten beurteilten das Verhalten der skandalisierten Politiker nicht unter Berücksichtigung der kritisierten Fehler der Berichterstattung. Stattdessen relativierten sie die Kritik der Politiker an den Fehlern der Berichterstattung mit ihrem Glauben an das schuldhafte Versagen der Politiker. Ihr Generalverdacht rechtfertigte das Totschweigen von Gegenbelegen.

Auch in den Meinungen ihrer Kollegen sahen einige einen triftigen Grund für das Totschweigen der Medienkritik von Wulff, zu Guttenberg und Gaschke: Journalisten, die es akzeptabel fanden, verwiesen relativ häufig darauf, dass ihre Kollegen kaum Verständnis dafür gehabt hätten, »Fehler aus früheren Artikeln« zu thematisieren. Die Akzeptanz des Totschweigens des UNSCEAR-Reports stand in einem unerwarteten Zusammenhang mit einem Argument dafür: Journalisten, die es akzeptabel fanden, hielten die Möglichkeit, dass Berichte darüber die Leser »verprellt« hätten, nicht für einen Grund für einen Verzicht darauf. Sie akzeptierten das Verschweigen des UNSCEAR-Reports demnach nicht aus Rücksicht auf die Leser, sondern aus anderen Gründen. Als drittes Zwischenergebnis kann man damit feststellen: Der Anspruch auf die Deutungshoheit erweist sich erneut als wichtigste Rechtfertigung der Akzeptanz von Grenzüberschreitungen, hier der Kommunikationsblockaden. Dagegen spielte die Absicht zur Vermeidung negativer Wirkungen keine Rolle – durch Nichtbeachtung der Pegida-Kundgebungen (Schüren von Überfremdungsängsten) und durch Nichtbeachtung der Kritik von Wulff, zu Gutenberg und Gaschke (Zweifel an der Berechtigung der Skandale). Schaubild 3 gibt einen Überblick über die Ergebnisse. Der Begriff »positiv« bedeutet hier: Die Akzeptanz der fragwürdigen Kommunikationsblockaden geht einher mit der Billigung des Argumentes dafür. Die rechts daneben stehenden Begriffe verdeutlichen auch hier den Sinn der Argumente.

SCHAUBILD 3

Signifikante Argumente für Kommunikationsblockaden

Skandale	Argumente	Argumen-tationstyp	Zusam-menhang	Bedeutung
Pegida	»Das Positionspapier und die Reden sollten nur von den tatsächlichen Zielen von Pegida ablenken.«	Deutungs-hoheit	positiv	bean-sprucht
UNSCEAR	»Durch Berichte über das Gutachten hätten die meisten Blätter ihre Leser verprellt.«	Wettbe-werb	negativ	abgelehnt
Wulff et al.	»Auch wenn die Kritik an einzelnen Artikeln zutreffen mag, ändert das nichts an ihrem skandalösen Verhalten.«	Deutungs-hoheit	positiv	bean-sprucht
	»Die meisten Kollegen hätten kaum Verständnis dafür, wenn man Fehler aus früheren Artikeln ausbreitet.«	Gruppen-druck	positiv	einge-räumt

Die Verteidiger der Kommunikationsblockaden wiesen vier Argumente dagegen von sich. Mit Blick auf das Totschweigen der ersten großen Pegida-Kundgebungen ließen sie das Argument nicht gelten, die Leser hätten »einen Anspruch auf die Berichterstattung über wichtige Vorgänge und Themen.« Entweder hielten sie die Großkundgebungen nicht für wichtig oder sie lehnten eine Bringschuld gegenüber ihren Lesern ab. Journalisten, die das Totschweigen des UNSCEAR-Reports akzeptabel fanden, wiesen das Argument zurück, die »Leser hätten sich eine eigene Meinung bilden können, ob die Risiken der Kernenergie in Deutschland so groß sind wie in Japan«. Entweder zweifelten sie an der Fähigkeit der Leser, sich eine eigene Meinung zu bilden oder sie wollten genau das vermeiden. In beiden Fällen lehnten sie eine Bringschuld gegenüber ihren Lesern ab. Journalisten, die das Verschweigen des UNSCEAR-Reports akzeptabel fanden, ließen auch das Gegenargument nicht gelten, das Gutachten enthalte »wichtige neue Informationen«. Sie glaubten das zu wissen und beanspruchten folglich die Deutungshoheit über die Relevanz der Informationen. Journalisten, die das Totschweigen der Kritik von Wulff, zu Guttenberg und Gaschke an skandalisierenden Beiträgen akzeptabel fanden, ließen das Gegenargument nicht gelten, die betroffenen Politiker hätten »ein Recht darauf, dass die Leser ihre Sichtweise erfahren.« Sie wiesen damit eine Bringschuld gegenüber den Protagonisten der skandalisierenden Berichte zurück. Als viertes Ergebnis kann man auch hier feststellen: Die Ablehnung einer Bringschuld von Journalisten gegenüber den Protagonisten des Geschehens ist ein wichtiger Grund zur Verteidigung fragwürdiger Kommunikationsblockaden.[144] Schaubild 4 gibt einen Überblick über die Ergebnisse. Der Begriff »negativ« bedeutet: Der Grad der Akzeptanz der Kommunikationsblockaden steht im Zusammenhang mit dem Ausmaß der Distanzierung von dem jeweiligen Gegenargument. Die rechts daneben stehenden Begriffe verdeutlichen den Sinn der Aussagen (Schaubild 4, Seite 170).

Die Zusammenhänge entsprachen in mehreren Fällen dem Rationalisierungsmodell. Danach rechtfertigte ein Teil der Journalisten ihr Verständnis für Kommunikationsblockaden mit ihren Meinungen zu den Argumenten. Darüber hinaus gibt es erneut Belege dafür, dass ihre Argumentation dem dritten Modell folgte. Danach beruht die Akzeptanz von Kommunikationsblockaden auch auf themenrelevanten Einstellungen. Diese komplexe Argumentationsstruktur kann man erneut nicht beweisen, aber

SCHAUBILD 4

Signifikante Argumente gegen Kommunikationsblockaden

Skandale	Argumente	Argumen-tationstyp	Zusam-menhang	Bedeutung
Pegida	»Die Leser haben einen Anspruch auf die Berichterstattung über wichtige Vorgänge und Themen.«	Bring-schuld	negativ	abgelehnt
UNSCEAR	»Die Leser hätten sich eine eigene Meinung bilden können, ob die Risiken der Kernenergie in Deutschland so groß sind wie in Japan.«	Bring-schuld	negativ	abgelehnt
	»Das Gutachten enthält wichtige neue Informationen.«	Professio-nalität	negativ	abgelehnt
Wulff et al.	»Die Betroffenen haben ein Recht darauf, dass die Leser ihre Sichtweise erfahren.«	Bring-schuld	negativ	abgelehnt

anhand von zwei statistisch Fällen belegen – der Nichtbeach-tung der ersten Pegida-Kundgebungen und dem Negieren der Medienkritik von Wulff, zu Guttenberg und Gaschke: Je mehr die Journalisten der Meinung waren, die »Gefahr für die Demo-kratie« komme von rechts, desto akzeptabler fanden sie das Tot-schweigen der frühen Pegida-Kundgebungen (r = -0,22 **) und je überzeugter sie davon waren, dass Politiker »nicht mit Nieder-lagen umgehen« können, desto akzeptabler erschien ihnen das Totschweigen der Kritik von Wulff, zu Guttenberg und Gaschke an skandalisierenden Medienberichten (r = -0,11*). Je akzeptabler sie diese beiden Kommunikationsblockaden fanden, desto mehr machten sie sich Argumente dafür zu eigen und desto entschie-dener wiesen sie Argumente dagegen zurück.

ZWISCHENBILANZ

Die Ergebnisse der fallübergreifenden Analyse der Rechtferti-gung von fragwürdigen Skandalisierungspraktiken und Kommunikationsblockaden kann man in vier Feststellungen zusammenfassen:

1. Über ein Drittel der Journalisten fand im Durchschnitt die fünf fragwürdigen Skandalisierungen mehr oder weniger akzeptabel. Allerdings hing dieses Urteil stark von den einzelnen Fällen ab. Deutlich weniger fanden im Durchschnitt die drei Kommunikationsblockaden mehr oder weniger akzeptabel. Allerdings bestanden hier zwischen den ermittelten Meinungen und der Berichtspraxis erhebliche Divergenzen.

2. Bei drei der fünf Skandalisierungen und bei allen drei Kommunikationsblockaden bestanden Zusammenhänge zwischen der Akzeptanz der fragwürdigen Praktiken und den Argumenten dafür. Insgesamt handelt es sich um acht Argumente. In allen acht Fällen billigten Journalisten, die die fragwürdigen Praktiken mehr oder weniger akzeptabel fanden, die Argumente dafür. In fünf Fällen beanspruchten sie die Deutungshoheit über das Geschehen: Sie waren der Überzeugung, dass sie »hinter die Kulissen« sehen konnten und es besser wissen als andere.

3. Bei vier der fünf Skandalisierungen und bei allen drei Kommunikationsblockaden bestanden signifikante Zusammenhänge mit den Argumenten gegen die fragwürdigen Praktiken. Insgesamt handelt es sich um neun Argumente. In sieben Fällen distanzierten sich die Journalisten, die die fragwürdigen Praktiken akzeptabel fanden, von ihrer Bringschuld gegenüber den Protagonisten des Geschehens und gegenüber ihren Lesern: Sie waren ihnen nichts schuldig.

4. Alle anderen Argumente – Professionalität, Gruppendruck, Wettbewerb und Wirkungsabsicht – standen nur ausnahmsweise in einer signifikanten Beziehung zu den Urteilen über die fragwürdigen Praktiken. Daraus folgt nicht, dass sie in der Berufspraxis bedeutungslos sind. Sie können durchaus einen Einfluss auf die Berichterstattung besitzen, für Journalisten sind

sie jedoch keine akzeptablen Argumente für oder gegen fragwürdige Skandalisierungen und Kommunikationsblockaden.

Die Ergebnisse deuten darauf hin, dass die Zweifel eines Teils der Bevölkerung an der Vertrauenswürdigkeit der Berichterstattung über kontroverse Themen nicht unbegründet sind. Dabei ist allerdings zu beachten, dass in den meisten Fällen nur eine Minderheit der Journalisten die fragwürdigen Skandalisierungen und Kommunikationsblockaden mehr oder weniger akzeptabel fand und mit Argumenten rechtfertigte. Die Zusammenhänge kann man deshalb nicht verallgemeinern und als typisch für alle Journalisten ausgeben. Man kann sie aber auch nicht ignorieren, weil sich in dem Anspruch auf Deutungshoheit – kombiniert mit der Ablehnung einer Bringschuld – das Berufsverständnis eines Teils der Journalisten manifestiert, die das öffentliche Erscheinungsbild der Medien prägen.

Die Kombination des Anspruchs auf Deutungshoheit und der Ablehnung einer Bringschuld gegenüber den Lesern und den Protagonisten der Berichterstattung sind zwei Seiten einer Medaille. In ihnen manifestiert sich das Selbstbild von Journalisten, die nach eigener Überzeugung höhere Einsichten besitzen und niemandem etwas schuldig sind. Schaubild 5 illustriert den Zusammenhang zwischen den Einstellungen, der Akzeptanz fragwürdiger Praktiken und ihrer Rechtfertigung durch Argumente. Der Pfeil von den Einstellungen zur Akzeptanz fragwürdiger Praktiken ist gestrichelt, weil das Gesamtmodell bei der gleichzeitigen Betrachtung aller drei Elemente (Einstellungen, Akzeptanz, Argumente) nur anhand von zwei Fällen statistisch signifikant ist (Kernenergie – Fukushima und Klerus – Tebartz-van Elst). Der entscheidende Grund dafür besteht darin, dass die Einstellungen nicht mit ganzen Fragebatterien sondern nur probeweise mit jeweils einer Frage erfasst wurden. Das schränkt die Möglichkeit zur Identifikation signifikanter Beziehungen sehr stark ein. Die Pfeile von der Akzeptanz weisen in Richtung der Argumente, weil es sich bei den Argumenten aus theoretischen und methodischen Gründen sowie aufgrund der empirischen Daten eher um Rationalisierungen als um Ursachen der Meinungen zur Akzeptanz fragwürdiger Praktiken handelt (Schaubild 5).

SCHAUBILD 5

Typische Argumentationsstruktur (Modell)

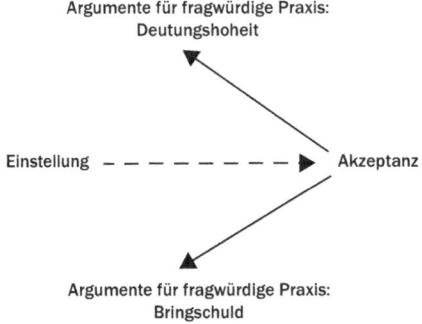

Argumente für fragwürdige Praxis:
Deutungshoheit

Einstellung ― ― ― ― ― ― ― ▶ Akzeptanz

Argumente für fragwürdige Praxis:
Bringschuld

Quelle: eigene Darstellung

Den Anspruch einer Minderheit der Journalisten auf Deutungshoheit über das aktuelle Geschehen kombiniert mit der Zurückweisung einer Bringschuld gegenüber den Akteuren des Geschehens und den Rezipienten der Berichte kann man als eine Folge der Entfremdung eines bemerkenswerten Teils der Journalisten von einem Großteil der Gesellschaft und ihres damit verbundenen Machtanspruchs betrachten: Sie sind nicht der Spiegel der Sichtweisen der Gesellschaft und wollen es auch nicht sein, sondern treten diesen Sichtweisen bei wertgeladenen Kontroversen mit dem Anspruch besserer Einsichten und höherer Werte entgegen. Darin manifestiert sich der Machtanspruch eines Teils der Journalisten gegenüber der Politik, der Wirtschaft und erheblichen Teilen der Gesellschaft.

VI. TYPOLOGIE DER JOURNALISTEN

Voraussetzungen für den Erfolg eines Skandalisierungsversuchs sind Mitläufer, die ihn aufgreifen und anreichern, sowie Chronisten, die den Vorwürfen durch neutrale Berichte Glaubwürdigkeit verschaffen und Gewicht verleihen.[145] Die Bereitschaft von Journalisten, die eine oder andere Rolle zu spielen, hängt vermutlich von ihrer Meinung zu fragwürdigen Praktiken ab: Je akzeptabler sie solche Praktiken fallübergreifend finden, desto eher werden sie Vorlagen der Wortführer aufgreifen und Skandale selbst aktiv vorantreiben. Das führt zu der Frage, welcher Anteil der Journalisten bereit ist, sich an einer Skandalisierung in der einen oder anderen Rolle zu beteiligen. Das trifft analog auf Kommunikationsblockaden zu: Welcher Anteil der Journalisten ist bereit, sich daran zu beteiligen, also über wichtige Sachverhalte nicht zu berichten? Antworten auf diese Fragen erfordern eine neue Grundlage. Am Anfang standen fragwürdige Skandale und Kommunikationsblockaden im Zentrum der Betrachtung. Die Einheiten der Analyse waren zeitgeschichtliche Ereignisse. Danach rückten die Strukturen der Meinungen ins Zentrum. Die

Einheiten der Analyse waren Argumentationszusammenhänge. Jetzt geht es um die Journalisten und die berufliche Relevanz ihrer Sichtweisen. Die Einheiten der Analyse sind jetzt die Angehörigen des journalistischen Berufs. Dabei geht es um drei Fragen. Erstens: Welcher Anteil der Journalisten findet fallübergreifend fragwürdige Skandalisierungen und Kommunikationsblockaden akzeptabel? Zweitens: Welcher Anteil billigt fallübergreifend Argumente für fragwürdige Skandalisierungen und Kommunikationsblockaden bzw. weist Argumente dagegen zurück? Drittens: Hängt die fallübergreifende Billigung fragwürdiger Skandalisierungen und Kommunikationsblockaden zusammen oder handelt es sich aus Sicht der Journalisten um unterschiedliche Praktiken? Die Fragen können durch einfache Berechnungen beantwortet werden.

FRAGWÜRDIGE SKANDALISIERUNGEN

Die Journalisten beurteilten wie beschrieben die Akzeptanz von fünf fragwürdigen Skandalisierungen mit 5-stufigen Skalen. Den Befragten wurden jeweils drei Fälle vorgelegt. Damit die Zahl der Fragen an die Teilnehmer überschaubar blieb, wurden die Journalisten in zwei Halbgruppen aufgeteilt. Sie beurteilten entweder die Fälle Pegida und Tebartz-van Elst oder Fukushima und Lewitscharoff. Den Fall Schäuble beurteilten die Befragten beider Halbgruppen. Von jedem Befragten liegen folglich Urteile über drei Fälle vor, die auf 5-stufigen Skalen erhoben wurden. Daraus werden für jeden Befragten individuelle Durchschnittswerte berechnet. Die Werte liegen zwischen eins und fünf. Je höher sie sind, desto akzeptabler erschienen den Journalisten die fragwürdigen Skandalisierungen. Die durchschnittliche Akzeptanz der fragwürdigen Skandale beträgt für alle Befragten 2,7 und liegt folglich etwas unter dem theoretischen Mittelwert von

3.0.[146] Die Journalisten fanden folglich die fragwürdigen Skandalisierungen fallübergreifend tendenziell nicht akzeptabel. Die individuellen Durchschnittswerte bilden die Grundlage für die Einteilung der Journalisten in drei Typen – *Gegner* fragwürdiger Skandalisierungen, die sie für mehr oder weniger inakzeptabel hielten (Skalenwert bis 2,50), *Indifferente*, die eine Mittelposition einnahmen (Skalenwert 2,51 bis 3,50) und *Befürworter*, die fragwürdige Skandalisierungen mehr oder weniger akzeptabel fanden (Skalenwert 3,51 bis 5).[147]

Auf der beschriebenen Grundlage kann man 45 Prozent der Journalisten als mehr oder weniger entschiedene Gegner fragwürdiger Skandalisierungen betrachten. Das trifft in besonderem Maße auf 6 Prozent am äußersten Ende zu. Die Mitte des Spektrums bilden 41 Prozent Indifferente. Sie fanden die fragwürdigen Skandalisierungen zwar nicht akzeptabel, verurteilten sie aber auch nicht. Das andere Ende des Spektrums bilden 14 Prozent mehr oder weniger entschiedene Befürworter fragwürdiger Skandalisierungen. Das gilt vor allem für 1 Prozent am extremen Ende des Kontinuums. Der relativ große Anteil der generellen Befürworter fragwürdiger Skandalisierungen ist u. a. eine Folge der verbreiteten Billigung der Skandalisierung der Kernenergie und von Tebartz-van Elst. Hierbei handelt es sich nicht um atypische Sonderfälle, sondern um relativ häufige Extremfälle. Beispiele sind die fragwürdigen Skandalisierungen von Rindfleisch beim BSE-Skandal, des Polizeieinsatzes bei Demonstrationen gegen Stuttgart 21, von Sarrazin anlässlich der Publikation seines Buchs »Deutschland schafft sich ab« und von Wulff wegen der Finanzierung seines Hauskaufs. Wären diese Fälle zur Diskussion gestellt worden, wären die Ergebnisse wahrscheinlich ähnlich ausgefallen (Schaubild 6, Seite 177).

Die Journalisten konnten auch ihre Meinung zu den Argumenten für und gegen die fragwürdigen Skandalisierungspraktiken mit 5-stufigen Skalen angeben. Die Befragten äußerten ihre Meinungen anhand von drei Fällen zu sechs Argumenten,

SCHAUBILD 6

Befürworter und Gegner fragwürdiger Skandalisierungen

– Durchschnitt von fünf Fällen –

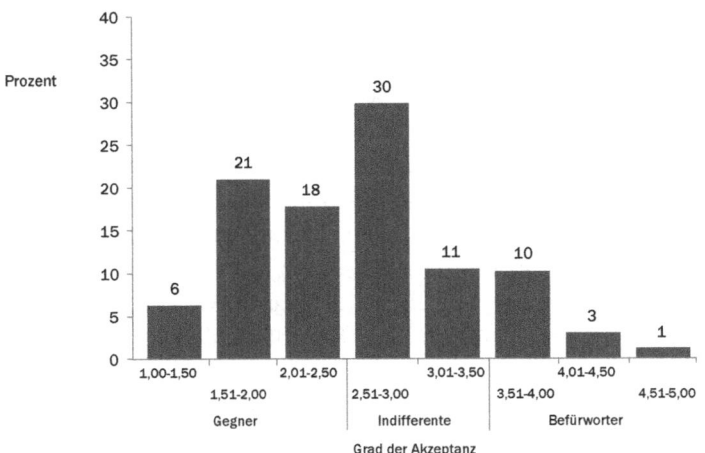

Basis: (A+B) n = 332; Quelle: eigene Darstellung

so dass von jedem 18 Antworten vorliegen.[148] Sie wurden so verschlüsselt, dass hohe Werte eine klare Billigung der Argumente
für eine Skandalisierung sowie eine klare Missbilligung der Argumente dagegen anzeigen. Die Durchschnittswerte für die einzelnen Befragten liegen wieder zwischen eins und fünf. Je höher
sie sind, desto mehr billigten die Journalisten fallübergreifend
die fragwürdige Skandalisierungen. Die durchschnittliche Billigung der Argumente für bzw. Missbilligung der Argumente gegen die fragwürdigen Praktiken der Skandalisierungen beträgt
für alle Befragten 2,4 und liegt folglich deutlich unter dem theoretischen Mittelwert von 3.0. Die Journalisten billigten folglich
per Saldo die Argumente gegen und missbilligten die Argumente
für fragwürdige Skandalisierungspraktiken.[149]

Auf der Grundlage der Verteilung der Daten kann man drei Typen bilden – *Kritiker* fragwürdiger Skandalisierungen, die die Argumente dagegen billigten bzw. die Argumente dafür missbilligten (Skalenpunkte 1,00 bis 2,50); *Indifferente*, die eine unklare Mittelposition einnahmen (Skalenpunkte 2,51 bis 3,50) und *Verteidiger* fragwürdiger Skandalisierungen, die die Argumente dafür billigten und die Argumente dagegen missbilligten (Skalenpunkte 3,51 bis 5,00). Auf dieser Grundlage kann man 56 Prozent der Journalisten als Kritiker fragwürdiger Skandalisierungen ansehen. Die Mittelgruppe bilden 42 Prozent Indifferente, die sich sowohl Argumente für die fragwürdigen Skandalisierungen als auch Argumente dagegen zu eigen machten. Den Gegenpol zur ersten Gruppe bilden 1 Prozent der Journalisten, die man als Verteidiger fragwürdiger Skandalisierungen ansehen kann. (Schaubild 7).

SCHAUBILD 7

Kritiker und Verteidiger fragwürdiger Skandalisierungen

– Durchschnitt von fünf Fällen –

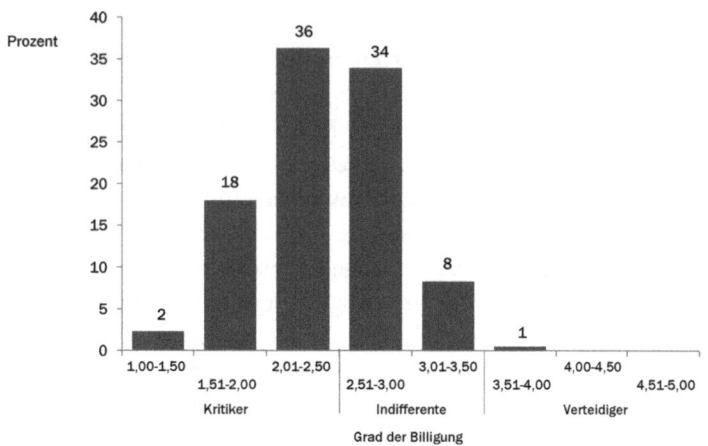

Basis: (A+B) n = 332; Quelle: eigene Darstellung

FRAGWÜRDIGE KOMMUNIKATIONSBLOCKADEN

Auch bei der Analyse der Kommunikationsblockaden standen bisher die einzelnen Fälle und die Strukturen der Argumentation im Zentrum der Betrachtung. Jetzt geht es um die Journalisten. Grundlage der Analyse sind ihre Urteile anhand von 5-stufigen Skalen darüber, inwieweit die Kommunikationsblockaden akzeptabel oder inakzeptabel waren. Ein Fall wurde den Befragten beider Halbgruppen vorgelegt (Wulff & Co.). Jeweils ein Fall wurde nur in einer der beiden Halbgruppen vorgelegt (UNSCEAR bzw. Pegida). Von jedem Befragten liegen folglich Urteile über zwei Fälle vor. Daraus wurden für jeden Befragten individuelle Durchschnittswerte berechnet. Die Werte liegen zwischen eins und fünf. Die Antworten wurden auch hier so codiert, dass hohe Werte eine Billigung der Argumente für die Kommunikationsblockaden bzw. eine Missbilligung der Argumente dagegen anzeigen. Je höher sie sind, desto akzeptabler erschienen sie fallübergreifend.

Die Journalisten wurden anhand ihrer Antworten auf die Fragen nach der Akzeptanz der Kommunikationsblockaden in drei Typen unterteilt – *Gegner* von Kommunikationsblockaden (Skalenwert bis 2,50), *Indifferente*, die dafür Verständnis hatten und damit eine Mittelposition bezogen (Skalenwert 2,51 bis 3,50) sowie *Befürworter* der Kommunikationsblockaden (Skalenwerte 3,51 bis 5,00). Die durchschnittliche Akzeptanz der Kommunikationsblockaden für alle Befragten beträgt 2,5. Er liegt damit unter dem theoretischen Mittelwert von 3,0[150] und unter dem Durchschnittswert der Beurteilung fragwürdiger Skandalisierungen (2,7). Die Journalisten fanden demnach vor allem Kommunikationsblockaden fallübergreifend nicht akzeptabel. Das entspricht dem eingangs beschriebenen Selbstverständnis der Journalisten. Trotzdem ist der Wert nur bedingt aussagekräftig, weil er im Widerspruch zur Publikationspraxis bei den Testfällen steht: Die frühen Pegida-Kundgebungen, der UNSCEAR-Bericht und die Medienkritik der Politiker wurden – von wenigen Ausnahmen abgesehen – totgeschwiegen.

Auf der Grundlage der skizzierten Klassifikation kann man 57 Prozent der Journalisten als mehr oder weniger entschiedene Gegner von Kommunikationsblockaden betrachten. Das trifft in besonderem Maße auf 16 Prozent am äußersten Ende des Spektrums zu. Die Mitte des Spektrums bilden 34 Prozent Indifferente. Sie fanden die Kommunikationsblockaden zwar nicht akzeptabel, verurteilten sie aber auch nicht. Das andere Ende des Spektrums bilden 8 Prozent, die man als mehr oder weniger entschiedene Befürworter von Kommunikationsblockaden ansehen kann. Bei der Interpretation der Ergebnisse ist zu beachten, dass es sich bei einem bemerkenswerten Teil der Antworten um Idealvorstellungen handelt, denen die Journalisten – wie die Berichterstattung über die beschriebenen Fälle gezeigt hat – praktisch nicht immer gerecht werden (Schaubild 8, Seite 181).

Die Billigung von jeweils drei Argumenten für und gegen die drei Kommunikationsblockaden wurde wie beschrieben ebenfalls mit 5-stufigen Skalen erfasst. Ein Fall wurde den Befragten der beiden Halbgruppen vorgelegt (Wulff & Co.). Jeweils ein Fall wurde nur in einer der beiden Halbgruppen vorgelegt (UNSCEAR bzw. Pegida). Für jeden Befragten liegen folglich 12 Antworten vor. Auf dieser Grundlage wurde die durchschnittliche Billigung der Argumente für und gegen die Kommunikationsblockaden ermittelt. Je niedriger die Werte sind, desto intensiver missbilligten die Journalisten die Argumente für Kommunikationsblockaden bzw. billigten sie die Argumente dagegen. Je höher sie sind, desto mehr trifft das Gegenteil zu. Der Durchschnittswert für die Meinungen aller Journalisten zu allen Argumenten anhand der drei Fälle beträgt 2,4. Er liegt damit ebenfalls deutlich unter dem theoretischen Mittelwert von 3,0. Die Journalisten billigten überwiegend die Argumente gegen die Kommunikationsblockaden bzw. sie missbilligten überwiegend die Argumente dafür.

SCHAUBILD 8

Befürworter und Gegner von Kommunikationsblockaden

– Durchschnitt von drei Fällen –

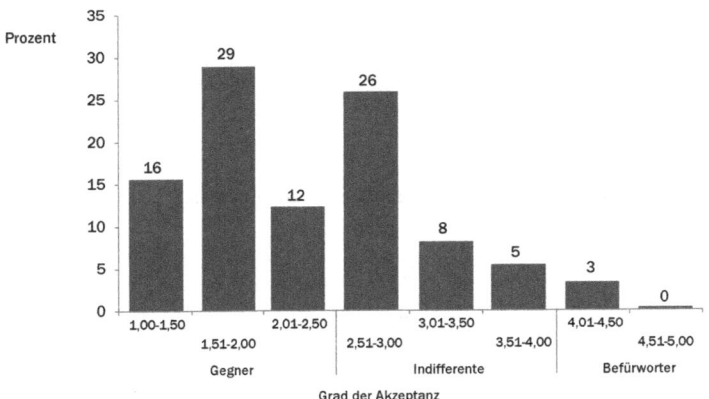

Basis: (A+B) n = 332; Quelle: eigene Darstellung

Diese Ergebnisse lassen im Unterschied zu den zuvor erwähnten Befunden Rückschlüsse auf ihre Handlungsdispositionen bei Publikationsentscheidungen zu. Sie zeigen, wie die Journalisten die Sachlage beurteilen würden, wenn sie entscheiden müssten.

Auf der Grundlage der Verteilung der Daten kann man wieder drei Typen bilden – *Kritiker* von Kommunikationsblockaden, die sich die Argumente dagegen mehr oder weniger zu eigen machten bzw. die Argumente dafür zurückwiesen (Skalenpunkte 1,00 bis 2,50); Journalisten, die eine unklare Mittelposition einnahmen (Skalenpunkte 2,51 bis 3,50) und *Verteidiger* von Kommunikationsblockaden, die die Argumente dafür mehr oder weniger richtig fanden und die Argumente dagegen mehr oder weniger falsch (Skalenpunkte 3,51 bis 5,00). Dem zufolge kann man 62 Prozent der Journalisten als mehr oder weniger entschiedene Kritiker von Kommunikationsblockaden ansehen. Sie billigten Argumente dagegen bzw. missbilligten Argumente dafür. Die Mittelgruppe bilden 38 Prozent Indifferente, die sowohl Argumenten für Kommunikationsblockaden als auch Argumenten dagegen einiges abgewinnen konnten. Nur sehr wenige, nämlich 2 Prozent der Journalisten, kann man als Verteidiger von Kommunikationsblockaden ansehen. Sie billigten die Argumente dafür bzw. missbilligten die Argumente dagegen (Schaubild 9).

SCHAUBILD 9

Kritiker und Verteidiger von Kommunikationsblockaden

– Durchschnitt von drei Fällen –

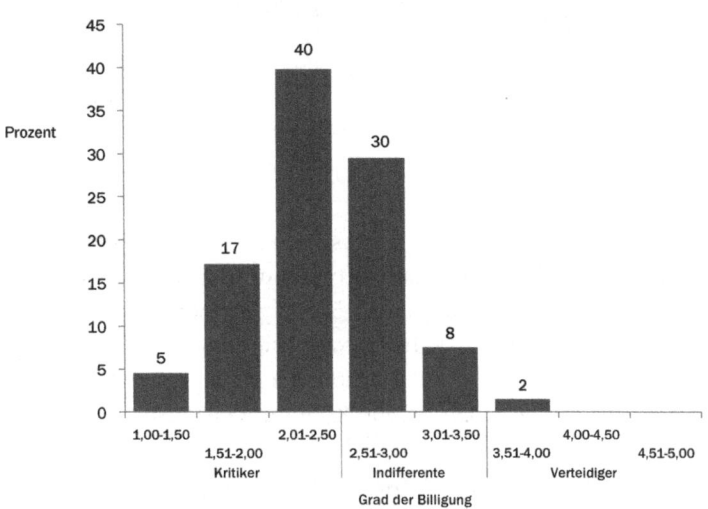

Basis: (A+B) n = 332; Quelle: eigene Darstellung

Theoretisch könnte man die Zusammenhänge zwischen den Urteilen über die Akzeptanz der fragwürdigen Skandalisierungen und der fragwürdigen Kommunikationsblockaden berechnen. Das wäre das jedoch wegen der Zweifel an der Aussagekraft der Urteile über die Kommunikationsblockade fragwürdig. Solche Zweifel bestehen an der Aussagekraft der Meinungen zu den Argumenten für und gegen fragwürdige Skandalisierungen und Kommunikationsblockaden nicht. Deshalb werden die Zusammenhänge zwischen den Ansichten zu den Argumenten berechnet. Grundlage sind die Urteile der Journalisten über die Argumente für und gegen fragwürdige Skandalisierungspraktiken sowie ihre Urteile über die Argumente für und gegen fragwürdige Kommunikationsblockaden. Zwischen den Urteilen der Journalisten über die Argumente für und gegen beide Praktiken besteht ein für Feldstudien bemerkenswert enger Zusammenhang ($r = .44$).[151] Auf der Basis der Berechnung kann man 19 Prozent der Meinungen zu den Argumenten für und gegen fragwürdige Skandalisierungen mit den Meinungen zu den Argumenten für und gegen fragwürdige Kommunikationsblockaden erklären – und umgekehrt: Wer die Meinungen zu einer der beiden Praktiken kennt, kann die Meinungen zu der anderen abschätzen. Dieser Befund deutet darauf hin, dass die Meinungen zu den Argumenten für und gegen fragwürdige Skandalisierungen und Kommunikationsblockaden auch auf generell negativen Einstellungen zu journalistischen Berufsnormen beruhen.

ZWISCHENBILANZ

1. Die relative Mehrheit der Journalisten hält alle zur Diskussion gestellten Skandalisierungen und Kommunikationsblockaden für inakzeptabel. Sie folgen konsequent den Berufsregeln und lehnen fragwürdige Praktiken ab. Gegner fragwürdiger Skandalisierungen sind 27 Prozent, Gegner fragwürdiger Kommunikationsblockaden 57 Prozent der Journalisten. Die besonders weit verbreitete Gegnerschaft zu Kommunikationsblockaden entspricht dem Selbstverständnis der meisten

Journalisten, muss aber aus den genannten Gründen mit Vorbehalten gesehen werden.

2. Die Gegengruppen bilden Journalisten, die alle oder fast alle zur Diskussion gestellten Skandalisierungen und Kommunikationsblockaden akzeptabel findet. Sie folgen bei der Beurteilung von allen oder fast allen fragwürdigen Praktiken nicht den Berufsregeln. Befürworter fragwürdige Skandalisierungen sind 14 Prozent, Befürworter fragwürdige Kommunikationsblockaden 8 Prozent der Journalisten. Angesichts der krassen Testfälle handelt es sich um bemerkenswert große Minderheiten.

3. Die weit überwiegende Mehrheit der Journalisten missbilligt Argumente für und billigt Argumente gegen fragwürdige Skandalisierungen und Kommunikationsblockaden. Kritiker fragwürdiger Skandalisierungen sind 57 Prozent, Kritiker fragwürdiger Kommunikationsblockaden 62 Prozent der Journalisten.

4. Die Gegengruppe bilden Journalisten, die fragwürdige Skandalisierungen und Kommunikationsblockaden verteidigen, indem sie Argumente dafür billigen und Argumente dagegen missbilligen. Bei den Verteidigern fragwürdiger Skandalisierungen und Kommunikationsblockaden handelt es sich um sehr kleine Minderheiten von 1 bzw. 2 Prozent.

5. Die Journalisten lehnen die geschilderten Praktiken relativ häufig als inakzeptabel ab. Sie missbilligen die Argumente dafür aber noch häufiger. Der Unterschied ist vermutlich darauf zurückzuführen, dass sich in den Urteilen über die konkreten Fälle die persönlichen Meinungen deutlicher niederschlagen als in den Urteilen über die Argumente. Letztere repräsentieren eher allgemeine Bekenntnisse zu journalistischen Berufsnormen, Erstere eher ihre Relevanz bei der Beurteilung realer Fälle.

6. Der für eine Feldstudie relativ enge und statistisch hochsignifikante Zusammenhang zwischen den Meinungen zu den

Argumenten für und gegen fragwürdige Skandalisierungen und Kommunikationsblockaden deutet darauf hin, dass die Entschlossenheit, beide Praktiken zu missbilligen und die Bereitschaft beide zu billigen, auch auf der Einstellung zu journalistischen Berufsnormen beruht. Vermutlich würde es sich lohnen, diese hier nur explorativ ermittelten Zusammenhänge anhand von mehreren Indikatoren für fallrelevante Einstellungen auf breiter Basis zu untersuchen.

VII. HEBELWIRKUNGEN

Die weit überwiegende Mehrheit der Journalisten bekennt sich zu journalistischen Berufsregeln. Wie passt das zu den weit verbreiteten Überzeugungen, ihnen sei jedes Mittel Recht ist, um ihre Sichtweise durchzusetzen? Sind solche Zweifel und Klagen unbegründet? Dagegen sprechen die zur Diskussion gestellten Fälle – angefangen bei dem zusammengestückelten Schäuble-Zitat über die sinnentstellend verkürzte Äußerung von Tebartz-van Elst, die irreführende Darstellung von Gewalt bei Pegida-Kundgebungen, die manipulative Verallgemeinerung der Risiken des Kernkraftwerks bei Fukushima und die irreführende Instrumentalisierung polemischer Begriffe von Lewitscharoff bis zum Verschweigen des UNSCEAR-Reports, der ersten Pegida-Großkundgebungen und der sachlich begründeten Medienkritik von Wulff, zu Guttenberg und Gaschke. Die Kritik an fragwürdigen Skandalisierungen und Kommunikationsblockaden ist weder unbegründet, noch unberechtigt. Allerdings betrifft sie nicht die Masse der täglichen Beiträge über das aktuelle Geschehen, sondern die Berichterstattung über wenige kontroverse Themen. Bei den Wortführern zahlreicher Skandale handelt es sich um Mitarbeiter von Wochenblättern, die ebenfalls nicht befragt wurden. Außerdem richtet sich die Kritik meist gegen die Berichterstattung des Fernsehens, nicht befragt wurden.[152] Trotzdem bleibt die Frage relevant, wie das Bekenntnis der überwiegenden Mehrheit der Journalisten zu den geltenden Berufsregeln zu der zuweilen fragwürdigen Berichterstattung über das aktuelle Geschehen passt.

Menschen, die sich bewusst über geltende Regeln hinwegsetzen, handeln nicht als isolierte Einzeltäter. Meist sind sie in eine gesellschaftliche Umgebung eingebettet, die ihr Verhalten nicht unbedingt billigt, jedoch toleriert und sozial abschirmt. Je mehr Menschen in ihrem Umfeld Regelverletzungen tolerieren oder sogar honorieren, desto wahrscheinlicher werden Regelbrüche. Ein Beispiel ist die Entstehung und Verbreitung kollektiver Gewalt.[153] Die Zahl der tatsächlichen Täter ist in allen Fällen im Verhältnis zur Zahl der potenziellen Täter extrem gering. Meist sind entschiedene Regelbrecher in ihrer Umgebungen aber hoch angesehen, weil sie etwas wagen, wozu anderen der Mut und die Möglichkeit fehlen. In solchen Fällen ist der Bruch geltender Regeln ein riskantes aber erfolgversprechendes Mittel zur Profilierung. Die Art und Zahl von Regelverletzungen hängen deshalb nicht nur von der Zahl der dazu bereiten Menschen ab, sondern auch von der Existenz eines gesellschaftlichen Umfeldes, das ihr Verhalten toleriert oder mit Ansehen honoriert. Das trifft auch auf den Journalismus zu. Ein Beispiel für die Wertschätzung opportuner Grenzüberschreitungen ist Frank Schirrmacher, der nach seinem Tod von prominenten Kollegen als Vorbild gefeiert wurde, obwohl er Thilo Sarrazin anhand von fragwürdigen Interpretationen seiner Äußerungen in »Deutschland schafft sich ab« als Antisemit verdächtigt und Jahre vorher Martin Walser wegen seines Romans »Tod eines Kritikers« in einem Leitartikel als Antisemit angeprangert hat, wozu sich Schirrmachers Leser kein eigenes Urteil bilden konnten, weil das Buch noch nicht erschienen war.

Die Aussagen der Journalisten zur Akzeptanz fragwürdiger Skandalisierungen und Kommunikationsblockaden kann man als Indikatoren ihrer Einstellungen zu journalistischen Berufsnormen betrachten: Je klarer sie sich gegen fragwürdige Praktiken aussprechen, desto eindeutiger bekennen sie sich zu journalistischen Berufsnormen; je weniger sie das tun, desto gleichgültiger sind sie ihnen. Man kann die Aussagen der Journalisten zur Akzeptanz fragwürdiger Skandalisierungen und Kommunikationsblockaden auch als Indikatoren ihrer Verhaltensdispositionen ansehen. Dann gilt: Je klarer sie sich gegen die Grenzüberschreitungen aussprechen, desto weniger sind sie selbst zu vergleichbaren Praktiken bereit; je weniger sie das tun, desto eher sind sie selbst dazu bereit. Beide Betrachtungsweisen schließen sich nicht gegenseitig aus. Man kann sie vielmehr zu der schon mehrfach angedeuteten Bezugsgruppentheorie von Grenzüberschreitungen zusammenfassen. Danach wächst die Handlungsbereitschaft der Befürworter von Grenzüberschreitungen mit der Anzahl ihrer Bezugspersonen, die Grenzüberschreitungen anderer akzeptabel finden und mit Argumenten rechtfertigen. In dieser Konzeption werden Bekenntnisse der Befürworter von Grenzüberschreitungen als Handlungsdispositionen und die Meinungen aller anderen als Einstellungen betrachtet, von denen Grenzüberschreitungen der Befürworter abhängen: Je mehr Kollegen Grenzüberschreitungen akzeptabel finden und rechtfertigen, desto wahrscheinlicher setzen sich Befürworter fragwürdiger Praktiken über journalistische Berufsnormen hinweg. Handlungsrelevant ist, weil man davon ausgehen kann, dass in jedem Segment der Gesellschaft einige Menschen geltende Verhaltensregeln ablehnen, nicht nur die Zahl der Handlungswilligen, sondern auch die Verteilung der Einstellungen und Meinungen in ihrem sozialen Umfeld.

Das kollegiale Umfeld der Befürworter fragwürdiger Skandalisierungen und Kommunikationsblockaden könnte man am besten durch breit gestreute Befragungen in ihrem beruflichen Umfeld ermitteln. Sie sind aus mehreren Gründen nicht realisierbar und scheiden aus. Eine Alternative bieten die im vorangegangenen Kapitel dargestellten Meinungen der Journalisten zu fragwürdigen Skandalisierungen und Kommunikationsblockaden. Bei den Befürwortern fragwürdiger Skandalisierungen handelt es sich um 14 Prozent (Schaubild 6, Seite 177). Demnach hält nur eine Minderheit fragwürdige Skandalisierungen fallübergreifend für akzeptabel. Sie bilden eine bemerkenswerte Minderheit von Journalisten, die sich möglicherweise unter bestimmten Umständen über journalistische Berufsregeln hinwegsetzen. Ihnen stehen 46 Prozent gegenüber, die fragwürdige Skandalisierungen für mehr oder weniger inakzeptabel halten. Das Verhältnis von 46 zu 14 Prozent müsste eigentlich ausreichen, um handlungswillige Befürworter fragwürdiger Skandalisierungen davon abzuhalten. Die Befürworter sind jedoch von 41 Prozent Indifferenten umgeben, die einige der geschilderten Praktiken durchaus akzeptabel finden. Daraus folgt, dass die Befürworter fragwürdiger Skandalisierungen mit dem Wohlwollen eines Großteils ihrer Kollegen rechnen können. So isoliert, wie man vermuten könnte, sind sie nicht, zumal nicht alle Gegner der beschriebenen Grenzüberschreitungen die Argumente dafür ablehnen. Deren Reaktionen dürften davon abhängen, wie viele Argumente dafür sie billigen, obwohl sie die Praktiken selbst ablehnen.

Zu jedem der fünf fragwürdigen Skandalisierungen wurden drei Argumente dafür vorgelegt. Hierbei handelt es sich nur um einen kleinen Teil aller möglichen Rechtfertigungsgründe. Trotzdem ermöglichen sie eine vorläufige Antwort auf die Frage, wie konsequent die Abwehrhaltung der Gegner fragwürdiger Skandalisierungen ist. Etwa die Hälfte der Journalisten, die die fragwürdigen Skandalisierungen inakzeptabel fanden (51 %), billigte im Durchschnitt der fünf Fälle keines der drei Argumente dafür. Sie ließen keinen Zweifel an ihrer entschlossenen Gegnerschaft. Etwa ein Drittel (33 %), billigte im Durchschnitt eines der drei Argumente. Sie hatten einiges Verständnis für eine Praxis, die sie eigentlich ablehnten. Ein Siebtel, machte sich im Durchschnitt zwei der drei Argumente dafür zu eigen (13 %), eine sehr kleine Minderheit sogar alle drei (3 %). Diese Ergebnisse deuten darauf hin, dass auch von den Journalisten, die die fragwürdigen Praktiken nicht akzeptabel fanden, ein bemerkenswerter Teil durchaus Verständnis für das Vorgehen der Kollegen in den konkreten Fällen hatte (Schaubild 10, Seite 192).

Die gleiche Überlegung anhand der Meinungen zu fragwürdigen Kommunikationsblockaden führt zu folgendem Befund: Bei ihren Befürwortern handelt es sich um 3 Prozent der Journalisten (Schaubild 8, Seite 181). Demnach hält nur eine kleine Minderheit fragwürdige Kommunikationsblockaden fallübergreifend für akzeptabel und besitzt entsprechende Handlungsdispositionen. Auch sie sind von Kollegen umgeben, die fragwürdige Kommunikationsblockaden für inakzeptabel halten. Bei den Gegnern handelt es sich um die absolute Mehrheit, nämlich 57 Prozent. Das extreme Verhältnis von 57 zu 3 Prozent müsste wirklich ausreichen, um die Befürworter von fragwürdigen Kommunikationsblockaden abzuhalten, zumal die Befürworter nur von 34 Prozent Indifferenten umgeben sind. Daraus folgt, dass die Befürworter von Kommunikationsblockaden nur mit dem Wohlwollen eines relativ kleinen Teils ihrer Kollegen rechnen können. Zudem müssen sie mit negativen Reaktionen der Gegner von Kommunikationsblockaden rechnen. Deren Reaktionen dürften aber ebenfalls davon abhängen, ob sie Argumente dafür billigen, obwohl sie diese Praktiken eigentlich ablehnen.

Auch zu jeder der fragwürdigen Kommunikationsblockaden wurden drei Argumente dafür vorgelegt. Nur etwas mehr als ein Drittel der Journalisten, die die fragwürdigen Kommunikationsblockaden inakzeptabel fanden (37 %), billigte im Durchschnitt der Fälle keines der drei Argumente dafür. Die Gegner der Kom-

munikationsblockaden zeigten sich folglich weniger entschlos-
sen als die Gegner der Skandalisierungen. Fast die Hälfte der
Journalisten, die die Praktiken inakzeptabel fanden (48 %), billigte eines der drei Argumente. Das deutet auf mehr Verständnis
für Kommunikationsblockaden als für Skandalisierungen. Etwa
ein Siebtel, machte sich im Durchschnitt zwei der drei Argumente dafür zu eigen (12 %), eine kleine Minderheit sogar drei (3 %).
Damit kann man feststellen: Die Journalisten halten die fragwürdigen Kommunikationsblockaden zwar eher für inakzeptabel als die fragwürdigen Skandalisierungen. Sie billigen aber
eher mindestens ein Argument für Kommunikationsblockaden,
die sie eigentlich ablehnen. Die weit verbreitete Ablehnung von
Kommunikationsblockaden wird von der ebenfalls weit verbreiteten Billigung von Argumenten begleitet, die sie im Einzelfall
gerechtfertigt erscheinen lassen. Das deutet erneut darauf hin,
dass es sich bei der entschiedenen Ablehnung von Kommunikationsblockaden eines Teils der Journalisten um Lippenbekenntnisse handelt (Schaubild 10, Seite 192).

Zusammenfassend kann man feststellen: Die Minderheit der
Journalisten, die fragwürdige Praktiken fallübergreifend akzeptabel finden, ist vermutlich zu vergleichbaren Grenzüberschreitungen bereit. Sie sind von Kollegen umgeben, die Grenzüberschreitungen in Einzelfällen akzeptabel finden, sowie von Kollegen, die sie zwar fallübergreifend ablehnen, aber trotzdem mit
plausibel erscheinenden Argumenten rechtfertigen. Die Journalisten die zu Grenzüberschreitungen bereit sind, sind zwar eine
kleine, aber keine isolierte Minderheit sondern Mitglieder von
Bezugsgruppen, die ihre Verstöße gegen journalistische Berufsnormen mehr oder weniger akzeptabel finden oder – falls sie
die Verstöße für inakzeptabel halten – Argumente vertreten, die
sie verständlich erscheinen lassen. Schaubild 11 illustriert diesen Befund. Darin steht der große schwarze Punkt in der Mitte
für einen zu Grenzüberschreitungen bereiten Journalisten, die

SCHAUBILD 10

Grad des Verständnisses für Grenzüberschreitungen durch Journalisten, die sie ablehnten

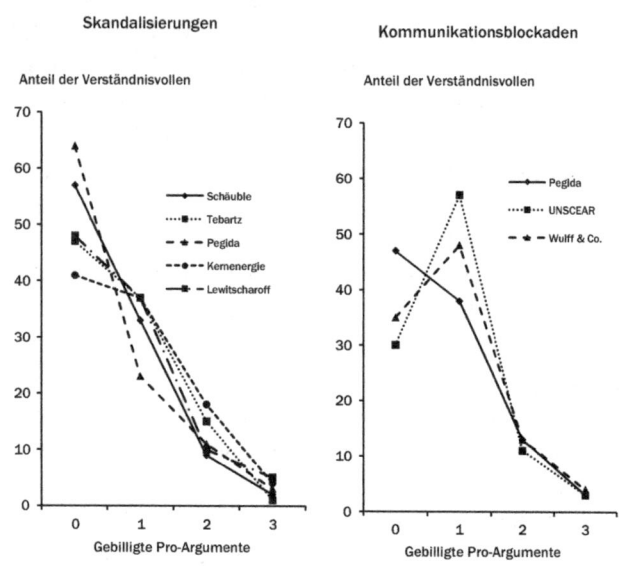

Skandalisierungen

Kommunikationsblockaden

Quelle: eigene Darstellung

kleinen schwarzen Punkte für zögernde Journalisten und die hellen, durchkreuzten Punkte für Indifferente. Sie schirmen den Entschlossenen und die Zögernden gegen die Vielzahl der Regeltreuen ab und verteidigen sie nach Grenzüberschreitungen (Schaubild 11, Seite 193).

Die Erkenntnis, dass erstaunlich viele Journalisten, die die fragwürdigen Praktiken ihrer Kollegen inakzeptabel fanden, Argumente für die jeweiligen Grenzüberschreitungen billigten, führt zu der Frage zurück, mit welchen Argumenten Journalisten fragwürdige Skandalisierungen und Kommunikationsblockaden rechtfertigen. Die Antwort lautet bekanntlich: Sie beanspruchen

Strukturmodell der Entstehung von Regelbrüchen

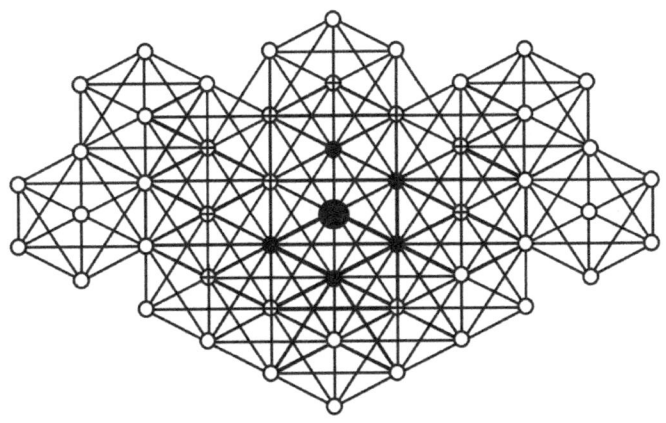

Quelle: eigene Darstellung

die Deutungshoheit über das Geschehen und lehnen eine Bringschuld gegenüber den Protagonisten der Berichterstattung und
gegenüber ihren Lesern ab. Diese Grundhaltung führt dazu, dass
viele Journalisten zwar fragwürdige Praktiken von Kollegen inakzeptabel finden, sie aber hinnehmen und im Kollegenkreis mit Argumenten rechtfertigen, bzw. gegen Gegenargumente verteidigen.
Zugleich verstärken sie Kommunikationsblockaden durch ihre so-
lidarische Passivität und Skandalisierungen durch ihre neutralen
Berichte über die Ergebnisse der fragwürdigen Praktiken von Kollegen. Dieses Verhalten macht Grenzüberschreitungen einzelner
Journalisten zu einem Kollektivversagen des Journalismus. Dabei
dürfte auch der im Vergleich zu anderen Berufen besonders ausge-
prägte Korpsgeist von Journalisten eine Rolle spielen.

VIII.   SZENENWECHSEL

Die Professionalisierung des Journalismus wird seit den siebziger Jahren des vergangenen Jahnhunderts gefordert und kontrovers diskutiert. Dabei gibt es zwei Diskussionsebenen. Zum einen wird »Professionalisierung« umgangssprachlich im Sinne von Optimierung verstanden und meist mit der Forderung nach einer besseren Berufsausbildung verbunden. Als Folge dieser Diskussion wurden u. a. praxisorientierte Journalistik-Studiengängen an Universitäten eingerichtet. Zu einer Professionalisierung des Journalismus im wissenschaftlichen Sinn hat das nicht geführt. Eine so verstandene Professionalisierung beruht u. a. auf einer systematischen, theoriegeleiteten Ausbildung, einer verpflichtenden Abschlussprüfung als Voraussetzung der Berufsausübung und auf der Einrichtung einer Standesgerichtsbarkeit, die bei schweren Regelverstößen ein Berufsverbot beschließen kann. Beispiele hierfür sind die Berufsregeln für Ärzte, Apotheker, Juristen usw.[154] Eine solche Professionalisierung des Journalismus ist wegen der Einschränkungen der Berufsfreiheit demokratietheoretisch nicht wünschenswert. Das betrifft vor allem die mit einer Professionalisierung verbundene Regelung des Berufszugangs und die Möglichkeiten von Berufsverboten. Die Diskussion um die Professionalisierung des Journalismus ist begrifflich zu hoch angesiedelt und sachlich irreführend. Sie verstellt den notwendigen Blick auf das Verhältnis zwischen dem Journalismus und anderen Ausbildungsberufen. Ein Gedankenexperiment kann das verdeutlichen.

Fallbeschreibung: *Ein Elektriker montiert auf Bitten eines Hausbesitzers eine Steckdose gegen die Vorschriften dicht neben einem Waschbecken. Einige Tage später sind die Kinder alleine zu Hause, sie spritzen im Bad mit Wasser. Es läuft in die Steckdose und verursacht einen Kurzschluss. Das Haus wird schlagartig dunkel, die Kinder schreien, die Nachbarn rufen die Polizei. Zum Glück wurde niemand verletzt.* Ein Journalist erfährt von dem Vorfall, kann den Monteur nicht sprechen, weil er in Urlaub ist und stellt deshalb einigen seiner Kollegen folgende Frage: *»Halten Sie das Vorgehen Ihres Kollegen für akzeptabel oder für nicht akzeptabel?«* Was würden die Kollegen vermutlich antworten? Würden sie das Vorgehen ihres Kollegen akzeptabel oder inakzeptabel finden? Danach stellt der Journalist ihnen folgende Frage: *»Unabhängig von Ihrem generellen Urteil: Wie gut treffen die folgenden Argumente für das Vorgehen ihres Kollegen Ihre eigene Meinung?«* Er bittet die Elektriker um ihre Meinung zu drei Rechtfertigungsgründen: *»Der Kollege konnte nicht voraussehen, dass die Kinder einen solchen Unsinn machen«*; *»Die deutschen Bauvorschriften sind teilweise unsinnig und kaum realisierbar«*; *»Hätte der Kollege die Steckdose nicht gesetzt, hätte es ein anderer gemacht«.* Danach bittet er die Elektriker um ihre Meinung zu drei Gegenargumenten: *»Im Zweifelsfall sind die Bauvorschriften wichtiger als die Wünsche von Auftraggebern«*; *»Das hätte schlimmer ausgehen können und der Kollege wäre schuld gewesen«*; *»Auch für Geld darf man nicht alles machen«.* Wie würden die Elektriker vermutlich die Argumente beurteilen? Niemand kennt die Antworten, aber jeder hat vermutlich eine Vorstellung davon und kann sie mit den hier vorgelegten Urteilen der Journalisten vergleichen. Befragungen der Angehörigen von Handwerkberufen mit dem Ziel, den Anteil der Berufstätigen zu bestimmen, die gravierende Verstöße gegen die Berufsnormen akzeptabel finden, bzw. mit Argumenten rechtfertigen liegen nicht vor. Vermutlich ist der Anteil der Handwerker, die so denken, niedriger als im Journalismus. Damit ist ein erstes Problem benannt, der bemerkenswerte Anteil der Journalisten, die Verstöße gegen journalistische Berufsnormen fallübergreifend akzeptabel finden.

Nehmen wir an, die große Mehrheit der Elektriker hätte das fragwürdige Verhalten ihres Kollegen inakzeptabel gefunden aber nicht weiter dramatisiert. Einer hätte es aber beschönigt und heruntergespielt. Wie würde der Journalist über die falsche Montage, den Unfall und die Meinungen der Kollegen berichten? Würde er die falsche Montage neutral darstellen, darauf hinweisen, dass niemand zu Schaden kam und dass fast alle Kollegen des Monteurs sein Verhalten verurteilt hatten? Oder würde er die falsche Montage triumphierend »aufdecken«, die Todesgefahr der Kinder beschwören, den verständnisvollen Kollegen des Monteurs anprangern und seine Meinung als berufstypischen Vertuschungsversuch darstellen? Die Frage kann man aufgrund zahlreicher Fallstudien zur Skandalisierung von Missständen beantworten: Einige Journalisten würde den Verursacher der falsche Montage und mit ihm seinen verständnisvollen Kollegen – oder vergleichbare Fälle – anprangern und als Belege für den fragwürdigen Zustand des Elektrohandwerkes oder anderer Berufe darstellen – der Makler, Mediziner, Anwälte, Banker, Politiker usw.[155] Damit ist ein zweites Problem benannt, die Bereitschaft einiger Journalisten das Geschehen so weit wie möglich zu dramatisieren und damit von der erkennbaren Realität zu entfernen.

Angenommen ein Journalist würde den Vorfall in der skizzierten Weise skandalisieren. Wie würden seine Kollegen auf sein Verhalten reagieren? Würden sie seine Vorwürfe in einem eigenen Beitrag relativieren? Würden sie die Vorwürfe neutral aufgreifen und weiter verbreiten? Würden sie die Vorwürfe durch eigene

Wertungen und Verallgemeinerungen verstärken? Oder würden sie dazu öffentlich schweigen? Die Fragen kann man aufgrund vergleichender Befragungen von Journalisten und Wissenschaftlern und anhand vergleichender Analysen der Berichterstattung über Missstände im Journalismus und anderen Tätigkeitsbereichen beantworten. Journalisten sind deutlich weniger zur öffentlichen Kritik am beruflichen Fehlverhalten ihrer Kollegen bereit als Wissenschaftler und Techniker. [156] Deshalb berichten sie – wie quantitative Analysen belegen – seltener über bekannte Missstände im eigenen Beruf als über bekannte Missstände in anderen Berufen.[157] Damit ist ein drittes Problem bekannt, der Verzicht auf öffentliche Kritik bei offensichtlichen Verstößen von Kollegen gegen journalistische Berufsnormen. Alle drei Probleme beruhen nicht auf einem Mangel an akademischer Professionalität sondern auf einen Mangel an handwerklicher Rechtschaffenheit. Deshalb erfordert ihre Beseitigung keine Professionalisierung, sondern eine Verberuflichung. Der Journalismus ist aus mehreren Gründen kein Beruf wie die anderen Ausbildungsberufe. Trotzdem ist eine weitere Annäherung an deren Qualitätskriterien und Qualitätssicherung notwendig und möglich.

Das öffentliche Ansehen aller Berufe beruhte in der Vergangenheit auch auf der Vertuschung von fachlichen Fehlern. Sie erhielt das Vertrauen in die Medizin nach Operationsfehlern, die Justiz nach Justizirrtümern, in Chemieunternehmen nach Unglücken, die Wissenschaft nach fehlerhaften Experimenten usw. Gesichert wurde die Vertrauensbasis, indem sachkundige Kollegen, die sich an die Öffentlichkeit wandten, als Verräter behandelt und beruflich erledigt wurden. Diese Praxis änderte sich in den fünfziger Jahren des letzten Jahrhunderts, weil sich Insider mit ihren Spezialkenntnissen an die immer bedeutender werden Medien wenden und mit deren Hilfe an ihren alten Berufsorganisationen vorbei öffentliche Karrieren als Gegenexperten machen konnten. Dadurch wurde die Vertuschung von fachlichen Fehlern von einer Voraussetzung zu einer Gefahr für das Vertrauen in Forschungseinrichtungen, Unternehmen, Behörden und Personen. In der Wissenschaft ist öffentliche Kritik an fachlichen Fehlern von Kollegen eine schon lange bestehende Möglichkeit zur eigenen Profilierung, die jedoch nicht alle Probleme beseitigt. Deshalb haben Förderorganisationen und Universitäten spezifische Verhaltensregeln erlassen. Betriebe der chemischen Industrie, Einrichtungen im Gesundheitswesen, in der Lebensmittelindustrie usw. haben die Anwendung fragwürdiger Praktiken durch strikte Verhaltensrichtlinien und interne Kontrollen erschwert und durch einen offeneren Umgang mit Problemfällen Vertrauen zurückgewonnen. Trotzdem betrachten viele Mitarbeiter angeprangerter Organisationen bis heute die auf Gegenexperten gestützte Medienkritik an fachlichen Fehlern, Versäumnissen, Mängeln usw. als sachlich weit übertriebene und moralisch aufgeladene Rufschädigung.

Von der skizzierten Entwicklung blieben die Medien, die sie aus Eigeninteresse vorangetrieben haben – weil sie sich als gemeinwohlorientierte Aufklärer positionieren konnten – lange Zeit ausgenommen, weil es keine alternative Plattform für fragwürdige Praktiken der Medien gab. Durch das Internet hat sich diese Situation grundlegend geändert.[158] Heute sehen sich Journalisten aller Medien gelegentlich massiver und z.T. bösartiger Kritik von Internetaktivisten ausgesetzt. Überzogene und verletzende öffentliche Kritik an der Tätigkeit von Journalisten hat es schon immer gegeben und vermutlich hat sich die Zahl und Qualität der extremen Äußerungen nicht wesentlich geändert. Neu für Journalisten ist dagegen, dass sie damit konfrontiert werden und dass sie damit rational umgehen müssen. Die Kritik an Journalisten und anderen Akteuren ist nicht schon deshalb völlig falsch, wenn sie übertrieben, angreifbar formuliert oder persönlich beleidigend ist, und der Versuch von Journalisten, sie damit zu diskreditieren, diskreditiert sie in den Augen der Sachkundigen und vieler Beobachter. An einer ernsthaften Auseinandersetzung von Journalisten mit falschen, übertriebenen oder auf andere Art fragwürdigen Darstellungen ihrer Kollegen führt deshalb kein Weg vorbei. Die schlimmsten Auswüchse der öffentlichen Kritik an Journalisten könnte man vermutlich durch eine Ausweitung des lange als feudales Relikt bezeichneten Ehrschutzes verhindern. Allerdings würde das die im Vergleich zur Vergangenheit anwachsende Kritik auch an Journalisten, Beiträgen und Medien nicht verhindern. Das wäre nur möglich, wenn man die Informations- und Meinungsfreiheit und damit die Grundlagen des Journalismus einschränken würde. Daran können Journalisten kein Interesse haben. Der Journalismus steht deshalb vor einem tiefgreifenden und schmerzhaften Wandel, den andere Berufe schon vor Jahrzehnten eingeleitet, allerdings auch noch nicht hinreichend vollzogen haben, weil die meisten unter der Spannung zwischen solidarischer Kooperation im Regelfall und distanzierter Kritik bei Grenzüberschreitungen leiden. Aber heute führt daran auch im Journalismus kein Weg mehr vorbei.

IX. ANHANG

ANMERKUNGEN

1 Vgl. BRAUCK 2016; NN 2016
2 WICKERT 2009
3 VON LOJEWSKI 2011
4 NAUMANN 2013
5 GEIS/ULRICH 2015
6 FLEISCHHAUER 2016
7 Vgl. SEIFERT 2016
8 NOELLE-NEUMANN 1979
9 Vgl. KEPPLINGER DFG-Projekt ke 279
10 Vgl. KÖCHER 21.10.2015; dieselbe 16.12.2015. Bis zum Jahresende war der Anteil, der die Berichterstattung für einseitig hielt, etwas zurückgegangen (41 %). Allerdings glaubten jetzt nur noch ein Viertel (25 %), dass die Medien »ein realistisches Bild des Anteils von Familien und jungen Männern oder der Qualifikation der Flüchtlinge« vermittelten.
11 Vgl. EHMIG 2000, S. 139

12   Vgl. KEPPLINGER 1979

13   Vgl. WEISCHENBERG/MALIK/SCHOLL 2006, S. 71

14   Bei einer Befragung von »Politikjournalisten« 2009 (REINEMANN/
      BAUGUT 2014) erklärten 27 Prozent, dass sie sich den Grünen »poli-
      tisch am nächsten« fühlen. Das Ergebnis ist nicht mit den Ergebnis-
      sen der vorangegangen Befragungen vergleichbar, weil die Stichpro-
      ben aus unterschiedlichen Grundgesamtheiten stammen und der
      Anteil der Befragten, die keine Parteipräferenz angaben, mehr als
      doppelt so hoch ist wie bei der Befragung 2005.

15   Vgl. RAABE 2005, S. 258-260

16   Vgl. WEISCHENBERG/MALIK/SCHOLL 2006, S. 297; KRÜGER 2016,
      S. 71-84. Die von Weischenberg, Malik und Scholl ausgewiesenen Un-
      terschiede können auch eine Folge der unterschiedlichen Zusammen-
      setzung ihrer beiden Stichproben sein.

17   Vgl. NEUBERGER/LANGENOHL/NUERNBERGK 2014

18   Vgl. GFK 2016; MOTHES 2014, S.40-43

19   Vgl. SCHIELICKE/MOTHES/DONSBACH 2014

20   Vgl. REINEMANN/FAWZI 2016

21   Vgl. REITZE/RIDDER 2011, S. 101

22   Vgl. BERG/KIEFER 1996, S. 243 sowie S. 241, 252

23   Stattdessen werden für 2005 und 2010 u. a. zwei relevante aber nicht
      vergleichbare Aussagen angeboten: »... lassen alle zu Wort kommen,
      die sich um gesellschaftliche Fragen kümmern« und »... bieten zuver-
      lässige und glaubwürdige Informationen«. Ihnen stimmten mit Blick
      auf die öffentlich-rechtlichen Programme 58 % bzw. 76 % zu. Vgl. REIT-
      ZE/RIDDER 2011, S.117

24   Vgl. JACKOB 2012, S. 191-199

25   Der *Stern* veröffentlichte ab dem 28. April 1983 Auszüge aus angeblich
      gerade entdeckten Hitler-Tagebüchern. Die Redaktion illustrierte die
      Auszüge mit Fotos, die Darstellung glaubhaft erscheinen ließen. Tat-
      sächlich handelte es sich um eine Fälschung des Malers Konrad Kujau.

26   In den Prozessen wurden 25 Personen aus Worms und Umgebung we-
      gen des wiederholten sexuellen Missbrauchs von Kindern angeklagt.

Im Verlauf der Prozesse wurden einige Kinder, um sie zu schützen, den Eltern entzogen und in ein Kinderheim eingewiesen, wo sie tatsächlich missbraucht wurden. Alle Angeklagten wurden freigesprochen.

27 Im Vorfeld der 1995 geplanten Versenkung der Brent Spar in der Nordsee behauptete Greenpeace, in der Ölplattform würden über 100 Tonnen Giftschlamm lagern. Tatsächlich handelte es bei etwa 90% um Sand, bei dem Rest um Ölrückstände, die auch im Straßenbelag enthalten sind. Aufgrund der massiven Proteste in Deutschland gegen die Versenkung der Plattform in die Tiefsee wurde sie in Norwegen in Küstennähe demontiert.

28 Am 13. Juni 2000 wurde der leblose Körper eines Jungen im Freibad von Sebnitz entdeckt und vier Tage später in der Universitätsklinik Dresden ohne klaren Befund obduziert. Nach einer komplexen Zwischengeschichte meldete *Bild* am 23. November 2000 auf der Titelseite, Neonazis hätten das Kind ertränkt. Es folgte eine Welle von Meldungen, die das zu bestätigen schienen und den Eindruck erweckten, der »Fememord« sei vor aller Augen geschehen. Anfang Dezember wurde bekannt, dass Zeugen gelogen hatten und der Junge wahrscheinlich aufgrund einer Vorerkrankung gestorben ist.

29 Ebenda, S. 195 - 208. Die summarischen Daten in diesem Text beruhen auf einer Auskunft des Autors.

30 Vgl. DONSBACH/RENTSCH/SCHIELICKE/DEGEN 2009, S. 70 - 73; siehe hierzu auch JACKOB/QURING/SCHEMER 2017

31 Ebenda, S. 71.

32 Ebenda, S. 90 - 92.

33 Vgl. LEITERER, o.O., o.J.

34 Vgl. KÖCHER 21.10.2015; dieselbe 16.12.2015

35 Vgl. http://www.br.de/nachrichten/inhalt/br-medienstudie-klarmacher100.html.

36 Vgl. dazu infratest dimap o.J. Erfragt wurden im Dezember 2014 das Medienvertrauen allgemein sowie das Vertrauen in die Berichterstattung über die Konflikte in der Ukraine und Syrien/Irak sowie über

den Lokführerstreik. Mit steigender Formalbildung nahm das generelle Vertrauen in die Medien ab. Die Zweifel an der Objektivität der Berichterstattung nahmen zu. Ähnliche Zusammenhänge bestanden zwischen Formalbildung und dem schwindenden Vertrauen in die Berichterstattung über zwei der drei Sachthemen.

37 Vgl. KEPPLINGER 2011, S. 21-40; DOHLE/VOWE 2012; PATTERSON/DONSBACH 1996

38 Vgl. KEPPLINGER 2017

39 Vgl. DONSBACH/RENTSCH/SCHIELICKE/DEGEN 2009, S. 93

40 Vgl. KOCH 2016

41 Vgl. SARRAZIN 2014, S. 49-116

42 Vgl. EHMIG 2000, S. 119, S. 150-162

43 Weischenberg, Malik und Scholl weisen auf Seite 176f. einen Rückgang der Billigung fragwürdiger Recherchemethoden aus. Die drei Autoren haben zu beiden Zeitpunkten eine sehr breit definierte Stichprobe von Journalisten befragt. Zu der von Ehmig befragten Gruppe der Journalisten im Bereich der aktuellen, politischen Berichterstattung gehörten bei den drei Autoren nur 37% bzw. 42% der von ihnen 1992 und 2004 befragten Journalisten. Weil sich die Berufsauffassung der Journalisten z.B. im Bereich Sport, Lifestyle, Gesellschaft von jener der politischen Redakteure vermutlich unterscheidet, sind Ergebnisse nicht vergleichbar. Zudem unterscheiden sich die von den drei Autoren auf S. 35 ausgewiesenen medialen Arbeitsplätze der befragten Journalisten zu beiden Zeitpunkten sehr stark, was eine Ursache der unterschiedlichen Berufsauffassungen zu beiden Zeitpunkten sein kann.

44 Vgl. KEPPLINGER, HANS MATHIAS; MARCUS MAURER; MARCO KREUTER: *Erfahrungen der Berliner Journalisten mit Politikern.* Verfügbar unter www.kepplinger.de, dort unter »Forschungsprojekte«. Die Werte unterscheiden sich von Werten in der dortigen Tabelle 24, weil die Antworten auf alle Befragten prozentuiert werden.

45 Vgl. KEPPLINGER 1989, S. 147-149. Siehe dazu auch DONSBACH/WOLLING/VON BLOMBERG 1996

46   Vgl. KEPPLINGER/EHMIG 1991, S. 134, 151

47   Vgl. SCHULZ/BERENS/ZEH 1998, S. 86, 93

48   Vgl. KEPPLINGER/LEMKE 2015. Vgl. dazu auch die Ergebnisse der Befragung von Engelmann (2010) zur Berichterstattung über den Mindestlohn und die Vorratsdatenspeicherung

49   Vgl. SCHÖNBACH 1977

50   Vgl. KEPPLINGER/BROSIUS/STAAB/LINKE 1989

51   Vgl. KEPPLINGER 2011 (b), S. 163-176

52   Vgl. KNIRSCH, KERSTIN 2005, S. 85-87, 98-99

53   Vgl. DEUTSCHER PRESSERAT 2012, S. 64-73 sowie die aktuellen Daten unter http://www.presserat.de

54   Vgl. REINEMANN 2010

55   Vgl. KEPPLINGER 1998

56   Vgl. KÖCHER 21.10.2015; dieselbe 16.12.2015

57   Vgl. NOELLE-NEUMANN 2001

58   Vgl. KÖCHER 21.10.2015

59   Antwort gibt eine repräsentative Befragung von Journalisten bei Tageszeitungen in Deutschland. Genaue Angaben dazu finden Sie auf den folgenden Seiten und im Anhang.

60   Ermittelt wurden 2.416 Namen sowie 1.326 E-Mail-Adressen von Mitarbeitern der Ressorts Lokales/Regionales, Aktuelles/News, Politik, Weltgeschehen, Wirtschaft, Kultur/Feuilleton und Sonstiges. Die nicht personalisierten Daten wurden nachträglich personalisiert, so dass 1.326 Journalisten persönlich angeschrieben werden konnten.

61   Siehe dazu im Anhang bei ›Untersuchungsdesign‹ den Abschnitt ›Durchführung‹.

62   Zu den Strategien der Reduktion von Dissonanzen zwischen Normen und Verhalten vgl. MOTHES 2014, S. 210-213

63   Die Reihenfolge der Variablen in den Regressionsgleichungen entspricht der Reihenfolge der sechs Argumente in den Tabellen. Bei der Interpretation der Regressionen ist die Verschlüsselung der Antworten zu beachten: Hohe Werte zeigen an, dass die Befragten die fragwürdige Praxis akzeptierten bzw. die Argumente dafür billigten

und die Argumente dagegen missbilligten. Positive Vorzeichen vor Argumenten für die fragwürdigen Praktiken zeigen an, dass die Befragten diese Argumente umso mehr billigten, je akzeptabler sie die fragwürdigen Praktiken fanden. Positive Vorzeichen vor Argumenten gegen die fragwürdigen Praktiken zeigen an, dass die Befragten diese Argumente umso mehr missbilligten, je akzeptabler sie die fragwürdigen Praktiken fanden.

64　Vgl. KEPPLINGER 2011 (b), S. 163 - 176

65　LINDE, OTFRIED K.; HANS MATHIAS KEPPLINGER; SIMONE CHRISTINE EHMIG: Mehr Akzeptanz durch mehr Fachinformation? Wie sehen Angehörige psychisch Kranker die Pharmakologie? In: *Deutsche Apotheker Zeitung* (135) Heft 11, 1996, S. 23 - 30

66　Vgl. »Gemüsebauern bekommen mehr Ehec-Hilfen«. In: *Spiegel Online*, 28. Juni 2011 [7. September 2011]

67　Vgl. EHMIG 1991

68　MÖNCH 2014

69　Grundlage der Daten in den Tabellen 1 bis 3 sowie 22 bis 24 sind alle Befragten in den beiden Teilstichproben. Grundlage der Daten in allen anderen Tabellen sind die Befragten der Teilstichproben, in denen die Fragen gestellt wurden.

70　Schäuble (beide Teilstichproben): $R2 = .05$; $y = 2{,}081 + 0{,}103^{*}x1 - 0{,}040x2 + 0{,}029x3 + 0{,}044x4 + 0{,}108x5 + 0{,}027x6$. Die Werte von x sind so geordnet, dass sie von oben nach unten den Vorgaben in den Tabellen 2 und 3 zugeordnet werden können. Der Wert $+ 0{,}103^{*}x1$ bezieht sich z. B. auf die Vorgabe: »Entscheidend ist nicht, was er gesagt, sondern was er gemeint hat«.

71　Vgl. NDR: https://www.youtube.com/watch?v=JioD_aSUG8A.

72　Vgl. *Spiegel*-Rechtsabteilung 2013

73　Ebenda

74　Vgl. KEPPLINGER 2010, S. 135 - 217

75　Grundlage ist eine Regressionsanalyse. Tebartz-van Elst: $R2 = .41$; $y = 1{,}320 - 0{,}019x1 + 0{,}089x2 - 0{,}016x3 + 0{,}189^{***}x4 + 0{,}214^{***}x5 - 0{,}011x6$.

76 Die Sternchen bei Korrelationen und Regressionen verweisen auf den Signifikanzgrad der Beziehung: Je mehr Sternchen, desto gesicherter sind sie: $^* = .05$; $^{**} = .01$; $^{***} = .001$.

77 Die Einstellung besaß schwache signifikante Effekte auf die Akzeptanz der Skandalisierung (b=0,098, p=.015), ihre Akzeptanz besaß signifikante Effekte auf die Missbilligung der These, die »Folgerung, der Bischof nehme es ...« (b=0.44, p ≤ .001) und der Forderung « «*Spiegel Online* hätte ...« (b=0,62, p ≤ .01).

78 Vgl. ENTMANN 1991

79 Vgl. MARG et al. 2016. Weitere Quellen in JESSE 2017

80 Die Grundlage der Feststellung bildet eine Regression. Pegida: R2=.10; $y = 1{,}855 - 0{,}057x1 + 0{,}069x2 + 0{,}034x3 - 0{,}007x4 + 0{,}043x5 + 0{,}150^*x6$

81 Die Einstellung wurde anhand der These ermittelt: »Die Gefahr für die Demokratie kommt von rechts.« Die Meinungen dazu standen nicht in einem signifikanten Zusammenhang mit der Akzeptanz der Skandalisierung der Pegiga-Kundgebungen (r=-0,06).

82 Vgl. COMBS/SLOVIC 1979

83 Vgl. LICHTENSTEIN/SLOVIC/FISCHHOFF/LAYMAN/COMBS 1987

84 Vgl. KEPPLINGER/LEMKE 2014, S. 138, 141, 144

85 Vgl. RSK O. O., o. J.

86 Vgl. KEPPLINGER/LEMKE 2014, S.125 - 152

87 Ebenda

88 Vgl. MOTHES 2014, S. 198

89 Fukushima: R2=.29; $y = 1{,}636 + 0{,}263^{***}x1 + 0{,}109^*x2 - 0{,}021x3 + 0{,}061x4 - 0{,}070x5 + 0{,}131^*x6$

90 Es besteht eine positive Beziehung. Die Korrelation ist aber wegen der Codierung der Variablen negativ.

91 Vgl. MOHTES 2014, S. 245 - 250

92 b=0,346, p ≤ .001; b=0,11, p ≤ .01; b=0,13, p ≤ .01

93 b=0,092, p=.013

94 b=0,45, p ≤ .001; b=0,17, p ≤ .01; b=0,25, p ≤ .001. Alle drei Gesamtmodelle sind statistisch signifikant: b=0,38, t=9,66, p ≤ .001; b=0,13, t=3,18, p ≤ .01; b=0,15, t=3,84, p ≤ .001.

95 Vgl. NIGGEMEIER 2016

96 Lewitscharoff: $R^2 = .17$; $y = 2{,}109 + 0{,}203^{***}x1 + 0{,}076x2 - 0{,}085x3 - 0{,}015x4 + 0{,}188^{**}x5 + 0{,}019x6$

97 Die Nicht-Signifikanz des ersten Arguments ist z. T. auf die extrem einseitige Meinungsverteilung zurückzuführen. Das trifft auf das zweite Argument nicht zu.

98 Vgl. KÖCHER 1986; eigene Umrechnung der Daten

99 Vgl. KNIRSCH 2005, S. 112-117

100 Vgl. KEPPLINGER 1985, S. 35, 82-91

101 Ebenda, S. 184-185

102 Vgl. KEPPLINGER/EHMIG/HARTUNG 2002, S.19, 68

103 Vgl. KEPPLINGER, HANS MATHIAS; MARCUS MAURER; RUDOLF GER-HARDT: *Befragung von Zeitungsredakteuren zu dem Folgen der Pressekrise für die Innere Pressefreiheit* (Hebst/Winter 2004). An der Befragung nahmen 260 Journalisten teil. Die Fragebogen wurden an die Privatadressen verschickt. Den Fragebogen hatten 66 Prozent der Angeschriebenen beantwortet. Die Ergebnisse sind verfügbar unter www.kepplinger.de.

104 Nicht dazu gehört der von außen geforderte Verzicht auf Berichte – etwa von Staatsanwaltschaften und Polizeibehörden nach Terrorakten und anderen Verbrechen.

105 Vgl. KEPPLINGER, HANS MATHIAS; PHILIPP MATTHIAS WEICHSELBAUM: Der Einfluss der Medien auf Erfolge und Misserfolge von Lobbyisten. In: KUTSCH, ARNULF; STEFANIE AVERBECK-LIETZ, HEINZ EICKMANS (Hrsg.): *Kommunikation über Grenzen*. Berlin [Lit-Verlag 2014, S. 57-77

106 Vgl. MÜLLER/HOHLFELD 2013

107 In vielen wichtigen Fällen unterscheidet sich die Darstellung der Realität gravierend von der dargestellten Realität. Dieser Sachverhalt wird meist ausgeblendet und die Reaktion der Rezipienten als Reaktion auf die Realität missverstanden.

108 Vgl. VALLONE/ROSS/LEPPER 1985

109 Vgl. miha 2016

110 Vgl. die informationshaltige Dokumentation »Pegida« mit zahlreichen Quellenbelegen auf Wikipedia; Zugriff am 02.12. 2015

111 Vgl. REUBAND 2016; infratest dimap o.O.O.J. Der Anteil der Anhänger der Linkspartei und der AfD, die an der Objektivität der Berichterstattung zweifelten, ist größer als der entsprechende Anteil unter den Anhängern von CDU/CSU und SPD. Aufgrund der größeren Anzahl ihrer Anhänger waren jedoch die meisten Zweifler Anhänger der beiden Volksparteien.

112 Die folgenden Daten beruhen auf der Presse-Datenbank *Lexis Nexis*. Erfasst wurden die Druckausgaben ohne Online-Publikationen und Duplikate.

113 Vgl. SEIFERT 2015. Siehe hierzu auch MARON 2015; DONSBACH 2014/15, S. 118; MARKWORT 2014/15; KRASKE 2015

114 Pegida: $R^2 = .28$; $y = 0{,}984 + 0{,}172^{**}x1 + 0{,}080x2 + 0{,}050x3 + 0{,}075x4 + 0{,}192^{*}x5 + 0{,}109x6$.

115 Aufgrund der Codierung der Antworten ist das Vorzeichen negativ, der Zusammenhang positiv.

116 Vgl. KEPPLINGER 2011 (a), S. 153-176

117 Vgl. KEPPLINGER/LEMKE 2014, S. 139, 141

118 *Spiegel Online* hatte ein Jahr vorher (28.02.2013, 31.05.2013) zwei Berichte über den damaligen Kenntnisstand gebracht.

119 UNSCEAR: $R^2 = .20$; $y = 1{,}259 + 0{,}088x1 + 0{,}029x2 - 0{,}230^{*}x3 + 0{,}142^{*}x4 - 0{,}049x5 + 0{,}339^{***}x6$

120 Zwei Drittel der Journalisten hatten sich dem Argument angeschlossen, der UNSCEAR-Report könne »die volle Tragweite« der Reaktorkatastrophe nicht abbilden, »weil es die Langzeitfolgen nicht erfasse«. Zwischen der Zustimmung zu dieser These und dem aktuellen Urteil über die Nichtberichterstattung, bestand kein Zusammenhang. Das deutet darauf hin, dass es sich bei der Zustimmung zu der These um eine nachträgliche Schutzbehauptung handelte.

121 Zur Erinnerung: Die Antworten wurden so verschlüsselt, dass hohe Werte eine Billigung von Regelverletzungen anzeigen. Daher hier das negative Vorzeichen.

122 Vgl. KEPPLINGER 2011 (b), S. 205-225

123 Vgl. WULFF 2014, S. 205-234

124 Ebenda, S. 205 - 206, 209 - 211

125 Alle Zitate nach WULFF 2014, S. 218

126 Eine große Zahl von Reportagen erschien über die Buchvorstellung in Berlin, über Lesungen und Diskussionen mit Wulff in mehreren Städten, das »Streitgespräch« mit Wulff im *Spiegel* sowie Artikel über seinen Auftritt in der Sendung *Maybritt Illner*. Sie werden hier vernachlässigt, weil man nicht davon ausgehen kann, dass die Journalisten die erwähnte Passage kannten und sie in der Regel dort auch nicht angesprochen wurden. Wulff erwähnt den Vorgang in seinem Streitgespräch mit dem *Spiegel*, die *Spiegel*-Mitarbeiter gingen darauf aber nicht ein.

127 In der gleichen Ausgabe der *Zeit* erschien aus Anlass der Rezension von Steinbrück eine Meldung über den von Wulff beschriebenen Vorgang. Außerdem erwähnten Roland Nelles, Veit Medick, Severin Weiland und Philipp Wittrock auf *Spiegel Online*, 10.06.2014, in einer Reportage sowie Daniel Bax in der *taz*, 12.06.2014, in einem Essay den Vorgang.

128 Niggemeier 2014. Niggemeier erwähnt in seinem Beitrag einige der angesprochenen Ausnahmen, die Wulffs Darstellung aufgriffen.

129 ZU GUTTENBERG/DI LORENZO 2011, S. 31

130 Ebenda, S. 21

131 Ebenda, S. 23

132 Vgl. GASCHKE 2014, S. 216f.; 222f.; 225f.

133 Ebenda, S. 243 - 244

134 Wulff, Christian (beide Teilstichproben): $R^2 = .12$; $y = 1{,}249 + 0{,}136^{**}x1 + 0{,}133^{*}x2 - 0{,}061x3 + 0{,}059x4 + 0{,}210^{**}x5 + 0{,}058x6$

135 Es besteht eine positive Beziehung. Die Korrelation ist aber wegen der Codierung der Variablen negativ.

136 Das entspricht der Logik der Dissonanzreduzierung nach LEON FESTINGER: *A Theory of Cognitive Dissonance*. Evanston 1957.

137 Das entspricht der Logik der Konsistenztheorie. Vgl. OSGOOD, CHARLES E.; PERCY H. TANNENBAUM: The Principle of Congruity in the Prediction of Attitude Change. In: *Psychological Review* 62 (1955) S. 42 - 55.

138 Die signifikanten Zusammenhänge wurden mit den oben erwähnten Regressionen ermittelt. Sie bilden die Grundlage für die folgende Analyse. Die Zusammenhänge wurden jedoch aus den im Text genannten Gründen neu berechnet.

139 Die Unterschiede zwischen den Kategorien (Akzeptanz der Praktiken und Billigung der Argumente in jeweils drei Abstufungen) wurden mit Chi-Quadrat-Tests berechnet. Das Ergebnis sind Neun-Felder-Tabellen. Davon werden jeweils nur drei präsentiert. Die ausgewiesenen Signifikanzen beruhen auf den Chi-Quadrat-Tests. Trotz des damit verbundenen Informationsverlustes sind alle Zusammenhänge signifikant.

140 Dieser Befund ist auch deshalb bemerkenswert, weil nicht nur eine Minderheit der Journalisten mit dem Anspruch auf Deutungshoheit ihre Akzeptanz fragwürdiger Skandalisierungspraktiken rechtfertigte. Die Deutungshoheit beanspruchte unabhängig davon die Mehrheit aller Journalisten: Den drei relevanten Behauptungen stimmten im Durchschnitt 52 Prozent mehr oder weniger eindeutig zu. Das deutet darauf hin, dass ein erheblicher Teil der Journalisten, die die fragwürdigen Praktiken inakzeptabel fand, Verständnis für den Anspruch der Minderheit auf Deutungshoheit hatte, die die fragwürdigen Praktiken akzeptabel fand.

141 Vgl. DONSBACH 2002

142 Zu einer Bringschuld der Journalisten bekannten sich im Durchschnitt der vier hier relevanten Fälle 37 Prozent aller befragten Journalisten. Das sind im Vergleich zu den 52 Prozent, die in Zusammenhang mit den Argumenten für die fragwürdigen Skandalisierungen die Deutungshoheit beanspruchten, relativ wenige.

143 Die signifikanten Zusammenhänge wurden auch hier mit den oben erwähnten Regressionen ermittelt. Sie bilden die Grundlage für die folgende Analyse. Die Zusammenhänge wurden jedoch aus den im Text genannten Gründen neu berechnet.

144 Von allen befragten Journalisten lehnten im Durchschnitt 22 Prozent eine Bringschuld ab, die gegen fragwürdige Skandalisierungen

sprach. Dagegen wiesen im Durchschnitt nur 8 Prozent eine entsprechende Bringschuld, die gegen Kommunikationsblockaden sprach, zurück. Das deutet erneut darauf hin, dass die Journalisten Berufsregeln, die Kommunikationsblockaden entgegenstehen, eher akzeptieren als Berufsregeln gegen fragwürdige Skandalisierungen.

145 Vgl. KEPPLINGER 2017

146 Der Durchschnittswert für alle beruht auf den ursprünglichen Werten, nicht auf der hier präsentierten Zusammenfassung in Wertbereiche.

147 Abweichungen der Summen von 100 % beruhen auf Rundungsfehlern.

148 In die Berechnungen gehen alle Meinungen zu allen Argumenten ein – nicht nur die Meinungen, die im konkreten Fall in einem statistisch signifikanten Zusammenhang mit der Akzeptanz einer Skandalisierung im konkreten Fall stehen.

149 Der Durchschnittswert für alle beruht auf den ursprünglichen Werten, nicht auf der hier präsentierten Zusammenfassung in Wertbereiche.

150 Der Mittelwert beruht auf den ursprünglichen Werten, nicht der Zusammenfassung in Wertbereiche.

151 $r = .44$; $p \leqslant 0.001$

152 Allerdings werden in den sozialen Netzwerken auch die Online-Ableger der Zeitungen als »Lügenpresse« beschimpft.

153 Vgl. KEPPLINGER 2009 (b), S. 93-117

154 Vgl. KEPPLINGER 2011 (b), S. 227-252

155 Vgl. HARTUNG 2005; BURKHARDT 2015; LUDWIG/SCHIERL/VON SIKORSKI 2016

156 Vgl. KEPPLINGER 2011 (b), S. 205-225

157 Vgl. KEPPLINGER/EHMIG/HARTUNG 2002, S. 68

158 Vgl. MEYER 2015, S. 151-181

UNTERSUCHUNGSDESIGN

GRUNDGESAMTHEIT

Die Grundgesamtheit der Umfrage – der Personenkreis, über den Aussagen gemacht werden sollen – bilden alle Redakteure bei Tageszeitungen in Deutschland, die für die Ressorts Aktuellen, Politik, Wirtschaft und Feuilleton tätig und in der 2015 aktuellen Online-Aufgabe des Zimpel verzeichnet sind. Ermittelt wurden gültige E-Mail-Anschriften von 2.102 Personen. Unvollständige Anschriften wurden der Systematik der Redaktionen folgend vervollständigt.

DURCHFÜHRUNG

Um zu vermeiden, dass in den Redaktionen interne Diskussionen über die Befragung entstehen, weil alle am gleichen Tag eine E-Mails mit einem Link zum Fragebogen erhielten, wurden die Journalisten in vier Gruppen unterteilt und im Abstand von einigen Tagen angeschrieben. Die erste Teilgruppe bekam am 2. Juni 2015 eine personalisierte E-Mail, in der die Journalisten um die Beantwortung der Fragen gebeten wurden und die einen Link zum Fragebogen enthielt. Eine Mehrfachbeantwortung des Fragebogens war technisch ausgeschlossen. Die Befragung erfolgte anonym, was eine personalisierte Rücklaufkontrolle ausschloss. Alle Teilgruppen erhielten im Abstand von jeweils etwa zwei Wochen zwei Erinnerungs-Mails mit neu formulierten Anschreiben, in denen ihnen – falls sie die Fragen schon beantwortet hatten – gedankt und um Verständnis für die neue Mail gebeten wurde. Die Befragung wurde mit einer letzten Mail am 6./7. Juli abgeschlossen. Von den 2015 angeschriebenen Journalisten haben 406 bzw. 19,3 Prozent den Fragebogen ausgefüllt. Vollständig ausgefüllt haben 332 bzw. 15,8 Prozent den Fragebogen. Darunter sind jeweils 166 Journalisten, die die Version A und die Version B erhalten haben. Ihre Antworten liegen der vorliegenden Studie zugrunde. Die Merkmale der Journalisten, die den Fragebogen beantwortet haben, wurden mit bekannten Merkmale der Personen in der Grundgesamtheit verglichen. Die Prozentwerte für die Befragten unterscheiden sich nur wenig von den in Klammern genannten Prozentwerten in der Grundgesamtheit. Geschlecht: Männer 74, 8 (72,8), Frauen 25,2 (27,2); Ressorts: Aktuelles/Nachrichten 19,3 (7,7), Lokal/Regional 32,2 (40,6), Politik 15,4 (14,9), Wirtschaft 11,3 (10,2), Kultur/Feuilleton 9,3 (10,4), Anderes 12,5 (16,2); Auflagen: bis 50.000 11,3 (16), 50.000 bis 100.000 23,8 (23), 100.000-200.000 33,5 (35,6), 200.000-300.000 (16,6) 13,6, über 300.000 14,7 (11,6). Angesichts der geringen Unterschiede sind die vorliegenden Daten repräsentativ.

FRAGEBOGEN

Aufgrund der Vorgehensweise liegen von jedem Journalisten zu jedem der acht Fälle insgesamt sieben Aussagen vor – also alles in allem 56 Urteile. Die Befragten wären kaum Willens und in der Lage gewesen, sieben komplexe Sachverhalte anhand von acht konkreten und kontroversen Fällen zu beurteilen. Deshalb wurden die acht Fälle auf zwei Versionen des Fragebogens verteilt. Nach einem Zufallsverfahren erhielt die eine Hälfte, die Version A, die andere Hälfte die Version B (split ballot). Zwei Fälle wurden aus methodischen Gründen in beiden Versionen vorgegeben. Dabei handelt es sich um eine Skandalisierung (Schäuble) und um einen Fall, in dem wichtige Informationen totgeschwiegen wurden (Wulff). In der Legende der im Buch abgedruckten Tabellen ist jeweils verzeichnet, in welcher der beiden Halbgruppen die Fragen gestellt wurden – A oder B oder in beiden ((A+B). Schaubild 12 zeigt die Verteilung der Fälle auf die beiden Fragebogenversionen.

SCHAUBILD 12

Testfragen in den beiden Halbgruppen

Halbgruppe A	Halbgruppe B
Skandalisieren: Schäuble	Skandalisieren: Schäuble
Skandalisieren: Pegida 2015	Verschweigen: Pegida 2014
Verschweigen: UNSCEAR	Skandalisieren: Kernenergie
Skandalisieren: Tebartz-van Elst	Skandalisieren: Lewitscharoff
Verschweigen: Wulff, zu Guttenberg, Gaschke	Verschweigen: Wulff u. a.

AUSWERTUNG UND INTERPRETATION

Die Urteile der Journalisten über die fragwürdigen Publikationsentscheidungen wurden so verschlüsselt, dass hohe Werte immer
darauf deuten, dass die Befragten die Praxis generell billigten,
die Argumente dafür billigten und die Argumente dagegen missbilligten. Im Interesse einer möglichst einfachen und gut nach-
vollziehbaren Darstellung der Ergebnisse wird in den Tabellen
der Anteil der Journalisten ausgewiesen, die die fragwürdigen
Publikationsentscheidungen mehr oder weniger akzeptabel fanden, die Argumente dafür billigten, bzw. die Argumente dagegen
missbilligten. Die ermittelten Prozentwerte geben Auskunft über
den Anteil der Journalisten, die entsprechend den anerkannten
journalistischen Berufsnormen urteilen – also die fragwürdigen Praktiken ablehnen, sowie über den Anteil der Journalisten,
die die fragwürdigen Publikationspraktiken mehr oder weniger
rechtfertigen. Diese Prozentwerte bilden – nach der Darstellung
der einzelnen Fälle – die Grundlage für die fallübergreifende
Ermittlung der Meinungen zu fragwürdigen Publikationspraktiken. Dabei geht es darum, wie groß die gegensätzlichen Gruppen der Journalisten sind, die fragwürdige Publikationsweisen
richtig oder falsch finden und wie groß die Gruppen sind, die

ähnliche Ansichten vertreten und sie u. U. gegen die Mehrheit der indifferenten Mittelgruppe abschirmen.

Die mehr oder weniger entschiedene Billigung der einzelnen Argumente für und gegen fragwürdige Publikationsentscheidungen muss man von dem Zusammenhang zwischen diesen Meinungen unterscheiden. Im ersten Fall geht es um die Identifikation von Gruppen – den Anteil der Personen mit gleichen Meinungen. Im zweiten Fall geht es um Individuen – die Zusammenhänge zwischen den Meinungen von Journalisten zu verschiedenen Argumenten. Bei der Interpretation der Zusammenhänge kann man von drei plausiblen Annahmen ausgehen. *Erstens*: Wer ein Argument für eine fragwürdige Praktik mehr oder weniger billigt, wird auch die beiden anderen Argumente dafür mehr oder weniger billigen. *Zweitens*: Wer ein Argument gegen eine fragwürdige Praktik mehr oder weniger missbilligt, wird auch die beiden anderen Argumente mehr oder weniger missbilligen. *Drittens*: Wer ein Argument für eine fragwürdige Praktik mehr oder weniger billigt, wird die Argumente gegen die fragwürde Praktik mehr oder weniger missbilligen. Die erwähnten Zusammenhänge führen aufgrund der Codierung der Antworten zu positiven Korrelationen. Sie sind trivial und nicht erklärungsbedürftig. Deshalb werden sie im Interesse an einer möglichst einfachen Darstellung im Text auch dann nicht erwähnt, wenn sie relativ groß und hochsignifikant sind.

Die Journalisten wurden gebeten, ihre Meinungen zu den sechs Argumenten unabhängig von ihrer vorher ermittelten Akzeptanz der geschilderten Publikationspraktik zu äußern. Trotzdem muss man davon ausgehen, dass ein Teil der Journalisten ihre Urteile über die Argumente ihrem Urteil über die beschriebene Praxis angeglichen haben. In solchen Fällen haben sie ihr generelles Urteil über die fragwürdige Praxis bewusst oder unbewusst mit den Argumenten gerechtfertigt. Das spricht nicht gegen, sondern für die Fragetechnik, weil es darum geht, ob und wie Journalisten ihre generellen Urteile über fragwürdige Praktiken begründen. Einen Einfluss der Meinungen zu den sechs Argumenten auf die Akzeptanz der fragwürdigen Publikationspraktiken, bzw. der Akzeptanz der Publikationspraxis auf die Argumente kann man dann annehmen, wenn zwischen den Meinungen und der Akzeptanz eine statistisch signifikante Beziehung besteht. Eine einfache und sparsame Möglichkeit, diese Beziehungen zu finden und dabei zugleich die einflussreichsten Ursachen zu identifizieren, bilden multiple Regressionen. Im Interesse einer möglichst gut lesbaren Darstellung werden die statistischen Kennziffern im Text nicht genannt, in den Anmerkungen aber ausgewiesen. Falls die Kausalanalysen jene Argumente als Ursachen der Akzeptanz fragwürdiger Praktiken identifizieren, die von vielen Journalisten als Gründe gebilligt werden, kann man folgern, dass die Befragten sich bewusst sind, warum sie solche Praktiken akzeptabel finden.

LITERATURVERZEICHNIS

BERG, KLAUS; MARIE-LUISE KIEFER (Hrsg.): *Massenkommunikation V.* Baden-Baden [Nomos Verlagsgesellschaft] 1996

BRAUCK, MARKUS et al.: Die Vertrauensfrage. In: *Spiegel*, 13.02.2016

BURKHARDT, STEFFEN: *Medien Skandale. Zur moralischen Sprengkraft öffentlicher Diskurse.* Köln [Herbert von Halem Verlag] 2015

COMBS, BARBARA; PAUL SLOVIC: Newspaper Coverage of Causes of Death. In: *Journalism Quarterly* 52, 1979, S. 837 - 843

DEUTSCHER PRESSERAT (Hrsg.): *Jahrbuch 2012. Die Spruchpraxis des Jahres 2011.* Konstanz [UVK] 2012

DOHLE, MARCO; GERHARD VOWE: Die Mediatisierung aus subjektiver Sicht. Die Einschätzung der politischen Relevanz von Medien in Deutschland 2008 bis 2010. In: HAGENAH, JÖRG; HEINER MEULEMANN (Hrsg.): *Mediatisierung der Gesellschaft?* Münster [LIT Verlag] 2012, S. 277 - 295

DONSBACH, WOLFGANG; JENS WOLLING; CONSTANZE VON BLOMBERG: Repräsentation politischer Positionen im Mediensystem aus Sicht der deutschen und amerikanischen Journalisten. In: HÖMBERG, WALTER; HEINZ PÜRER (Hrsg.): *Medien-Transformation. Zehn Jahre dualer Rundfunk in Deutschland.* Konstanz [UVK] 1996, S. 343 - 356

DONSBACH, WOLFGANG: Wut auf die ›Lügenpresse‹. In: *Focus* 52/1, 2014/15

DONSBACH, WOLFGANG; MATHIAS RENTSCH; ANNA-MARIA SCHIELICKE; SANDRA DEGEN: *Entzauberung eines Berufs. Was die Deutschen vom Journalismus erwarten und wie sie enttäuscht werden.* Konstanz [UVK] 2009

DONSBACH, WOLFGANG: Psychologische Faktoren hinter Nachrichtenentscheidungen. In: NAWRATIL, UTE; PHILOMEN

SCHÖNHAGEN; HEINZ STARKULLA JR. (Hrsg.): *Medien als Mittler sozialer Kommunikation*. Leipzig [Leipziger Universitätsverlag] 2002, S. 203-224

EHMIG, SIMONE CHRISTINE: *Generationswechsel im deutschen Journalismus. Zum Einfluss historischer Ereignisse auf das journalistische Selbstverständnis*. Freiburg i.Br. [Alber] 2000

EHMIG, SIMONE CHRISTINE: Parteilichkeit oder Politikverdrossenheit? Die Darstellung von Motiven und Emotionen deutscher Politiker im »Spiegel«. In: *Publizistik 36*, 1991, S. 183-200

ENGELMANN, INES: Journalistische Instrumentalisierung von Nachrichtenfaktoren. In: *Medien & Kommunikationswissenschaft*, 58, 2010, S. 252-534

ENTMANN, ROBERT M.: Framing U.S. Coverage of International News. In: *Journal of Communication* 41/4, 199, S. 6-27

FLEISCHHAUER, JAN: Erziehungs-Journalismus. Auf: *Spiegel Online*, 05.01.2016

GASCHKE, SUSANNE: *Volles Risiko. Was es bedeutet, in die Politik zu gehen*. München [Deutsche Verlags-Anstalt] 2014

GEISS, MATTHIAS; BERND ULRICH: Ausweitung der Kampfzone. In: *Die Zeit*, 29.01.2015

GFK VEREIN »Trust in Professions Report 2016«

GUTTENBERG, ZU KARL-THEODOR im Gespräch mit Giovanni di Lorenzo: Vorerst gescheitert. Wie Karl-Theodor zu Guttenberg seinen Fall und seine Zukunft sieht. Freiburg i.Br. [Herder] 2011

HARTUNG, UWE: *Publizistische Bedingungen politischer Skandale*. Diss. phil., Universität Mainz 2005

INFRATEST DIMAP: Vertrauen in Medienberichterstattung über den Ukraine-Konflikt. Eine Studie von infratest dimap für das Medienmagazin *ZAPP*.

JACKOB, NIKOLAUS: *Gesehen, gelesen – geglaubt? Warum die Medien nicht die Wirklichkeit abbilden und die Menschen ihnen doch vertrauen.* München [Olzog] 2012

JACKOB, NIKOLAUS; OLIVER QUIRING; CHRISTIAN SCHEMER: Wölfe im Schafspelz? Warum manche Menschen denken, dass man Journalisten nicht vertrauen darf – und was das mit Verschwörungstheorien zu tun hat. In: RENNER, KARL NIKOLAUS; TANJEV SCHULTZ; JÜRGEN WILKE (Hrsg): *Journalismus zwischen Autonomie und Nutzwert.* Köln [Herbert von Halem] 2017, S. 225-249

JESSE, ECKHARD: Phänomen Pegida. Literaturbericht. In: *Zeitschrift für Politik*, 64. Jg., Heft 1, 2017, S. 77 - 88

KARIDI, MARIA: *Medienlogik im Wandel 1984-2014.* Wiesbaden [vs-Verlag] 2017

KEPPLINGER, HANS MATHIAS: Angepaßte Außenseiter. Ergebnisse und Interpretationen der Kommunikatorforschung. In: KEPPLINGER, HANS MATHIAS (Hrsg.): *Angepaßte Außenseiter. Was Journalisten denken und wie sie arbeiten.* Freiburg i.Br. [Alber] 1979, S. 7 - 28

KEPPLINGER, HANS MATHIAS: *Die aktuelle Berichterstattung des Hörfunks. Eine Inhaltsanalyse der Abendnachrichten und politischen Magazine.* Freiburg i.Br. [Alber] 1985

KEPPLINGER, HANS MATHIAS: *Künstliche Horizonte. Folgen, Darstellung und Akzeptanz von Technik in der Bundesrepublik.* Frankfurt/M. [Campus] 1989

KEPPLINGER, HANS MATHIAS; HANS-BERND BROSIUS; JOACHIM FRIEDRICH STAAB; GÜNTER LINKE: Instrumentelle Aktualisierung. Grundlagen einer Theorie publizistischer Konflikte. In: KAASE, MAX; WINFRIED SCHULZ (Hrsg.): *Massenkommunikation. Theorien, Methoden, Befunde.* Opladen [Westdeutscher Verlag] 1989, S. 199 - 220

KEPPLINGER, HANS MATHIAS; SIMONE CHRISTINE EHMIG; CHRISTINE AHLHEIM: *Gentechnik im Widerstreit. Zum Verhältnis von Wissenschaft und Journalismus.* Frankfurt/M. [Campus] 1991

KEPPLINGER, HANS MATHIAS: Motor oder Bremse? Die Rolle der Medien auf dem Weg zur Einheit. In: IMHOF, KURT; PETER SCHULZ (Hrsg.): *Kommunikation und Revolution.* Zürich [Seismo] 1998, S. 393-415

KEPPLINGER, HANS MATHIAS; SIMONE CHRISTINE EHMIG; UWE HARTUNG: *Alltägliche Skandale. Eine Analyse repräsentativer Fälle.* Konstanz [UVK] 2002

KEPPLINGER, HANS MATHIAS: Systemtheoretische Aspekte politischer Kommunikation. In: KEPPLINGER, HANS MATHIAS: *Politikvermittlung.* Wiesbaden [vs] 2009 (a), S. 9-26

KEPPLINGER, HANS MATHIAS: Gesellschaftliche Bedingungen kollektiver Gewalt. In: KEPPLINGER, HANS MATHIAS: *Publizistische Konflikte und Skandale.* Wiesbaden [vs] 2009 (b), S. 93-117

KEPPLINGER, HANS MATHIAS: Reziproke Effekte. In: KEPPLINGER, HANS MATHIAS: *Medieneffekte.* Wiesbaden [VS] 2010, S. 135-217

KEPPLINGER, HANS MATHIAS: Die Konstruktion der Ölkrise 1973/74 (1978). In: KEPPLINGER, HANS MATHIAS: *Realitätskonstruktionen.* Wiesbaden [vs] 2011, S. 153-176

KEPPLINGER, HANS MATHIAS: Erlaubte Übertreibungen im Journalismus. In: KEPPLINGER, HANS MATHIAS: *Journalismus als Beruf.* Wiesbaden [vs] 2011, S. 163-176

KEPPLINGER, HANS MATHIAS: Kollegenkritik in Journalismus und Wissenschaft. In: KEPPLINGER, HANS MATHIAS: *Journalismus als Beruf.* Wiesbaden [vs] 2011, S. 205-225

KEPPLINGER, HANS MATHIAS: Professionalisierung des Journalismus? In: KEPPLINGER, HANS MATHIAS: *Journalismus als Beruf.* Wiesbaden [vs] 2011, S. 227-252

KEPPLINGER, HANS MATHIAS: Rivalen um Macht und Moral. In: KEPPLINGER, HANS MATHIAS: *Journalismus als Beruf.* Wiesbaden [VS] 2011, S. 21 - 40

KEPPLINGER, HANS MATHIAS; RICHARD LEMKE: Framing Fukushima. In: WOLLING, JENS; DOROTHEE ARLT (Hrsg.): *Fukushima und die Folgen. Medienberichterstattung, Öffentliche Meinung, Politische Konsequenzen.* Illmenau [Universitätsverlag] 2014, S. 125 - 152. Abrufbar über: http://dnb.d-nb.de

KEPPLINGER, HANS MATHIAS; RICHARD LEMKE: Instrumentalizing Fukushima: Comparing Media Coverage of Fukushima in Germany, France, The United Kingdom and Switzerland. In: *Political Communication*, (3), 2016, S. 351 - 373. DOI: 10.1080/ 10584609.2015.1022240

KEPPLINGER, HANS MATHIAS: *Die Mechanismen der Skandalisierung.* Hamburg [Lau] 2017

KEPPLINGER, HANS MATHIAS: Instrumentelle Aktualisierung. DFG-Projekt ke 279/8-1 bis ke 279/8-5. Bisher unveröffentlichte Daten

KEPPLINGER, HANS MATHIAS; MARCUS MAURER; MARCO KREUTER: *Erfahrungen der Berliner Journalisten mit Politikern.* Verfügbar unter www.kepplinger.de, dort unter »Forschungsprojekte«

KNIRSCH, KERSTIN: *Zweck und Mittel im Journalismus. Warum Journalisten die Wirklichkeit gelegentlich anders darstellen als sie sie sehen und wie sie mit den Folgen umgehen.* Diss. Phil. Mainz 2005

KOCH, DIRK: *Der ambulante Schlachthof oder Wie man Politiker wieder das Fürchten lehrt.* Frankfurt/M. [Westend] 2016

KÖCHER, RENATE: Bloodhounds or Missionaries. Role Definitions of German and British Journalists. In: *European Journal of Communication* 1, 1986, S. 43 - 64

KÖCHER, RENATE: Kontrollverlust – die Besorgnis der Bürger wächst. In: *Frankfurter Allgemeine Zeitung*, 21.10.2015

KÖCHER, RENATE: Vertrauen und Skepsis – Bürger und Medien. In: *Frankfurter Allgemeine Zeitung*, 16.12.2015.

KÖHLER, ANDREAS; PATRICIA LANGEN: Der Fall Kachelmann zwischen öffentlicher und veröffentlichter Meinung. In dubio contra reo? In: RADEMACHER, LARS; ALEXANDER SCHMITT-GEIGER (Hrsg.): *Litigation-PR: Alles was Recht ist. Zum systematischen Stand der strategischen Rechtskommunikation.* Wiesbaden [Springer VS] 2012, S.187-202

KRASKE, MICHAEL: Der Extremismus der Mitte. In: *journalist*, 2015, Heft 2, S. 34-39

KRÜGER, UWE: Mainstream. *Warum wir den Medien nicht mehr trauen.* München [Beck] 2016

LEITERER, ANNETTE: ZAPP *Studie: Vertrauen in die Medien ist gesunken.* Unter http://www.ndr.de/fernsehen/sendungen/zapp/ZAPP-Studie-Vertrauen-in-Medien-gesunken, medienkritik100.html

LICHTENSTEIN, SARAH; PAUL SLOVIC; BARUCH FISCHHOFF; MARK LAYMAN; BARBARA COMBS: Judged Frequency of Lethal Events. In: *Journal of Experimental Psychology: Human Learning and Memory*, 1987, Heft 4, S. 551-578

LÖFFLER, MARTIN: Das Standesrecht der Massenmedien in weltweiter Sicht. In: *Archiv für Presserecht* 19/1,1971, S. 17

LUDWIG, MARK; THOMAS SCHIERL; CHRISTIAN VON SIKORSKI (Hrsg.): *Mediated Scandals. Gründe, Genese und Folgeeffekte von medialer Skandalberichterstattung.* Köln [Herbert von Halem] 2016

MARG, STINE; KATHARINA TRITTEL; CHRISTOPHER SCHMITZ; JULIA KOPP; FRANZ WALTER: *NoPegida. Die helle Seite der Zivilgesellschaft?* Bielefeld [Transcript] 2015

MARKWORT, HELMUT: Von Nazi-Diffamierung, Lügenpresse und Todessteuer. In: *Focus* 52/1, 2014/15, S. 154

MARON, MONIKA: Pegida ist keine Krankheit, Pegida ist das Symptom. In: *Die Welt*, 04.01.2015

MEYER, THOMAS: *Die Unbelangbaren. Wie politische Journalisten mitregieren.* Berlin [edition suhrkamp] 2015

MIHA [MICHAEL HANFELD]: Regieführung. Wer zu der Gewalt in Köln im Rundfunk gefragt ist und wer nicht. In: *Frankfurter Allgemeine Zeitung*, 09.01.2016

MÖNCH, REGINA: Wie eine Schulstunde Staatsaffäre wurde. In: *Frankfurter Allgemeine Zeitung*, 05.04.2014

MOTHES, CORNELIA: *Objektivität als professionelles Abgrenzungskriterium im Journalismus. Eine dissonanztheoretische Studie zum Informationsverhalten von Journalisten und Nicht-Journalisten.* Baden-Baden [Nomos] 2014

MÜLLER, PHILIPP; RALF HOHLFELD: Journalistische Vorstellungen von Medienwirkungen. Dimensionen – Entstehungsbedingungen – Folgen. *Medien & Kommunikationswissenschaft, 61*, 2013. S. 166-182

NEUBERGER, CHRISTOPH; SUSANNE LANGENOHL; CHRISTIAN NUERNBERGK: *Social Media und Journalismus.* Düsseldorf [LFM] 2014

NAUMANN, MICHAEL: Die Medien im Zeitalter der Erregbarkeit. In: *Frankfurter Allgemeine Zeitung*, 31.01.2013.

NIGGEMEIER, STEFAN: »Bild« stürzte Wulff mit einer Falschmeldung. Das kümmert aber keinen. 15.06.2014. Abgerufen am 05.05.2015 unter: http://www.stefan-niggemeier.de/blog/18217/bild-stuerzte-wulff-mit-einer-falschmeldung-das-kuemmert-aber-keinen/

NIGGEMEIER, STEFAN: Nicht nur die Welt, auch sich selbst erklären. Zur Rolle des Journalismus heute. In: *Aus Politik und Zeitgeschichte, 66*, 2016, S. 4-8

NOELLE-NEUMANN, ELISABETH: Die Entfremdung. Brief an die Zeitschrift »Journalist«. In: KEPPLINGER, HANS MATHIAS (Hrsg.): *Angepasste Außenseiter. Was Journalisten denken und wie sie arbeiten.* Freiburg i. Br. [Alber] 1979, S. 260-280

NOELLE-NEUMMAN, ELISABETH; EDGAR PIEL (Hrsg): *Allensbacher Jahrbuch der Demoskopie 1978-1983*. Müchen [K.G. Saur] 1983

NOELLE-NEUMANN, ELISABETH: *Die Schweigespirale. Öffentliche Meinung – unsere soziale Haut (1980)*. 6., erweiterte Auflage. München [Langen Müller] 2001

NN: »Werden Sie mal nicht Wehleidig!« In: *Der Spiegel*, 27.02.2016

PATTERSON, THOMAS E.; WOLFGANG DONSBACH: News Decisions: Journalists as Partisan Actors. In: *Political Communication*, 13 (1996) S. 455-468

RAABE, JOHANNES: *Die Beobachtung journalistischer Akteure. Optionen einer empirisch-kritischen Journalismusforschung.* Wiesbaden [vs] 2005

REINEMANN, CARSTEN: Das Versprechen der Selbstkontrolle. Presserat und Pressecodex im Urteil von Journalisten. In: REINEMANN, CARSTEN; RUDOLF STÖBER (Hrsg.): *Wer die Vergangenheit kennt, hat eine Zukunft. Festschrift für Jürgen Wilke.* Köln [Herbert von Halem] 2010, S. 236-263

REINEMANN, CARSTEN; NAYLA FAWZI: Eine vergebliche Suche nach der Lügenpresse. In: *Tagesspiegel*, 24.01.2016

REINEMANN, CARSTEN; PHILIP BAUGUT: Alter Streit unter neuen Bedingungen. Einflüsse politischer Einstellungen von Journalisten auf ihre Arbeit. In: *Zeitschrift für Politik* 61, 2014, Heft 4, S. 478-505

REITZE, HELMUT; CHRISTA-MARIA RIDDER (Hrsg.): *Massenkommunikation VIII. Eine Langzeitstudie zur Mediennutzung und Medienbewertung 1964-2010.* Baden-Baden [Nomos] 2011

REUBAND, KARL-HEINZ: Pegida im Wandel? Soziale Rekrutierung, politisches Selbstverständnis und Parteipräferenzen der Kundgebungsteilnehmer. In: INSTITUT FÜR DEUTSCHES UND INTERNATIONALES PARTEIENRECHT UND PARTEIFORSCHUNG (Hrsg.): *Mitteilungen* 22, 2016, S. 52-69

RSK-STELLUNGNAHME: Anlagespezifische Sicherheitsprüfung
(RSK-SÜ) deutscher Kernkraftwerke unter Berücksichtigung
der Ereignisse in Fukushima-I (Japan). o.O., o.J. (2011)

RUSS-MOHL, STEPHAN: Auf dem Weg in die Desinformations-
ökonomie? Ein (verhaltens-) ökonomischer Blick auf den
Glaubwürdigkeitsverlust des Journalismus. In: RENNER,
KARL NIKOLAUS; TANJEV SCHULTZ; JÜRGEN WILKE (Hrsg):
Journalismus zwischen Autonomie und Nutzwert. Köln [Herbert
von Halem] 2017, S. 185 - 211

SARRAZIN, THILO: *Der neue Tugendterror*. Stuttgart [Deutsche
Verlags-Anstalt 2014

SCHEER, URSULA: Alle sind willkommen. Studie stellt dar, wie
über Flüchtlinge berichtet wird. In: *Frankfurter Allgemeine
Zeitung*, 09.08.2016

SCHIELICKE, ANNA-MARIA; CORNELIA MOTHES; WOLFGANG
DONSBACH: Vertrauen in Journalisten: Trends &
Einflussfaktoren. In: STARK; BIRGIT; OLIVER QUIRING;
NIKOLAUS JACKOB (Hrsg.): *Von der Gutenberg-Galaxis zur Googe-
Galaxis. Alte und neue Grenzvermessungen nach 50 Jahren DGPuK*.
Konstanz [UVK] 2014, S. 247 - 269

SCHÖNBACH, KLAUS: *Trennung von Nachricht und Meinung.
Empirische Untersuchung eines journalistischen Qualitätskriteriums*.
Freiburg i. Br. [Alber] 1977

SCHULZ, WINFRIED; HARALD BERENS; REIMAR ZEH: *Der Kampf
um Castor in den Medien*. München [Reinhard Fischer] 1998

SEIFERT, HERIBERT: Hetzer, Idioten und Dumpfbacken.
Kommunikative Rüpelei hat auch in den traditionellen
Medien Platz gefunden. Dem Wutbürger tritt im Internet der
Wutjournalist gegenüber. In: *Neue Züricher Zeitung*, 14.05.2016

SEIFERT, HERIBERT: »Ärger mit der ›Lügenpresse‹«. In: *Neue
Züricher Zeitung*, 17.02.2015

SPIEGEL-RECHTSABTEILUNG: Der Bischof und das 8. Gebot.
24.01.2013, Unter: http://www.spiegel.de/spiegel/spiegelblog/

bischof-von-limburg-ein-drama-in-fuenf-akten-a-879255.
html

VALLONE, R. P.; L. ROSS; M. R. LEPPER: The Hostile Media
Phenomenon: Biased Perception and Perceptions of Media
Bias in Coverage of the Beirut Massacre. *Journal of personality
and social psychology*, 49(3), S. 577

VON LOJEWSKI, GÜNTHER: Machthaber ohne Mandat. In:
Publizistik 65, 2011, S. 255 - 261

WEISCHENBERG, SIEGFRIED; MAJA MALIK; ARMIN SCHOLL:
Die Souffleure der Mediengesellschaft. Report über die
Journalisten in Deutschland. Konstanz [UVK] 2006

WICKERT, ULRICH: Warum sind die Kritiker so milde? In:
Frankfurter Allgemeine Zeitung, 19.11.2009

WULFF, CHRISTIAN: *Ganz oben – Ganz unten*. München [Beck] 2014

PERSONENREGISTER

ELISABETH WEHLING

**Politisches Framing.
Wie eine Nation sich ihr Denken
einredet – und daraus Politik macht**

edition medienpraxis, 14
2016, 226 S., Broschur, 190 x 120 mm, dt.
ISBN 978-3-86962-208-8

Politisches Denken ist bewusst, rational und objektiv – diese althergebrachte Vorstellung geistert bis heute über die Flure von Parteizentralen und Medienredaktionen und durch die Köpfe vieler Bürger. Doch die Kognitionsforschung hat die ›klassische Vernunft‹ längst zu Grabe getragen. Nicht Fakten bedingen unsere Meinungen, sondern Frames. Sie ziehen im Gehirn die Strippen und entscheiden, ob Informationen als wichtig erkannt oder kognitiv unter den Teppich gekehrt werden. Frames sind immer ideologisch selektiv, und sie werden über Sprache aktiviert und gefestigt – unsere öffentlichen Debatten wirken wie ein synaptischer Superkleber, der Ideen miteinander vernetzen kann, und zwar dauerhaft. In der Kognitionsforschung ist man sich daher schon lange einig: Sprache ist Politik.

Höchste Zeit also, unsere Naivität gegenüber der Macht politischer Diskurse abzulegen. Das Buch Politisches Framing. Wie eine Nation sich ihr Denken einredet – und daraus Politik macht legt dazu den Grundstein. In einfacher Sprache deckt es zunächst auf, wie Sprache sich auf unser Denken, unsere Wahrnehmung der Welt und unser Handeln auswirkt. Es zeigt, wo die Wirkkraft mentaler Mechanismen wie Frames und Metaphern herrührt, und macht deutlich, wieso es für gesunde demokratische Diskurse unabdingbar ist, die Bewertungen von Gesellschaft und Politik durch vorherrschende Frames mit eigenen Wertvorstellungen abzugleichen – und für eine authentische Vermittlung der eigenen Weltsicht zu sorgen. Diesen Grundlagen folgt eine Analyse der augenfälligsten Frames unserer deutschsprachigen Debatten über Steuern, Sozialstaat, Gesellschaft, Sozialleistungen, Arbeit, Abtreibung, Islam, Terrorismus, Zuwanderung, Flüchtlingspolitik und Umwelt.

HERBERT VON HALEM VERLAG

Schanzenstr. 22 · 51063 Köln
http://www.halem-verlag.de
info@halem-verlag.de

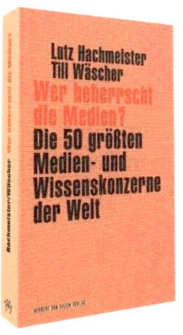

LUTZ HACHMEISTER / TILL WÄSCHER

**Wer beherrscht die Medien?
Die 50 größten Medien- und
Wissenskonzerne der Welt**

2017, 560 S., Broschur, 190 x 120 mm, dt.

ISBN (Print)   978-3-86962-234-7
ISBN (E-Book)   978-3-86962-235-4

Der Umsatz der 50 größten Medienkonzerne der Welt hat sich in den vergangenen zehn Jahren verdoppelt. Ihre Macht ist so groß wie nie zuvor: Medienunternehmen beeinflussen politische Berichterstattung und produzieren eine nie dagewesene Fülle von Unterhaltungsformaten; sie bestimmen, was im Radio gespielt wird, und entscheiden über die Platzierung von Suchergebnissen, sie sammeln persönliche Daten und vermarkten Benutzerprofile; und sie kontrollieren Lehrpläne und akademische Fachzeitschriften. Ihre Lenker und Manager zählen zu den bestverdienenden Angestellten – Milliardäre und Millionäre mit exzellenten Kontakten zum politischen Establishment. Lutz Hachmeister und Till Wäscher porträtieren die 50 größten Medienkonzerne der Welt und beschreiben dabei Konzernlenker, Geschäftsstrategien und historische Grundlagen.

Die Medienkonzernlandschaft hat sich in den vergangenen Jahren rasant gewandelt: Der Zeitungsmarkt befindet sich im Niedergang und das über Jahrzehnte bewährte Kabel-TV-Geschäftsmodell zeigt deutliche Krisensymptome. Im Zuge von Übernahmen und Fusionen sind Quasi-Monopolisten entstanden, die Verbreitungswege und Inhalteproduktion bündeln. Daten- und Wissenskonzerne wie Google, Facebook, Netflix und Amazon haben damit begonnen, selber in Medieninhalte zu investieren und sind zu neuen Ökosystemen für die Mediennutzung geworden. Und im Zuge der Globalisierung sind neue Player – insbesondere aus den BRIC-Staaten – in die Phalanx der zuvor von nordamerikanischen und europäischen Konzernen dominierten Medienwelt gestoßen.

HERBERT VON HALEM VERLAG

Schanzenstr. 22 · 51063 Köln
http://www.halem-verlag.de
info@halem-verlag.de

HANNE DETEL

**Netzprominenz.
Entstehung, Erhaltung und
Monetarisierung von Prominenz im
digitalen Zeitalter**

2017, 376 S., 33 Abb., 9 Tab.,
Broschur, 213 x 142 mm, dt.

ISBN (Print)   978-3-86962-255-2
ISBN (E-Book)   978-3-86962-255-2

YouTube- und Facebook-Stars, erfolgreiche Blogger und Instagrammer – im digitalen Zeitalter ist eine neue Form der Bekanntheit entstanden: Netzprominenz. Vor allem im Leben junger Menschen nimmt sie eine immer bedeutsamere Rolle ein. Aufgrund welcher Mechanismen diese neue Form der Prominenz entsteht, welche Varianten existieren, durch welche Merkmale sie charakterisiert wird und mit welchen Strategien sie sich erhalten und monetarisieren lässt – zu diesen Fragen liefert das Buch auf Grundlage vergleichender Fallanalysen erste Antworten. Die Erkenntnisse zum Phänomen der Netzprominenz lassen wiederum Rückschlüsse auf Prozesse des Strukturwandels der Prominenz im Allgemeinen zu: die Demokratisierung und Dezentralisierung der Prominenz, die Individualisierung und Diversifizierung, die Intimisierung und die zunehmende Skandalisierung der Prominenz.

HERBERT VON HALEM VERLAG

Schanzenstr. 22 · 51063 Köln
http://www.halem-verlag.de
info@halem-verlag.de